河南省中等职业教育规划教材（公共素质教育类）

学生军事训练

Xuesheng Junshi Xunlian

河南省职业技术教育教学研究室　编

高等教育出版社·北京

内容提要

　　根据教育部、总参谋部、总政治部的规定和学校管理的需要，许多中等职业学校都把新生军训作为开学第一课。通过军训，可以培养学生严明的纪律、顽强的意志、过硬的作风、文明的行为，并强化国防意识，增强爱国热情，受益终生。

　　本书是河南省中等职业教育规划教材（公共素质教育类），由部队和学校长期从事学生军训的专家，根据《高级中学学生军事训练教学大纲》的要求，结合中等职业学校学生军训实践编写。除《高级中学学生军事训练教学大纲》规定的基本内容外，还根据形势发展和实际需要，作了部分补充。本书内容丰富、图文并茂、通俗易懂，适合中等职业学校使用。

图书在版编目（ＣＩＰ）数据

　　学生军事训练/河南省职业技术教育教学研究室编.
－－北京：高等教育出版社，2012.9（2017.8 重印）
　　ISBN 978 － 7 － 04 － 036049 － 3

　　Ⅰ.①学…　　Ⅱ.①河…　　Ⅲ.①军事训练 － 中等专业学校 － 教材　　Ⅳ.①G631.8

　　中国版本图书馆 CIP 数据核字（2012）第 183286 号

策划编辑　周延彪	责任编辑　周延彪	封面设计　王　雎		版式设计　马敬茹
责任校对　胡晓琪	责任印制　赵义民			

出版发行	高等教育出版社	咨询电话	400 － 810 － 0598
社　　址	北京市西城区德外大街 4 号	网　址	http：// www.hep.edu.cn
邮政编码	100120		http：// www.hep.com.cn
印　　刷	固安县铭成印刷有限公司	网上订购	http：// www.landraco.com
开　　本	787 mm×1092 mm　1/16		http：// www.landraco.com.cn
印　　张	13.75	版　次	2012 年 9 月第 1 版
字　　数	330 千字	印　次	2017 年 8 月第 3 次印刷
购书热线	010 － 58581118	定　价	29.40 元

河南省中等职业教育规划教材
公共素质教育教材出版说明

中等职业教育肩负着培养高素质劳动者和技能型人才的重任，努力提高学生的职业道德、职业技能和综合素质是中等职业教育教学工作的永恒主题。

为深入贯彻《国家中长期教育改革和发展规划纲要》精神，进一步落实教育部《中等职业教育改革创新行动计划（2010—2012）》，紧紧围绕中原经济区建设对技能型人才的需求，全面推进中等职业学校公共素质教育，我们在深入调研、充分论证的基础上，组织有关专家和教师编写了一套供河南省中等职业学校使用的公共素质教育规划教材。

这套公共素质教育教材共有 7 种，分别是《普通话口语训练》《语文诵读》《应用文写作》《礼仪》《学生安全教育》《体育与健康》《学生军事训练》。这套教材的特点主要体现在：一是努力体现"以服务为宗旨，以就业为导向"的职业教育办学方针，坚持以人为本，关注学生职业生涯持续发展；二是紧密结合中等职业学校学生的文化素质现状；三是充分体现实用性和地方特色。我们力争通过这套教材的出版使用，给中职生提供一个陶冶情操、丰富精神内涵的载体，以提高学生的综合素质和职业能力，为社会输送既有合格职业技能，又有合格公共素质的中职毕业生。

在教材编写过程中，各位编写人员都力求将教材高质量地呈现给广大师生，但书中难免会存在不足之处，敬请提出宝贵意见和建议。

河南省职业技术教育教学研究室
2012 年 6 月

前　言

按照《教育部　总参谋部　总政治部关于印发〈学生军事训练工作规定〉的通知》[教体艺(2007)7号]要求，根据学校管理的需要，许多中等职业学校都把新生军训作为开学第一课。通过军训，可以培养中职学生严明的纪律、顽强的意志、过硬的作风、文明的行为，并强化国防意识，增强爱国热情，在校稳定3年，受益终生。而努力学习军事课程，自觉接受国防教育和技能训练，既是青年学生履行保卫祖国的神圣义务，也是遵守国家法律的基本要求。

本书是河南省中等职业学校素质类统编教材，由部队和学校长期从事学生军训的专家根据《高级中学学生军事训练教学大纲》，在学习政策和查阅军事资料的基础上，吸取同类教材的优点，结合中等职业学校学生军训实践编写而成。

本书结构合理，图文并茂，内容充实新颖，涵盖了军事技能训练的相关内容，突出了爱国主义教育、国防教育、纪律教育、集体主义教育、意志品质教育，具有时代性、专业性、实用性和可读性等特点。是中等职业学校学生军事训练的基本依据，适用于普通中等学校国防教育、军事知识教育和实践教学。

本书由河南省商务学校张士平担任主编，解放军信息工程大学衡德福、河南省商务学校蒋东霞担任副主编，河南省经济管理学校张智宏参加了编写工作。具体分工为：张士平(第一章、第十章)，衡德福(第三章、第四章、第八章、第九章)，蒋东霞(第二章、第六章及附录)，张智宏(第五章、第七章)。

由于编写时间仓促，书中或有不当之处，恳请使用教材的师生提出宝贵意见，以便进一步修订完善。

编　者

2012 年 6 月

目　　录

第一章

中国人民解放军的性质、宗旨和光荣传统

学习指导：本章是全书的学习基础，旨在让中职学生对中国人民解放军的构成、性质、宗旨和光荣传统进行全面了解，树立爱党、爱国、爱军的信念，增强参与军事训练的积极性和自觉性。

第一节　中国人民解放军武装力量与组成

中国共产党在领导中国人民进行革命战争的过程中，坚持毛泽东关于人民军队、人民战争的思想，逐步建立和发展了具有中国特色的人民武装力量体制。新中国成立后，为适应新的历史条件，在继承和发扬革命战争年代传统的基础上，不断改革，逐步形成了人民解放军（见图 1-1）、人民武装警察部队和民兵相结合的人民武装力量，由中华人民共和国中央军事委员会领导并统一指挥。

图 1-1　陆海空三军仪仗队

一、中国人民解放军

（一）中国人民解放军现役部队

中国人民解放军现役部队由陆军、海军、空军和第二炮兵组成。它是中华人民共和国武装

力量的主体。主要担负防卫作战任务，必要时可以依照法律规定协助维护社会秩序，中央军委通过总参谋部、总政治部、总后勤部、总装备部对全军实施作战指挥和建设领导。

1. 陆军

陆军（图1-2）是人民解放军的主要军种，是陆地作战的主力，在人民解放军各军种中历史最久，在新中国建立前后的历次作战中发挥最出色，也是社会主义现代化建设和各种抢险救灾中的中坚力量。

图1-2　陆军特种兵方队

陆军主要由步兵（摩托化步兵、机械化步兵）、装甲兵、炮兵（地面炮兵、高射炮兵）、防空兵、陆军航空兵、工程兵、通信兵、防化兵及侦察、电子对抗、汽车、测绘、气象等专业部队组成。

步兵徒步或乘装甲输送车、步兵战车实施机动和作战，由山地步兵、摩托化步兵、机械化步兵（装甲步兵）组成。装甲兵（坦克兵）以坦克及其他装甲车、保障车辆为基本装备，遂行地面突击任务。炮兵以各种压制火炮、反坦克火炮、反坦克导弹和战役战术导弹为基本装备，遂行地面火力突击任务。防空兵以高射炮、地空导弹武器系统为基本装备，遂行对空作战任务。陆军航空兵装备攻击直升机、运输直升机和其他专用直升机及轻型固定翼飞机，遂行空中机动和支援地面作战任务。工程兵担负工程保障任务，由工兵、舟桥、建筑、伪装、野战给水工程、工程维护专业部（分）队等组成。防化兵担负防化保障任务，由防化、喷火、发烟部（分）队等组成。通信兵担负军事通信任务，由通信、通信工程、通信技术保障、航空兵导航和军邮勤务专业部（分）队等组成。

陆军按担负的任务还分为野战机动部队、海防部队、边防部队、警卫警备部队等。陆军的编制序列为军种总部、集团军、师、旅、团、营、连、排、班。

中国人民解放军陆军现在已经发展成为诸兵种合成军种，具有较强的火力、突击力和机动力。在抵御外敌入侵，巩固国防，保卫祖国领土安全，抢险救灾，支援国家的社会主义经济建设等方面，做出了重要的贡献。

2. 海军

海军（图1-3）是以舰艇部队和海军航空兵为主体的部队，由海军水面舰艇部队、海军潜艇部队、海军航空兵部队、海军岸防部队和海军陆战部队五大兵种组成。此外，海军还陆续组建了各种专业勤务部队，包括观察、侦察、通信、工程、航海保障、水文气象、防险救生、防

图 1 - 3 海军水兵方队

化、后勤供应和装备修理等部队。海军的主要任务是独立或协同陆军、空军防御敌人从海上入侵，保卫领海主权，维护海洋权益。海军是海上作战的主力，具有在水面、水中、空中作战的能力。

中国人民解放军于 1949 年 4 月 23 日在江苏泰州组建了中国人民解放军华东军区海军。1950 年 4 月 14 日，新中国的海军领导机关在北京成立。1955 年，海军组建东海舰队、南海舰队。1960 年，组建北海舰队。1980 年，组建了海军陆战队。此后，人民解放军海军逐步发展成为诸兵种合成军种。

中国人民解放军海军，是在中国共产党绝对领导下的新型人民海军。自建立以后，在解放沿海岛屿、打破敌人海上封锁、反击外来侵略的战斗中，曾独立作战或与陆军、空军协同作战 1 200 余次，击沉、击伤和俘获敌舰船 400 余艘，击毁、击伤敌机 500 余架，毙俘敌 7 000 余名，保卫了海防，维护了国家的领土主权和海洋权益，是有效履行捍卫国家主权、维护我国海洋权益、应对多种安全威胁、完成多样化军事任务的海上钢铁长城。

3. 空军

空军（图 1 - 4）是主要进行空中作战的军种，由航空兵、地空导弹兵、高射炮兵、空降兵、雷达兵、通信兵等兵种组成。人民解放军空军的主要任务是组织国土防空，保卫国家领空和重要目标的空中安全；组织相对独立的空中进攻作战；在联合战役中，独立或协同陆军、海军和第二炮兵作战，抗击敌人从空中入侵，或从空中对敌实施打击。

1949 年 11 月 11 日，人民解放军空军正式建立。60 多年来，空军坚持常备不懈，积极作战，警惕地保卫着祖国领空，先后经历了抗美援朝、国土防空、解放沿江岛屿、入闽作战、南疆边境作战等一系列战斗的考验，圆满完成了重大战备、演习、演练、抗震救灾、支援国家和地方建设等行动任务。在抗美援朝、国土防空等作战中，共击落敌机 1 400 多架、击伤 2 300 多架，创造了辉煌的战绩。目前人民解放军空军的体制编制在精干、合成、效能方面不断改进，武器装备现代化水平逐步提高，具备了执行国土防空、空中突击、空中支援、空中运输和航空侦察等任务的能力，成为一支有较强战斗力的现代化军种。

4. 火箭军

图 1-4 空军学员方队

中国人民解放军火箭军部队由地地战略核导弹部队、战役战术常规导弹部队及相应保障部（分）队组成，是一支由中央军委直接领导指挥的战略性兵种。现已初步形成核常兼备、射程衔接、威力和效能明显增强的武器装备体系，具备精确、机动、全天候的战略反击本领。

1966 年 7 月 1 日，中央军委发布命令，宣告第二炮兵正式成立。2015 年 12 月 31 日，中央军委举行仪式将第二炮兵命名为中国人民解放军火箭军部队，并授与军旗。中国人民解放军火箭军部队拥有先进的战略导弹装备（图 1-5），并掌握了相应的指挥、控制、通信和情报手段，建立了较完善的作战、后勤和技术保障体系，已经具备了高科技条件下的防卫作战能力。同时，伴随着现代化建设水平的不断提高，全部队初步形成了专业门类齐全、保障能力较强、发挥作用明显、具有相当规模、与现代化武器装备相适应的导弹专业人才队伍。现在的火箭军部队核常导弹兼有、威慑和实战能力并存、武器装备与作战阵地配套、人才素质和部队作风过硬，在捍卫祖国统一、维护世界和平和促进共同发展中发挥着重要作用。

图 1-5 二炮部队装备

(二) 中国人民解放军预备役部队

中国人民解放军预备役部队(简称预备役部队)(图1-6)是以现役军人为骨干、预备役人员为基础,按规定体制编制组成的部队。预备役部队列入人民解放军序列,平时归省军区(卫戍区、警备区)建制领导,战时动员后归指定的现役部队指挥或单独遂行作战任务。预备役部队是加强军队后备力量建设,解决平时少养兵、战时多出兵,保障战时迅速扩编军队的重要组织形式。

图1-6 预备役方队

中国的预备役部队是在1983年3月开始组建的,经过近30年的建设和发展,已成为一支由陆军、海军、空军和第二炮兵预备役部(分)队组成的重要后备力量。

二、中国人民武装警察部队

中国人民武装警察部队(简称武警部队)(图1-7)组建于1982年,由内卫部队和黄金、森林、水电、交通部队组成,列入武警序列的还有公安边防、消防、警卫部队。武警部队属于国务院编制序列,由国务院和中央军委双重领导。

图1-7 武警部队方队

武警部队担负国家赋予的安全保卫任务及防卫作战、抢险救灾、参加国家经济建设等任务。安全保卫任务主要包括：国家规定的警卫对象、目标和重大活动的武装警卫；关系国计民生的重要公共设施、企业、仓库、水源地、水利工程、电力设施、通信枢纽的重要部位的武装守卫；主要交通干线重要位置的桥梁、隧道的武装守护；监狱和看守所的外围武装警戒；直辖市、省、自治区人民政府所在地的市，以及其他重要城市的重点区域、特殊时期的武装巡逻；协助公安机关、国家安全机关、司法行政机关、检察机关、审判机关依法执行逮捕、追捕、押解、押运任务，协助其他有关机关执行重要的押运任务；参加处置暴乱、骚乱、严重暴力犯罪事件、恐怖袭击事件和其他社会安全事件，以及国家赋予的其他安全保卫任务。

　　中国人民武装警察部队在巩固和加强人民民主专政，维护社会治安，维护国家主权和尊严方面发挥着十分重要的作用。

三、民兵

　　民兵（图1-8），是不脱离生产的群众武装组织。民兵工作在国务院、中央军委领导下，由总参谋部主管，平时担负战备执勤、抢险救灾和维护社会秩序等任务，战时担负配合常备军作战、独立作战、为常备军作战提供战斗勤务保障及补充兵员等任务。中国民兵是一支新型的人民群众武装组织，是人民军队的得力助手和强大的后备力量，在中国革命的各个历史时期均发挥了巨大作用。

图1-8　女民兵方队

　　按照《中华人民共和国兵役法》的规定，凡18岁至35岁符合服兵役条件的男性公民，除征集服现役者外，编入民兵组织服预备役。民兵分为基干民兵和普通民兵。28岁以下退出现役的士兵和经过军事训练的人员，以及选定参加军事训练的人员，编为基干民兵。其余18岁至35岁符合服预备役条件的男性公民，编为普通民兵。根据需要，也可吸收女性公民参加基干民兵。农村的乡镇、行政村，城市街道和具有一定规模的企业事业单位，是民兵的基本组建单位。基干民兵单独编组，在县级行政区内的民兵军事训练基地集中进行军事训练。目前民兵编有应急分队和高炮、高机、便携式防空导弹、地炮、通信、防化、工兵、侦察等专业技术分队。

第二节　中国人民解放军的性质、宗旨与任务

《中国人民解放军内务条令》于 2010 年 5 月 4 日经中央军委常务会议通过，自 2010 年 6 月 15 日起施行，在第一章总则中的第三条，明确规定了中国人民解放军的性质、宗旨和任务。

一、中国人民解放军的性质

中国人民解放军是中国共产党缔造和领导的，用马克思列宁主义、毛泽东思想和包括邓小平理论、"三个代表"重要思想及科学发展观等重大战略思想在内的中国特色社会主义理论体系武装的人民军队，是中华人民共和国的武装力量，是人民民主专政的坚强柱石。它是党的军队、国家的军队、人民的军队。党的军队强调的是人民解放军的军魂，人民的军队表明的是人民解放军的本质特征，社会主义国家的军队反映的是人民解放军在我们国家的地位作用，三者是高度统一、完全一致的，共同构成了人民解放军性质的完整表述。党的绝对领导是人民解放军建设发展的最高政治原则，是人民解放军的建军之魂、立军之本、力量所在。

1945 年 4 月，毛泽东主席在《论联合政府》中提出"没有一个人民的军队，便没有人民的一切"[1]；1989 年 11 月，邓小平指出"我们的军队能够始终不渝地坚持自己的性质，这个性质是，党的军队，人民的军队，社会主义国家的军队"[2]；2006 年 10 月，胡锦涛总书记在纪念红军长征胜利 70 周年大会上的重要讲话中强调指出"建设一支听党指挥、服务人民、英勇善战的革命军队，是革命的依托、民族的希望"。

中国人民解放军是党的军队。这是由中国共产党和人民解放军的性质决定的，是在中国革命的历史中形成的。中国共产党在领导中国革命的武装斗争中，缔造了自己的军队。领导这支军队从小到大，由弱到强，在全国人民的支持下，建立了新中国。可以说，没有党的领导，没有党领导的这支军队，就没有中国革命的胜利。人民解放军作为党缔造和领导的无产阶级军队，是执行党所赋予政治任务的武装集团。

中国人民解放军是人民的军队。来自人民，服务人民，与人民保持着不可分离的血肉联系，是人民解放军的特色。人民解放军是真正的人民子弟兵，它是在人民的支持和哺育中逐渐壮大的。人民把自己的子弟送入军队，用巨大的人力、物力、财力支持军队建设，支援和配合军队打仗，并为此付出了重大的牺牲。离开人民群众的支持，就没有人民解放军的成长、壮大和胜利。

中国人民解放军是社会主义国家的军队。马克思主义的国家学说认为，军队是国家政权的主要成分，谁想夺取国家政权，并想保持它、巩固它，谁就应有强大的军队。随着社会主义国家政权的建立，人民解放军作为国家机器的重要组成部分发挥着巩固人民民主专政、服务国家的职能。保卫社会主义祖国，建设社会主义国家，是这支军队肩负的光荣历史任务。

---

[1]　毛泽东. 毛泽东选集（第三卷）[M]. 北京：人民出版社，1991.
[2]　邓小平. 邓小平文选（第三卷）[M]. 北京：人民出版社，1993.

二、中国人民解放军的宗旨

紧紧地和人民站在一起，全心全意地为人民服务，是中国人民解放军的唯一宗旨。军队的宗旨是军队的性质决定的，同时又是军队性质的集中表现。中国人民解放军作为党领导下的人民军队，把全心全意为人民服务作为唯一宗旨。

早在红军创建之初，毛泽东就提出红军建军的目的是"挽救民众疾苦"、"为工农群众打仗"[①]。抗日战争时期，毛泽东在《为人民服务》中指出，共产党及其所领导的八路军、新四军，"完全是为着解放人民的，是彻底地为人民的利益工作的"。1945 年，毛泽东在《论联合政府》中明确指出："紧紧地和中国人民站在一起，全心全意地为中国人民服务，就是这个军队的唯一的宗旨[②]。"

"军民团结如一人，试看天下谁能敌"！一切为了人民，紧紧依靠人民，是人民解放军永远立于不败之地的力量源泉。人民解放军自诞生之日起，就紧紧地和中国人民站在一起，全心全意地为中国人民服务，无论任何时候、任何情况下都视人民的利益高于一切、重于一切。人民离不开军队，军队更离不开人民。正是由于我军与广大人民群众结成了鱼水深情和血肉联系，才使我军拥有不竭的力量源泉，成为一支不可战胜的力量。

三、中国人民解放军的任务

巩固国防，抵抗侵略，保卫祖国，保卫人民的和平劳动，参加国家建设事业是中国人民解放军的任务。中国人民解放军在新世纪新阶段的历史使命是，为党巩固执政地位提供重要力量保证，为维护国家发展的重要战略机遇期提供坚强安全保障，为维护国家利益提供有力战略支撑，为维护世界和平与促进共同发展发挥重要作用。

第三节　中国人民解放军的光荣战斗历程

中国人民解放军诞生于 1927 年 8 月 1 日，至今已走过 80 多年的光辉历程。80 多年来，中国人民解放军在中国共产党的绝对领导下，紧紧依靠人民群众，全心全意为中华民族和中国人民的利益英勇奋斗，进行了土地革命战争、抗日战争和解放战争，历经艰难曲折，战胜千难万险，不断发展壮大，为保卫祖国、建设祖国、维护世界和平做出了巨大牺牲、建立了丰功伟绩、赢得了全国各族人民的爱戴与拥护，是巩固国防、保卫社会主义革命和社会主义建设的坚强柱石。

在不同的历史时期，中国人民解放军的名称也在发生变化：土地革命战争时期称中国工农红军，抗日战争时期称八路军和新四军，从解放战争时期起改称中国人民解放军。

一、土地革命战争时期

1924—1927 年，中国共产党和国民党进行了第一次国共合作，但随着 1927 年 4 月 12 日蒋

① 毛泽东. 毛泽东选集（第一卷）[M]. 北京：人民出版社，1991.
② 毛泽东. 毛泽东选集（第三卷）[M]. 北京：人民出版社，1991.

介石发动反革命政变和1927年7月15日汪精卫的武汉国民政府叛变革命，第一次国共合作的国民革命终于彻底失败。这次革命失败的惨痛教训，证明了中国的革命必须是武装的革命，没有一个人民的军队便没有人民的一切。1927年8月1日，由周恩来、贺龙、叶挺、朱德、刘伯承等领导的在中国共产党影响下的北伐军2万余人，在南昌举行武装起义（图1-9）。1927年9月11日，毛泽东在湖南、江西边界地区，领导农民、工人和革命官兵举行秋收起义，建立了第一支工农革命军。1927年12月11日，张太雷、叶挺、叶剑英等发动广州的工人和革命官兵举行武装起义。除此之外，在大革命失败后近一年的时间里，中国共产党在12个省140个县境内，组织农民和一部分工人及国民革命军部队，还举行了近百次不同规模的武装起义。这些武装起义展现了中国革命进入新时期波澜壮阔的场景，显示了中国共产党和中国人民坚定的革命信念和大无畏的革命精神。在各地起义中建立起来的革命武装，就是人民军队的最初来源，当时叫中国工农革命军，1928年5月以后，陆续改称中国工农红军，简称红军。

图1-9　八一南昌起义

在艰苦的条件下，红军创建了农村革命根据地，开展了游击战争和以运动战为主的反对国民党军大规模"围剿"的战争。全国红军发展到最多时达到约30万人。但由于王明"左"倾错误的战略指导，中央红军未能打破国民党军的第五次"围剿"，被迫于1934年10月撤离中央革命根据地，进行长征，于1935年9月、1935年10月和1936年10月先后到达陕甘革命根据地和甘肃南部地区会师。为取得抗日民族战争的胜利奠定了基础。

在长征中，红军粉碎了国民党军的围追堵截，战胜了无数艰难险阻，进行了娄山关、四渡赤水、强渡大渡河、飞夺泸定桥、腊子口等一系列可歌可泣的战役。据美国著名记者斯诺统计：红军一共爬过18条山脉，其中5条终年冰雪覆盖；渡过24条河流；经过12个省份；占领过62座城市；突破10个地方军阀组织的包围，此外还打败或躲过追击的中央军；平均每天行军71华里。长征是中国共产党、中国工农红军和中国革命事业从挫折走向胜利的伟大转折点。长征以其艰苦卓绝的奋斗历程和无与伦比的辉煌业绩向世人昭示，用马克思主义理论武装起来的、具有坚定共产主义理想信念的中国共产党及其领导下的人民军队，是不可战胜的。

红军在建军之初，从"三湾改编"到古田会议，党创造性地提出了一系列建军原则，确立了党对军队绝对领导的原则和制度，规定了全心全意为人民服务的宗旨，以及开展革命的政治工作、实行民主制度、执行自觉的铁的纪律等内容。逐步组建了红一、红二、红四方面军。

当时主要是步兵，并逐步组建了少量骑兵、炮兵、工兵、通信兵分队，使用的武器有大刀、长矛和缴获的步枪、机枪、轻型火炮等。

二、抗日战争时期

1937 年全面抗日战争爆发后，中国共产党和国民党再度合作，建立了抗日民族统一战线，中国工农红军主力部队改编为国民革命军第八路军（辖 3 个师，朱德任总司令，彭德怀任副总司令），简称八路军；活动在江西、福建、广东、湖南、湖北、浙江、安徽、河南八省的红军游击队集中起来，改称为国民革命军陆军新编第四军（辖 4 个支队，叶挺任军长，项英任副军长），简称新四军。

争民族独立，求人类解放，在中华民族生死存亡的危急时刻，中国共产党高举团结抗战的旗帜，领导中国各族人民进行了中国近代以来最伟大最壮烈的民族解放战争。抗日战争中，八路军、新四军在广大敌后战场，广泛发动人民群众，开展敌后游击战争，建立抗日民主根据地，创造了地雷战、地道战、破袭战、麻雀战、水上游击战等战法。长城内外，大江南北，到处燃起人民战争的烽火（图 1 - 10）。在抗战中，英勇作战 12 万余次，建立了 1 亿人口以上的抗日根据地，抗击了大部日军和几乎全部伪军，歼灭日、伪军约 171 万人，人民军队也由 1937 年的 5 万余人发展到抗战结束的约 127 万人，民兵约 268 万人。为中国抗日战争和世界反法西斯战争的胜利做出了不可磨灭的历史贡献。为夺取新民主主义在全国的胜利奠定了坚实的基础。

图 1 - 10 平型关战役

抗日战争时期，人民军队各部队仍然主要依靠缴获日、伪军的武器装备来武装自己。在抗日战争极端困难的条件下，毛泽东、朱德等同志十分重视部队的管理教育，提出了"军队的基础在士兵①"的著名论断及"官兵一致"、"尊干爱兵"等重要原则。

三、解放战争时期

1945 年抗日战争胜利后，以蒋介石为首的国民党政府在美国支持下，一再撕毁和平协议，

① 毛泽东. 毛泽东选集(第二卷)[M]. 北京：人民出版社，1991.

于 1946 年夏向中国共产党领导的解放区全面进攻，发动了规模空前的内战。中共中央和毛泽东深刻分析了抗日战争胜利后中国政治的基本形势，提出了"针锋相对，寸土必争"的方针，领导解放区军民进行了决定中国命运和前途的大决战。由于战略任务的转变，这个时期八路军、新四军的名称改为中国人民解放军。

在党中央、中央军委的正确领导和指挥下，在人民群众的大力支持下，中国人民解放军贯彻集中优势兵力各个歼灭敌人的作战方针，灵活运用"十大军事原则"，上演了以辽沈、淮海、平津战役为代表的一系列威武雄壮的战争活剧，经过艰苦作战，以劣势兵力和装备打败了美械装备武装起来的 800 万国民党军队，解放了除台湾等若干岛屿以外的全部国土（图 1-11）。中国人民解放军在战争中规模迅速发展壮大，到 1950 年 5 月，已发展到 530 余万人。解放战争的胜利彻底推翻了压在中国人民头上的三座大山，铲除了几千年的封建剥削制度，结束了中华民族百余年来被侵略被侮辱的历史，一个崭新的人民共和国屹立于世界东方。

图 1-11　解放南京

解放战争时期，部队区分为野战部队、地方部队和游击部队。后期，发展为五大野战军和五大军区，即第一、第二、第三、第四、华北野战军，以及西北、东北、华北、华东和中原军区。野战部队按野战军、兵团、纵队（军）、师、团、营、连、排、班的序列编制。部队建设了一些小军工厂，可以维修、生产一些武器弹药来补充自己，但绝大部分武器装备仍然取之于敌。解放战争时期共缴获各种火炮五万余门，各种枪 348 万余支（挺），坦克、装甲车 1 000 余辆，汽车两万余辆，使部队的武器装备得到补充与改善，炮兵、工程兵、通信兵部队有了较大的发展，铁道兵部队和坦克兵分队、防化兵分队也开始组建。

四、中华人民共和国成立之后

中华人民共和国成立后，中国人民解放军的任务由夺取政权转变为巩固人民民主专政的国家政权、保卫和建设社会主义祖国、实现祖国统一、维护世界和平。中国人民解放军在这个伟大的历程中不断续写着新的辉煌。正如胡锦涛主席所指出的：随着我们党领导的事业不断发展，我军已经从革命战争时期在党领导下为夺取全国政权而进行武装斗争的重要力量，成为社会主义建设时期巩固人民民主专政的坚强柱石、保卫社会主义祖国的钢铁长城和建设社会主义的重要力量。

（一）抗美援朝，保家卫国

抗美援朝战争是新中国成立以来中国人民解放军进行的最大规模的反侵略局部战争。中国人民志愿军高举爱国主义和国际主义旗帜，"雄赳赳，气昂昂，跨过鸭绿江"，同朝鲜人民一道，在艰苦的条件下，用劣势装备同高度现代化装备的、以美国为首的"联合国军"展开了殊死较量，最终迫使其在朝鲜停战协定上签字，打出了国威、军威，保卫了国家安全，维护了亚洲和世界和平，极大地提高了新中国的国际地位。

（二）捍卫国家主权，保卫人民政权

中国人民解放军英勇地进行了多次边境自卫防御作战和保卫领海领空的斗争，捍卫了领土主权和国家尊严。在高寒缺氧的雪域高原、在茫茫大海里的海岛礁盘、在人烟罕至的大漠荒滩，都有中国人民解放军广大官兵长年守卫、时刻保卫着祖国的万里边防和领海领空。中国人民解放军胜利进行了大规模的剿匪作战、粉碎了台湾国民党军的多次武装窜犯、平息了反动武装叛乱和社会动乱，保卫和巩固了人民政权，维护了社会稳定。

（三）落实"一国两制"方针，维护祖国统一

1997年7月1日和1999年12月20日，伴随着香港、澳门的先后回归，中国人民解放军驻香港部队和驻澳门部队以威武之师、文明之师的良好形象分别进驻香港、澳门，开始履行防务职责，成为我国对香港、澳门恢复行使主权的重要象征，成为保持香港、澳门特别行政区长期繁荣稳定的有力保证，向世人显示了中国人民和人民解放军坚决反对分裂、维护祖国统一的决心、信心和能力。

（四）积极参加国际维和行动，加强对外军事交流

中国人民解放军自1990年首次向联合国维和行动派遣军事观察员以来，截至2010年，共参与了18项联合国维和行动，总人数超过1.4万人次，共有16名我国维和人员为和平殉职。中国海军还曾经多次到亚丁湾和索马里海域为商船护航，不仅为中国的商船护航，还共为几千艘中国和外国的商船提供过保护。同时，广泛开展对外军事交流，与世界上绝大部分国家建立了军事关系。加强国际反恐军事合作，自2002年与吉尔吉斯斯坦军队举行联合军演以来，中国军队至今已与20多个国家进行了数十次联合演习与训练。

（五）积极投身社会主义建设，英勇奋战在抢险救灾的最前线

中国人民解放军自觉履行建设祖国的重要职责。成建制部队屯垦戍边、开发边疆，数十万官兵集体转业加入经济建设行列，一批又一批德才兼备的干部转业到地方工作，积极承担川藏公路、成昆铁路、引滦入津、三峡工程、青藏铁路等关系国计民生的重点工程建设任务；积极参加抗震救灾（图1-12）、抗洪抢险、抗击非典，为保护人民生命财产奋勇当先、奋不顾身；踊跃参加为民造福的社会公益事业。

中华人民共和国成立后，中国人民解放军迈进了

图1-12 汶川抗震救灾

革命化、现代化、正规化建设的新时期。在陆军单一军种的基础上建立与发展了海军、空军、第二炮兵等军种以及炮兵、装甲兵、工程兵、通信兵、防化兵、铁道兵、基本建设工程兵等兵种，组建了军事科学研究机构和各类军事院校。后来又陆续组建了合成集团军，提高了部队的合成程度与合同作战能力。全军的武器装备不断得到改善，部队逐步装备了中国自己研制、生产的比较现代化的飞机、舰艇、火炮、坦克、导弹、原子弹、氢弹。有效地提高了部队在现代条件下诸军兵种合同作战的能力、快速反应的能力、电子对抗的能力、后勤保障的能力及野战生存的能力。

第四节　中国人民解放军的光荣传统

从 1927 年 8 月 1 日南昌起义的第一声枪响至今，中国人民解放军已走过 80 多年的光辉历程。80 多年来，中国人民解放军始终在中国共产党领导下，与人民群众同呼吸、共命运、心连心。党对军队的绝对领导，是人民军队建军治军的根本原则。紧紧地和中国人民站在一起，全心全意地为中国人民服务，是人民军队的唯一宗旨。在革命、建设和改革的各个历史时期，中国人民解放军始终高举党的旗帜，肩负人民的重托，把人民的利益作为自己的最高利益，培育形成了一整套光荣的传统。

一、艰苦奋斗的政治本色

中国人民解放军之所以能在艰苦险恶的环境中从小到大、从弱到强，一步步发展壮大，最终取得胜利，成为一支不可战胜的力量，正是因为坚持和发扬了艰苦奋斗的政治本色。我们知道，中国人民解放军所经历的艰难困苦，是古今中外人类历史上所少见的。他们长期与优势的敌人作战，在装备低劣、弹药缺乏、衣食不足等十分艰苦的情况下坚持斗争。井冈山时期，从军官到士兵，吃着红米饭，喝着南瓜汤，穿着破衣衫，浴血奋战，粉碎了敌人数次"围剿"，使星星之火越烧越旺。长征途中，红军将士爬雪山、过草地，吃树皮草根，上有敌机轰炸，后有敌兵追击，他们克服了人间罕见的困难，战胜了几十万国民党军队的围追堵截，终于完成了北上抗日的战略转移，谱写了中外战争史上的壮丽史诗。抗日战争时期，我们党及党领导的抗日军民，建设解放区，开辟根据地，挫败日寇的疯狂"扫荡"，冲破国民党反动派的经济封锁，经过 14 年浴血奋战，最终赶走了侵略者，赢得了抗日战争的最后胜利。解放战争时期，我们党带领广大军民，用小米加步枪，战胜了美式装备的国民党军队，仅用了 3 年多的时间就彻底推翻国民党在大陆的反动统治，建立了中华人民共和国。建国以后，人民解放军贯彻了勤俭建国的方针，虚心学习，勤学苦练，在国防建设和现代化的建设中，取得了巨大的成就。

保持艰苦奋斗的政治本色，对军队具有特别重要的意义。军队是要打仗的，其职能和任务决定了军人总是和艰苦奋斗相伴。曾经在战场上所向披靡的威武之师，由于在歌舞升平、文恬武嬉的氛围中骄奢淫逸、耽于安乐，结果自己把自己打败，这样的事例古今中外屡见不鲜，这样的教训值得我们永远记取。我军历来以艰苦奋斗著称于世，保持和发扬这一优良传统，就是保持人民军队的性质、本色和作风。面对天下还很不太平的世界格局，面对霸权主义和强权政治的巨大压力，面对维护国家领土主权和实现祖国统一的艰巨任务，中国人民解放军更要大力发扬艰苦奋斗的作风。

二、拥政爱民、尊干爱兵的内外关系原则

中国人民解放军之所以能够取得胜利，成为一支不可战胜的力量，还由于这支军队是人民的军队。他们不是为着少数人的私利，而是为着人民群众的利益，为着祖国的利益和中华民族的利益而组织起来进行战斗的。我们的军队来自人民，紧紧地和人民站在一起，全心全意为人民服务，从而得到了广大人民的热烈拥护和全力支持。人民把自己的命运和军队的命运联系在一起，亲切地把人民军队看作自己的子弟兵。正因为我们的军队性质是这样的，全体指战员就能够具有高度的自觉性和积极性，了解自己为谁而战，为什么而战，有着高尚的革命理想和明确的奋斗方向，愿意为人民的解放和幸福，牺牲自己的一切。他们不但在战场上英勇奋战，不惜流血牺牲，而且在战斗和练兵的空隙，还尽一切可能帮助人民劳动生产，帮助人民克服各种困难，和人民群众结成了血肉相连的关系。

在中国人民解放军内部，官兵团结一致，心往一处想，劲往一处使，可以战胜一切敌人和困难。比如，在长征途中，环境异常恶劣，物质极为匮乏，战争非常残酷，但官兵关系十分融洽、亲密无间、胜似兄弟、情同手足。党的领袖和红军各级指挥员，与普通士兵同甘共苦、互相爱护、互相关心、互相帮助。危急关头，共产党员和各级干部冲锋在前，在各种困难中勇挑重担，把生的希望留给别人，把死的危险留给自己。毛泽东、朱德等中央领导多次把马让给伤病员骑，经常和普通战士一起步行；红三军团一个连先后饿死 9 名炊事员，而其他战士却无一人因饥饿而倒下。红军内部的团结和士气之旺盛是任何旧军队无法比拟和望尘莫及的，因而产生了巨大的凝聚力和向心力。可以说解放军团结、友爱、和谐、纯洁的内部关系，是部队凝聚力和战斗力所在。

三、建立在高度自觉基础上的严格纪律

严明的纪律和依法治军是中国人民解放军从胜利走向胜利的基本保证。自觉地遵守和执行纪律，是中国人民解放军的特色和优势。建军之初，我军就极为重视克服自由散漫习气，培养高度的组织观念和建立铁的纪律。无论是在艰难困苦的生活中，还是在极其残酷的战场上，官兵都能够自觉做到严守纪律。在长征的艰苦环境里，红军指战员吃树皮、啃草根，不私拿群众一粒粮食。辽沈战役中，战士们宁肯忍受饥渴，也不吃群众一个苹果。这样的事例不胜枚举。严明的组织纪律，使我军保持了高度集中统一，增强了凝聚力和战斗力，保证了我军步调一致地去战胜敌人。

我军的纪律以体现我军宗旨、最大限度地维护人民的利益为目的，是建立在官兵平等和自觉基础上的铁的纪律。革命战争年代，我军正是依靠严明的纪律，保证了组织指挥的顺畅，保证了我军高度集中统一和各部队间的团结协作。在和平环境中，正是由于我军不断加强法制建设和高度自觉地执行严明的纪律，才经受住了各种各样的考验，赢得了人民群众的爱戴和支持。历史证明，严明的纪律和依法治军，是我军战斗力的重要组成部分，是团结自己战胜敌人、完成一切任务的重要保证。

四、政治、军事、经济三大民主

中国人民解放军之所以能够取得胜利，成为一支不可战胜的力量，还因为中国人民解放军有着作为军队生命线的政治工作制度，坚持和发扬了群众路线和民主作风，实行了三大纪律、八项注意，实行了军事、政治、经济三大民主，在军队上下之间、官兵之间及军民之间，亲密无间，团结一致。正因为这样，全体指战员能发扬对于革命事业的高度自觉性和积极性，严格遵守革命纪律，服从上级命令，主动地处理好上下之间、官兵之间、军民之间的关系，团结一致，顺利完成了党和国家交给人民军队的一切光荣任务。

五、压倒一切敌人、一切困难的革命英雄主义

革命英雄主义是中国人民解放军的优良传统和宝贵精神财富。1944 年，朱德同志曾说过："我们之所以能够创造出如许的史无前例的伟大功业，不但是由于八路军、新四军有正确的政治路线和战略战术，而且是由于我全体将士的艰苦卓绝、奋不顾身的英雄主义气概。"[1] 我军英勇善战，在于具有大无畏的革命英雄主义精神。我军一直将进步的政治思想和革命精神灌注于军队之中，使官兵树立远大革命理想，激发出革命英雄主义精神。我军敢于压倒一切敌人而决不被敌人所屈服，敢打敢拼、不怕疲劳、连续作战，打了许多硬仗恶仗，让敌人闻风丧胆。广大官兵不怕流血牺牲，前仆后继，勇往直前，只要一息尚存，就要同敌人血战到底，英雄壮举惊天地，泣鬼神。在烽火连天的战争岁月里，我军涌现了一大批英模人物和英雄集体，他们的事迹广为传颂、永载史册，他们的大无畏革命英雄主义精神永远是我们战胜敌人、夺取胜利的重要法宝。

革命英雄主义集中体现了人民军队为了祖国和人民的利益，不怕艰难困苦，不怕流血牺牲，前赴后继，一往无前的英雄气概和革命精神。它的基本内容包括：勇于牺牲、视死如归的献身精神；英勇顽强、敢打敢拼的战斗作风；坚贞不屈、矢志不渝的革命气节；坚忍不拔、愈挫愈勇的顽强意志；奋勇向前、力争上游的拼搏劲头；以苦为乐、以苦为荣的革命乐观主义。

人民解放军充分发扬革命英雄主义精神，完成长征的伟大壮举，打败不可一世的日本侵略者，消灭国民党反动派的军队，取得抗美援朝战争和一系列军事斗争的胜利，奋勇抢险救灾，承担各项急难险重任务，锤炼成一支战无不胜、攻无不克的人民军队。

六、祖国利益高于一切的爱国主义

中国人民解放军是人民的子弟兵，维护祖国和人民的利益是全军将士团结奋斗的共同意志和思想基础。正是基于这种共同的理想、信念和意志，在革命年代，解放军官兵把祖国和人民的利益看得高于一切，无论物质生活如何艰苦、自然环境如何恶劣、敌军追堵炮火如何险恶，他们始终抱着这个坚定的信念，百折不挠，视死如归，不惜付出生命代价维护祖国和人民的全局利益。这种坚定的意志还体现在群众纪律上，解放军将士严格遵守三大纪律、八项注意，宣传群众、组织群众、帮助群众，以自己真诚的爱国爱民行动，赢得了各民族人民的衷心爱戴和拥护。

---

① 朱德. 朱德选集[M]. 北京：人民出版社，1993.

在社会主义建设时期，全军官兵以保卫祖国、建设祖国为己任，为实现四化、振兴中华谱写了一曲曲壮丽的颂歌。当祖国边疆受到侵犯时，边防部队奋起反击，誓死捍卫国家尊严和领土主权。1998年抗洪，北京小汤山抗非典，汶川和玉树大地震救援，都是爱国主义的生动写照。我军这种高度的爱国主义精神，是同党和人民赋予的神圣使命紧紧联系在一起的，是同维护世界和平、反对霸权主义紧紧联系在一起的，因而具有高度的自觉性和强烈的革命性，具有沉淀深厚的民族精神和拳拳的赤子之心。

第二章

共同条令

第一节 《中国人民解放军内务条令》简介

一、《中国人民解放军内务条令》的作用与意义

《中国人民解放军内务条令》是中华人民共和国军事法之一，是中国人民解放军内务建设的基本依据，是规定军人职责、军队内部关系和日常生活制度的法规。《中国人民解放军内务条令》对于建立和维护良好的内部关系、正规的生活秩序，培养严整的军容、优良的作风、严格的组织纪律，对巩固和提高战斗力具有重大的意义。

二、内部关系

（一）军人相互关系

中国人民解放军军人，不论职位高低，在政治上一律平等，相互间是同志关系。军官、士兵依行政职务和军衔，构成首长与部属、上级与下级或者同级的关系。在行政职务上构成隶属关系时，行政职务高的是首长又是上级，行政职务低的是部属又是下级，部属的上一级首长是直接首长；在行政职务上未构成隶属关系时，行政职务高的是上级，行政职务低的是下级，行政职务相当的是同级；在相互不知道行政职务时，军衔高的是上级，军衔低的是下级，军衔相同的是同级。

（二）官兵关系

官兵关系是军队内部关系的基础。中国人民解放军军官、文职干部和士兵，必须按照官兵一致的原则，互相尊重，互相爱护，互相帮助，努力构建团结、友爱、和谐、纯洁的内部关系，同心协力地完成任务。

军官、文职干部对士兵应当做到：

（1）以身作则，严格管理，耐心说服教育，关心士兵的成长进步。

（2）了解士兵情况，掌握士兵思想状况，妥善解决与士兵的矛盾。

（3）尊重士兵意见，维护士兵民主权利，不压制民主，不打击报复。

（4）公道正派，对待士兵一视同仁。

（5）不打骂体罚和侮辱士兵，不收受士兵的钱物，不侵占士兵利益。

（6）关心士兵生活、安全和健康，照顾伤病员，热情接待来队的士兵亲属。

士兵对军官和文职干部应当做到：

（1）尊重军官和文职干部，服从领导和管理。

（2）忠诚老实，主动汇报思想。

（3）虚心接受批评，坚决改正错误。

（4）不当面顶撞，不背后议论，不搞极端民主化。

（5）照顾军官和文职干部，不搞绝对平均主义。

（6）积极建言献策，主动协助军官和文职干部做好各项工作。

三、礼节

（一）军队内部的礼节

军人敬礼分为举手礼、注目礼和举枪礼。着军服戴军帽或者不戴军帽，通常行举手礼。携带武器装备不便行举手礼时，可以行注目礼。举枪礼仅限于执行阅兵和仪仗任务时使用。

军人之间通常称职务，或者姓加职务，或者职务加同志。首长和上级对部属和下级以及同级间的称呼，可以称姓名或者姓名加同志；下级对上级，可以称首长或者首长加同志。在公共场所和不知道对方职务时，可以称军衔加同志或者同志。

军人听到首长和上级呼唤自己时，应当立即答"到"。回答首长问话时，应当自行立正。领受首长口述命令、指示后，应当回答"是"。

（二）军人在下列时机和场合的礼节

（1）每日第一次遇见首长或者上级时，应当敬礼，首长、上级应当还礼。

（2）军人进见首长时，在进入首长室内前，应当喊"报告"或者敲门，得到允许后方可以进入并向首长敬礼；进入同级或者其他人员室内前，应当敲门，经允许后方可以进入。

（3）同级因事接触时通常互相敬礼。

（4）在室内，首长或者上级来到时，应当自行起立。

（5）营门卫兵对出入营门的分队、首长和上级应当敬礼，分队带队指挥员、首长和上级应当还礼。

（6）卫兵交接班时，应当互相敬礼。

（7）军人受上级首长接见时，应当向首长敬礼，问候"首长好"。

（8）上级首长到下级单位检查工作离开时，送行人员应当敬礼。

（9）升国旗时，在场的全体军人应当面向国旗立正，着军服的行举手礼，着便服的行注目礼。奏唱国歌时，应当自行立正；着军服参加外事活动，听到奏国歌时行举手礼。

四、军容风纪

（一）仪容

军人应当军容严整，遵守下列规定：

（1）着军服在室外应当戴军帽；戴大檐帽（卷檐帽）、作训帽，帽檐前缘与眉同高；戴贝雷帽，帽徽位于左眼上方，帽口下缘距眉约1.5厘米；戴冬帽时，护脑下缘距眉约1.5厘米；水兵帽稍向右倾，帽墙下缘距右眉约1.5厘米，距左眉约3厘米；军官大檐帽饰带应当并拢，并保持水平；士兵大檐帽风带不用时应当拉紧并保持水平；大檐帽（卷檐帽）、水兵帽松紧带不使用时，不得露于帽外。

（2）除授衔仪式、授枪仪式等重要活动和卫兵执勤外，着军服进入室内通常脱帽；因其他特殊情况不适宜脱帽时，由在场最高首长临时规定。

（3）着军服时应当穿军鞋；在实验室、重要洞库等特殊场所，可以统一穿具有防尘、防静电等功能的工作用鞋；不得赤脚穿鞋。

（4）着军服时应当按照规定扣好衣扣，不得挽袖（着作训服时除外），不得披衣、敞怀、卷裤腿。

（5）军服内着毛衣、绒衣、绒背心、棉衣，下摆不得外露；着衬衣（内衣），下摆扎于裤内。

（6）军人非因公外出应当着便服；军级以上机关，院校、医院、科研和文艺、体育单位的军官、文职干部下班后通常着便服；女军人怀孕期间和给养员外出采购时，可以着便服。

（7）不得将军服外衣与便服外衣混穿。

（8）不得将摘下标志服饰的军服作便服穿着。

（9）不得着印有不文明图案、文字的便服。

（10）不得着仿制的军服。

军人头发应当整洁。男军人不得留长发、大鬓角和胡须，蓄发（戴假发）不得露于帽外，帽墙下发长不得超过1.5厘米；女军人发辫不得过肩，女士兵不得烫发。师以上首长可以在规定的发型内决定所属人员蓄一种或者几种发型。军人染发只准染与本人原发色一致的颜色。

军人不得文身。着军服时，不得化妆，不得留长指甲和染指甲，不得围非制式围巾，不得在外露的腰带上系挂移动电话、钥匙和饰物等，不得戴耳环、项链、领饰、戒指等首饰。除工作需要和眼疾外，不得戴有色眼镜。

（二）举止

军人必须举止端正，谈吐文明，精神振作，姿态良好。不得袖手、背手和将手插入衣袋，不得边走边吸烟、吃东西、扇扇子，不得搭肩挽臂。

军人参加集会、晚会，必须按照规定的时间和顺序入场，按照指定的位置就座，遵守会场秩序，不得迟到早退。散会时，依次退场。

军人外出，必须遵守公共秩序和交通规则，遵守社会公德，举止文明，自觉维护军队的声誉。不得猬集街头、嬉笑打闹和喧哗，不得携带违禁物品。乘坐公共汽（电）车、火车时，主动给老人、幼童、孕妇和伤、病、残人员让座。与他人发生纠纷时，应当依法处理。

军人遇到人民群众生命财产受到严重威胁时，应当见义勇为，积极救助。

军人不得赌博、打架斗殴，不得参加迷信活动。

军人不得酗酒，不得酒后驾驶机动车辆或者操作武器装备。

军人不得参加宗教组织和宗教活动，不得围观和参与社会游行、示威、静坐等活动，不得传抄、张贴、私藏非法印刷品，不得组织和参与串联、集体上访。

军人不得购买、传看渲染色情、暴力、迷信和低级庸俗的书刊和音像制品。

军人在公共场所和其他禁止吸烟的场所不得吸烟。

文艺工作者扮演我军官兵，以及军人给报刊、杂志等提供军人肖像，着军服主持电视节目、参加电视访谈，必须严格执行军容风纪的规定，维护军队和军人形象。

军人不得摆摊设点、叫买叫卖，不得以军人的名义、肖像做商业广告。

五、作息

工作日通常保持 8 小时工作（操课）和 8 小时睡眠，并规定起床、早操、洗漱、开饭、课外活动和点名时间。星期六可以用于集体组织科学文化学习、文体活动、农副业生产等，也可以安排休息。星期日和节假日除特殊情况外应当安排休息。

连队一日生活：

1. 起床

听到起床号（信号）后，全连人员立即起床（连值班员应当提前 10 分钟起床），按照规定着装，迅速做好出操准备。各类值班（值日）人员按照规定认真履行职责；卫生员检查各班、排有无病号，对患病者根据情况处理。

2. 早操

听到出操号（信号）后，各班、排迅速集合，检查着装和携带的武器装备，跑步带到连集合场，向连值班员报告。连值班员整理队伍，清查人数，向连首长报告，由连首长或者连值班员带队出操。

3. 整理内务和洗漱

早操后，整理内务、清扫室内外和洗漱，时间不超过 30 分钟。班值日员协助检查并整理本班的内务卫生。连值班员检查全连的内务卫生。连首长每周组织 1 次全连内务卫生检查。

4. 开饭

按照规定时间准时开饭。开饭时间通常不超过 30 分钟。听到开饭号（信号）后，以班、排或者连为单位带到食堂门前，由连值班员整队，按照连值班员宣布的次序依次进入食堂。就餐时保持肃静，餐毕自行离开。休息日和节假日坚持三餐制。

5. 操课

操课前，根据课目内容做好准备。听到操课号（信号）后，连（排、班或者训练编组）迅速集合整队，清查人数，检查着装和装备、器材，带到课堂（训练场、作业场）。操课中，按照计划要求周密组织，认真听讲，精心操作，遵守课堂（训练场、作业场）纪律，严防事故。课间休息（操课通常每小时休息 10 分钟，野外作业和实弹射击时根据情况确定休息时间），由连值班员发出休息信号；休息完毕，发出继续操课信号。操课结束后，检查装备，清理现场，集合整队，进行讲评。操课往返途中应当队列整齐，歌声嘹亮。

6. 午睡（午休）

听到午睡号（信号）后，除执勤人员外均应当卧床休息，保持肃静，不得进行其他活动，连值班员检查全连人员午睡情况。午休时间由个人支配，但不得私自外出，不得影响他人休息。

7. 课外活动

晚饭后的课外活动时间，每周除个人支配 2 至 3 次外（人员不得随意外出），其余由连队安排。

8. 点名

连队通常每日点名，休息日和节假日必须点名。点名由 1 名连首长实施。每次点名不得超过 15 分钟。点名通常以连为单位于就寝前或者其他时间列队进行（也可以排为单位进行）。点名的内容通常包括清点人员、生活讲评、宣布次日工作或者传达命令、指示等。

9. 就寝

连值班员在熄灯号（信号）前 10 分钟，发出准备就寝信号，督促全体人员做好就寝准备。就寝人员应当放置好衣物装具，听到熄灯号（信号）立即熄灯就寝，保持肃静。

六、日常制度

军队日常生活具有严格的各项制度，日常制度主要包括十二项，分别是行政会议、请示报告、内务设置、登记统计、请假销假、查铺查哨、留营住宿、点验、交接、接待、证件和印章管理、保密。

重点介绍两项：

（一）请假销假

军人外出，必须按级请假，按时归队销假；未经领导批准不得外出。军人在执勤和操课（工作）时间内，无特殊事由不得请假。请假 1 日以内（不远离驻地，不在外住宿）的，士兵由连首长批准，军官由直接首长批准。请假人员，因特殊情况经批准后方可以续假。未经批准，超假或者逾假不归者，应当予以追究。

（二）保密

军人必须遵守下列保密守则：

（1）不该说的秘密不说。

（2）不该问的秘密不问。

（3）不该看的秘密不看。

（4）不该带的秘密不带。

（5）不该传的秘密不传。

（6）不该记的秘密不记。

（7）不该存的秘密不存。

（8）不随意扩大知密范围。

（9）不私自复制、下载、出借和销毁秘密。

（10）不在非保密场所处理涉密事项。

军人因工作需要确需使用公网移动电话，必须经团以上单位首长批准方可使用，并报所在单位司令机关备案并遵守下列规定：

（1）严禁在执行作战、战备、训练、演习任务时携带和使用公网移动电话。

（2）严禁将移动电话带入作战室、情报室、机要室、通信枢纽、涉密会议会场、军用飞机和舰（船）艇、重要仓库、导弹发射阵地、武器装备试验场、战备工程等涉密场所。

（3）严禁在具备有线通信条件的场所使用移动电话办理公务。

（4）严禁使用公网移动电话谈论、传递和存储涉密信息。

（5）严禁在办公场所使用移动电话连接国际互联网或者使用具有实时视频通话功能的移动电话。

（6）严禁将公网移动电话连接涉密计算机。

（7）严禁在公务活动中使用移动电话录音、摄影、摄像和开通定位服务功能。

（8）严禁在非加密状态下使用军用移动电话谈论、传输涉密信息。

（9）严禁将军用移动电话带到国（境）外或者提供给无关人员使用。

（10）严禁使用外国公司、外资企业、国（境）外人员赠送的移动电话。

军队单位和人员使用国际互联网，应当严格遵守下列规定：

（1）严禁涉密计算机连接国际互联网。

（2）严禁涉密计算机安装、使用无线上网卡。

（3）严禁涉密计算机开通红外、蓝牙等无线连接、传递功能。

（4）严禁将使用无线上网卡的私人计算机带入涉密场所。

（5）严禁在连接国际互联网的计算机上使用涉密或者曾经涉密的移动存储载体。

（6）严禁在连接国际互联网的计算机上存储、处理或者传递涉密信息。

（7）严禁在连接国际互联网的计算机上存储显示军人身份的资料。

（8）严禁在国际互联网上发布、传播涉密信息。

（9）严禁计算机在军队涉密网和国际互联网之间交叉连接。

（10）严禁存储载体在涉密计算机和连接国际互联网的计算机之间交叉使用。

第二节　《中国人民解放军纪律条令》简介

一、《中国人民解放军纪律条令》的作用和意义

为了维护和巩固中国人民解放军的纪律，正确实施奖惩，保证军队的高度集中统一，加强革命化、现代化、正规化建设，巩固和提高战斗力，根据有关法律的规定，结合军队实际，制定本条令。

二、《中国人民解放军纪律条令》的基本内容

中国人民解放军纪律条令的基本内容。

（1）执行中国共产党的路线、方针、政策。

（2）遵守国家的宪法、法律、法规。

（3）执行军队的条令、条例和规章制度。

（4）执行上级的命令和指示。

（5）执行三大纪律、八项注意。

三、奖励

奖励的目的在于鼓励先进，维护纪律，调动官兵的积极性、创造性，发扬爱国主义、共产主义和革命英雄主义精神，保证作战、训练和其他各项任务的完成。

奖励的项目从低到高排列依次为：

（1）嘉奖。

（2）三等功。

（3）二等功。

（4）一等功。

（5）荣誉称号。

四、处分

士兵如果违反了纪律，将根据情节轻重受到相应的处分，目的在于严明纪律，教育违纪者和单位，加强集中统一，巩固和提高部队战斗力。

处分的项目从轻向重排列依次为：

（1）警告。

（2）严重警告。

（3）记过。

（4）记大过。

（5）降职或者降衔。

（6）撤职。

（7）除名。

（8）开除军籍。

第三节 《中国人民解放军队列条令》简介

一、《中国人民解放军队列条令》的作用与意义

《中国人民解放军队列条令》是中国人民解放军队列生活的准则和队列训练的基本依据。全体军人必须严格执行本条令，加强队列训练，培养良好的军姿、严整的军容、过硬的作风、严格的纪律性和协调一致的动作，促进军队正规化建设，巩固和提高战斗力。

二、立正、跨立、稍息

（一）立正

立正是军人的基本姿势，是队列动作的基础。军人在宣誓、接受命令、进见首长和向首长

报告、回答首长问话、升降国旗、迎送军旗、奏唱国歌和军歌等严肃庄重的时机和场合，均应当立正。

听到"立正"口令，两脚跟靠拢并齐，两脚尖向外分开约 60 度；两腿挺直；小腹微收，自然挺胸；上体正直，微向前倾；两肩要平，稍向后张；两臂下垂自然伸直，手指并拢自然微曲，拇指尖贴于食指第二节，中指贴于裤缝；头要正，颈要直，口要闭，下颌微收，两眼向前平视（图 2 - 1）。

图 2 - 1 立正

（二）跨立

跨立即跨步站立，主要用于军体操、执勤和舰艇上分区列队等场合。可以与立正互换。

听到"跨立"口令，左脚向左跨出约一脚之长，两腿挺直，上体保持立正姿势，身体重心落于两脚之间。两手后背，左手握右手腕，拇指根部与外腰带下沿（内腰带上沿）同高；右手手指并拢自然弯曲，手心向后。携枪时不背手（图 2 - 2）。

图 2 - 2 跨立

（三）稍息

稍息是队列动作中的一种休息和调整姿势的动作，可与立正互换。

听到"稍息"口令，左脚顺脚尖方向伸出约全脚的三分之二，两腿自然伸直，上体保持立正姿势，身体重心大部分落于右脚。携枪（筒）时，携带的方法不变，其余动作同徒手。稍息过久，可以自行换脚。

三、停止间转法

停止间转法是停止间（原地）变换方向的方法。分为向左转、向右转、向后转，有时也可以半面向左转或半面向右转。

（一）向右（左）转

听到"向右（左）——转"口令，以右（左）脚跟为轴，右（左）脚跟和左（右）脚掌前部同时用力，使身体协调一致地向右（左）转90度，体重落在右（左）脚，左（右）脚取捷径迅速靠拢右（左）脚，成立正姿势。转动和靠脚时，两腿挺直，上体保持立正姿势。

半面向右（左）转，按照向右（左）转的要领转45度，口令下达为"半面向右（左）——转"。

（二）向后转

听到"向后——转"口令，按照向右转的要领向后转180度。

四、行进与立定

行进的基本步法分为齐步、正步和跑步，辅助步法分为便步、踏步、移步和礼步。移步和礼步不常用到，这里暂不做讲解。

（一）齐步与立定

齐步是军人行进的常用步法。

听到"齐步——走"口令，左脚向正前方迈出约75厘米，按照先脚跟后脚掌的顺序着地，同时身体重心前移，右脚照此法动作；上体正直，微向前倾；手指轻轻握拢，拇指贴于食指第二节；两臂前后自然摆动，向前摆臂时，肘部弯曲，小臂自然向里合，手心向内稍向下，拇指根部对正衣扣线，并高于春秋常服最下方衣扣约5厘米（着夏常服、水兵服时，高于内腰带扣中央约5厘米；着作训服时，与外腰带扣中央同高），离身体约30厘米；向后摆臂时，手臂自然伸直，手腕前侧距裤缝线约30厘米。行进速度每分钟116～122步（图2-3）。

听到"立——定"口令，左脚再向前大半步着地（脚尖向外约30度），两腿挺直，右脚取捷径迅速靠拢左脚，成立正姿势。

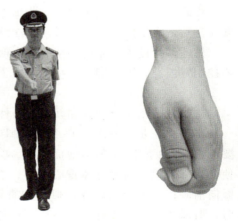

图2-3 齐步

注意：齐步行进要求姿态端正，腿臂协调，摆臂自然大方，定型定位，步速、步幅准确；行进时，两脚内侧要在一条直线上行进；脚着地时，要按脚跟、脚掌的顺序，防止脚掌先着地；立正时，身体重心要前移，防止身体后仰。

（二）跑步与立定

跑步主要用于快速行进。

听到预令"跑步——"时，两手迅速握拳（四指蜷握，拇指贴于食指第一关节和中指第二节），提到腰际，约与腰带同高，拳心向内，肘部稍向里合（图2-4）。

听到动令"走"时，上体微向前倾，两腿微弯，同时左脚利用右脚掌的蹬力跃出约85厘米，前脚掌先着地，身体重心前移，右脚照此法动作（图2-5）；两臂前后自然摆动，向前摆臂时，大臂略垂直，肘部贴于腰际，小臂略平，稍向里合，两拳内侧各距衣扣线约5厘米；向后摆臂时，拳贴于腰际。行进速度每分钟170～180步。

图2-4 听到预令后的动作　　　　　　　图2-5 跑步前进

听到"立定"口令，再跑2步，然后左脚向前大半步（两拳收于腰际，停止摆动）着地，右脚取捷径靠拢左脚，同时将手放下，成立正姿势。

注意：跑步的第一步一定要跃出去，前脚掌先着地；在整个跑步过程中，动作要协调，摆臂要自然，定型定位；立定时，要注意靠腿和放臂的一致性。

另外，行进中要靠前脚掌的弹力前进；摆臂时，不要上下打鼓，不得绕腹运动；立正时，要控制好惯性，不跺脚，不垫步，放手、靠脚要一致。

（三）正步与立定

正步主要用于分列式和其他礼节性场合。

听到"正步——走"口令，左脚向正前方踢出约75厘米（腿要绷直，脚尖下压，脚掌与地面平行，离地面约25厘米），适当用力使全脚掌着地，同时身体重心前移，右脚照此法动作；上体正直，微向前倾；手指轻轻握拢，拇指伸直贴于食指第二节；向前摆臂时，肘部弯曲，小臂略成水平，手心向内稍向下，手腕下沿摆到高于春秋常服最下方衣扣约15厘米处（着夏常服、水兵服时，高于内腰带扣中央约15厘米处；着作训服时，高于外腰带扣中央约10厘米处），离身体约10厘米；向后摆臂时（左手心向右，右手心向左），手腕前侧距裤缝线约30厘米（图2-6）。行进速度每分钟110～116步。

图2-6 正步

听到"立——定"口令，左脚再向前大半步着地（脚尖向外约30度），两腿挺直，右脚取捷径迅速靠拢左脚，成立正姿势。

（四）踏步

踏步用于调整步伐和整齐队伍。

听到"踏步（踏步——走）"口令，两脚在原地上下起落（抬起时，脚尖自然下垂，离地面约15厘米；落下时，前脚掌先着地），上体保持正直，两臂按照齐步或者跑步摆臂的要领摆动（图2-7）。

听到立定口令，左脚踏1步，右脚靠拢左脚，原地成立正姿势。

（五）便步

便步用于行军、操练后放松步伐、恢复体力。

听到"便步——走"口令，用适当的步速、步幅行进，两臂自然摆动，上体保持良好的姿态。

立定时，听到口令，两脚自然靠拢，成立正姿势。

图2-7 踏步

五、坐下、蹲下、起立

（一）坐下与起立

1. 徒手坐下与起立

听到"坐下"口令，左小腿在右小腿后交叉，迅速坐下（坐凳子时，听到口令，左脚向左分开约一脚之长；女军人着裙服坐凳子时，两腿自然并拢），手指自然并拢放在两膝上，上体保持正直。听到"起立"口令，上体微向前倾，全身协力迅速起立，左脚靠拢右脚成立正姿势。

2. 携枪坐下与起立

听到"枪靠右肩——坐下"口令，两腿按照徒手坐下的要领进行，而后枪靠右肩（枪面向右），右手自然扶贴护木，左手手指自然并拢，放在左膝上。肩冲锋枪、81式自动步枪坐下时，听到预令，右手移握护木，使背带从肩上滑下，将枪取下。

携95式自动步枪坐下时，听到"右手扶枪——坐下"的口令，两腿按照徒手坐下的要领进行，同时将枪置于右小腿前侧，枪身与地面垂直，枪面向后；右手自然扶握上护盖前端，左手手指自然并拢，放在左膝上。肩枪坐下时，听到预令，右手移握下护手前端，使背带从肩上滑下，将枪取下。

听到"起立"口令，全身协力迅速起立，成立正姿势或者成持枪、肩枪（筒）立正姿势。

（二）蹲下与起立

听到"蹲下"口令，右脚后退半步，前脚掌着地，臀部坐在右脚跟上（膝盖不着地），两腿分开约60度（女军人两腿自然并拢），手指自然并拢放在两膝上，上体保持正直（图2-8）。蹲下过久，可以自行换脚。听到"起立"口令，全身协力迅速起立，右脚靠拢左脚，成立正姿势。

图2-8 蹲下

六、敬礼、礼毕

敬礼分为举手礼、注目礼和举枪礼。

（一）举手礼

行举手礼时，上体正直，右手取捷径迅速抬起，五指并拢自然伸直，中指微接帽檐右角前约2厘米处（戴卷檐帽、无檐帽或者不戴军帽时微接太阳穴，约与眉同高），手心向下，微向外张（约20度），手腕不得弯曲，右大臂略平，与两肩略成一线，同时注视受礼者（图2-9）。

（二）注目礼

行注目礼时，面向受礼者成立正姿势，同时注视受礼者，并目迎目送（右、左转头角度不超过45度）。

（三）举枪礼（用于阅兵式或者执行仪仗任务）

听到"向右看——敬礼"口令，右手将枪提到胸前，枪身垂直并对正衣扣线，枪面向后，离身体约10厘米，枪口与眼同高，大臂轻贴右胁；同时左手接握表尺上方，小臂略平，大臂轻贴左胁；同时转头向右注视受礼者，并目迎目送（右、左转头角度不超过45度）。

（四）礼毕

听到"礼毕"口令或是对方还礼后，行举手礼者，将手放下；行注目礼者，将头转正；行举枪礼者，将头转正，右手将枪放下，使托前踵轻轻着地，同时左手放下，成持枪立正姿势。

图2-9　举手礼

第三章

轻武器知识

学习指导： 本章主要介绍了轻武器的战技术性能和基本射击理论，要求学生通过理论学习和实践，掌握自动（半自动）步枪射击的动作要领，完成实弹射击。

轻武器，是指质量较轻由单兵或班组操作的战斗武器。主要包括各种枪械、单兵杀伤武器、便携式反坦克武器、单兵防空导弹等。基本作战用途是在近距离内杀伤有生目标，毁伤轻型装甲目标、低空飞行目标，破坏敌方设施和军事器材。

在未来高科技战争中，步兵依然是战场上一支不可或缺的基本力量，作为步兵装备的轻武器伴随着战争和社会的进步，不断完善和发展，至今已形成了一个设计完善、结构新颖的轻武器大家族。

第一节　轻武器常识

一、性能与构造

（一）81 式自动步枪

81 式 7.62 毫米自动步枪与 81 式 7.62 毫米班用机枪组成 81 式 7.62 毫米班用枪族，这是我国自行研制的第一代枪族化武器系统，其活动机件及供弹具等均可互换使用，互换率达 80% 以上。

1. 战斗性能

1981 年式 7.62 毫米自动步枪，简称 81 式自动步枪，是步兵分队近战消灭敌人有生力量的自动武器。它能发射枪榴弹，使步兵具有点面杀伤和反装甲能力，因此，它也是步兵反装甲的辅助武器。对单个目标在 400 米内射击效果最好；集中火力可射击敌人的飞机、伞兵及集团目标；弹头飞行到 1 500 米仍有杀伤力；在 300 米内使用枪榴弹可杀伤敌有生力量和击毁敌装甲目标及坚固的工事。

发射方式：主要实施短点射（2~5 发），还可实施长点射（6~10 发）和单发射。发射枪榴弹时，必须关闭导气孔，用单发射击。

战斗射速：点射 90 ~ 110 发/分钟，单发射 40 发/分钟。

理论射速：680 ~ 750 发/分钟。

侵彻力：使用 1956 年式普通弹在 100 米距离处能射穿 6 毫米厚的钢板、15 厘米厚的砖墙、30 厘米厚的土层或 40 厘米厚的木板。使用穿甲燃烧弹，在 200 米距离处，能贯穿 7 毫米厚的钢板，并能引燃钢板后的易燃物。在 300 米距离内，使用杀伤枪榴弹，产生有效杀伤破片约 400 片，有效杀伤半径 14 米；使用破甲枪榴弹，当法线角为 45 度时，对 80 毫米厚的装甲钢板穿透率大于 85%，最大破甲厚度 250 毫米。

2. 主要诸元

口径：7.62 毫米

初速：710 米/秒

枪全重：3.5 千克

枪全长（枪托打开）：1 105 毫米

枪全长（枪托折叠）：730 毫米

枪全长（不装刺刀）：955 毫米

准星宽：2 毫米

瞄准基线长：315 毫米

弹匣容量：30 发

弹头最大飞行距离：约 2 000 米

3. 各部机件的名称、用途

81 式自动步枪由刺刀（匕首）、枪管、瞄准具、活塞及调节塞、机匣、枪机、复进机、击发机、弹匣和枪托 10 大部件组成（图 3 - 1），另有一套附品。

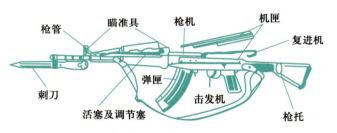

图 3 - 1 自动步枪 10 大部件

（1）刺刀：用以刺杀敌人。

（2）枪管：用以赋予弹头及枪榴弹的飞行方向。枪管内是枪膛，枪膛分为弹膛和线膛。

（3）瞄准具：由表尺和准星组成，用以瞄准。

（4）活塞及调节塞：用以承受火药气体的压力，推压枪机向后。

（5）机匣：用以容纳枪机、复进机、固定击发机和弹匣。

（6）枪机：由机栓和机体组成。用以送弹、闭锁、击发和退壳，并能使击锤向后成待发状态。

（7）复进机：由导管、导杆、导管座、复进簧和支撑环组成。用以使枪机回到前方位置。

（8）击发机：用以与枪机相互作用形成待发和击发。击发机上有击发控制机，能在枪机闭锁枪膛前防止击发；保险机用以保险和控制单发射、连发射（"1"、"2"、"0"分别为单发射、连发射、保险）。

（9）弹匣：用以容纳和托送子弹。可装 30 发子弹。

（10）枪托：便于操作。平时成打开状态，必要时可折叠。

（11）附品：用以分解结合、擦拭上油、携带和排除故障。附品包括擦拭杆、鬃刷、铳子、附品盒、通条、油壶、背带和弹匣袋。

（二）95 式自动步枪

95 式 5.8 毫米自动步枪（图 3－2）与 95 式 5.8 毫米班用轻机枪组成 95 式 5.8 毫米班用枪族，其活动机件、机匣及供弹具等均可互换使用。枪族采用无托结构，具有长度短、质量轻、射击精度好、造型美观等特点。

图 3－2　95 式自动步枪

1. 战斗性能

1995 年式 5.8 毫米自动步枪，简称 95 式自动步枪，是步兵分队近战中消灭敌人有生力量的自动武器。对单个目标在 400 米内射击效果最好，集中火力可射击 500 米内敌人的飞机、伞兵及集团目标。能用实弹发射 40 毫米系列枪榴弹，使单兵具有点面杀伤和反装甲能力。表尺射程：破甲枪榴弹 120 米，杀伤枪榴弹 250 米，最大射程 400 米。必要时，还可加挂下挂式防暴榴弹发射器，发射 35 毫米系列防暴榴弹，以完成特殊任务，表尺射程 350 米，最大射程 360 米。

供弹方式：弹匣供弹，每支配有 5 个弹匣。必要时也可使用弹鼓供弹。

发射方式：单发射、短点射（2～5 发）和长点射（6～10 发）。

战斗射速：点射 100 发/分钟，单发射 40 发/分钟。

理论射速：730～770 发/分钟。

侵彻力：使用 1987 式普通弹在 300 米距离处能射穿 10 毫米厚的 A3 钢板，在 600 米距离处，在贯穿 2 毫米厚的冷轧钢板后，仍能贯穿 14 厘米厚的松木板。

2. 主要诸元

口径：5.8 毫米

初速：920 米/秒

有效射程：400 米

表尺射程：500 米

瞄准基线：325 毫米

枪全重：3.3 千克

枪全长（不装刺刀）：746 毫米

刺刀重：0.36 千克

刀鞘重：0.25 千克

刺刀长：302 毫米

刺刀宽：35 毫米

弹匣容量：30 发

该枪由 10 大部件组成：其各部件名称及用途同 81 式自动步枪。

（三）03 式自动步枪

1. 战斗性能

03 式 5.8 毫米自动步枪（图 3 - 3）简称 03 式自动步枪，既可作为特种兵、空降兵、装甲兵和普通部队的基本战斗武器，又可以作为基层指挥人员和勤务人员战斗的自卫武器。可以单、连发射击，主要杀伤 400 米范围内暴露的有生目标；发射枪榴弹可以毁伤轻型装甲或杀伤集群有生目标；配有 YMA/QBZ03 式 5.8 毫米自动步枪白光瞄准镜和 QBZ03 式 5.8 毫米自动步枪微光瞄准镜。

图 3 - 3　03 式自动步枪

该枪使用 5.8 毫米普通弹和曳光弹，必要时也可以使用 5.8 毫米机枪弹和机枪曳光弹，使用寿命为 10 000 发。每支枪配 5 个弹匣，与 95 式自动步枪弹匣通用。也可使用 95 式机枪的弹鼓供弹。

发射方式：单发、连发。

战斗射速：单发 40 发/分钟，连发 100 发/分钟。

2. 主要诸元

口径：5.8 毫米

初速：930 米/秒

有效射程：400 米

表尺分划：1、3、5（码）

瞄准基线长：520 毫米

全枪重（含一个空弹匣）：3.5 千克

枪全长（打开枪托）：950 毫米

枪全长（折叠枪托）：725 毫米

弹匣容量：30 发

该枪由 10 大部件组成，其各部件名称及用途同 81 式自动步枪。

（四）56 式半自动步枪

1. 战斗性能

56 式半自动步枪（图 3 - 4）是我军步兵分队装备较早的一种半自动轻武器，主要用于对 400 米以内的单个目标实施射击，精度较好。集中火力可杀伤 800 米以内的集团目标及射击 500 米内低飞的飞机和伞兵，弹头飞行到 1 500 米仍有杀伤力。该枪使用 7.62 毫米普通弹，弹仓（内装 10 发弹）送弹，每扣动扳机一次，发射一发子弹，不能打连发。当弹仓内最后一发子弹发射出去时，滑机退回至后面挂机。

侵彻力：使用 56 式普通弹，在 100 米的距离处能射穿 6 毫米厚的钢板、15 厘米厚的砖墙、30 厘米厚的土层或 40 厘米厚的木板。

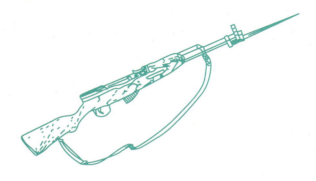

图 3 - 4　56 式半自动步枪

2. 主要诸元

口径：7.62 毫米

初速：710 米/秒

有效射程：400 米

表尺距离：1 000 米

瞄准基线长：480 毫米

全枪重：3.85 千克

枪全长（不折回枪刺刀）：1 260 毫米

枪全长（折回枪刺刀）：1 020 毫米

弹仓容量：10 发

战斗射速：35 ~ 40 发/分钟

该枪由 10 大部件组成，其各部件名称及用途同 81 式自动步枪。

（五）56 式冲锋枪

1. 战斗性能

56 式冲锋枪（图 3 - 5）是步兵分队近战中消灭敌人有生力量的自动武器。对单个目标在 300 米内可实施点射，在 400 米内实施单发射效果最好。集中火力可射击 500 米内的飞机、伞兵和杀伤 800 米内的集团目标。弹头飞行到 1 500 米仍有杀伤力。

图 3 – 5　56 式冲锋枪

发射方式：主要实施短点射(2 ~ 5 发)，还可实施长点射(6 ~ 10 发)或单发射。

战斗射速：点射 90 ~ 100 发/分钟，单发射 40 发/分钟。

侵彻力：使用 56 式普通弹，在 100 米的距离处能射穿 6 毫米厚的钢板、15 厘米厚的砖墙、30 厘米厚的土层或 40 厘米厚的木板。

2. 主要诸元

口径：7.62 毫米

初速：710 米/秒

瞄准基线长：378 毫米

全枪重：3.81 千克

枪全长(不折叠枪托)：1 100 毫米

枪全长(折叠枪托)：645 毫米

弹匣容量：30 发

弹头最大飞行距离：约 2 000 米

该枪由 10 大部件组成，其各部件名称及用途同 81 式自动步枪。

二、自动(半自动)步枪自动(半自动)原理

自动(半自动)步枪为导气式的自动(半自动)方式。发射时利用由枪管导气孔导出的火药气体，冲击活塞推压枪机向后运动，完成自动(半自动)动作。

待发时，子弹位于膛内，枪机位于前方成闭锁状态，复进簧成伸张状态，击锤被击发阻铁控制，停在待发位置，击锤簧成压缩状态，击发控制机已解脱。

射击时，手扣扳机，击锤向前打击击针，击针撞击子弹底火，点燃发射药，产生火药气体，推送弹头沿线膛向前运动。弹头一经过导气孔，部分火药气体通过导气孔涌入导气箍，冲击活塞推动枪机向后，压缩复进簧，完成开锁、抛壳，并推动击锤向后至待发位置。枪机后退到位后，在复进簧作用下向前运动，推动次一发子弹入膛并完成闭锁，下压击发控制机，解脱击锤。

此时，保险机若定在连发位置，未松开扳机，击发阻铁和单发阻铁都不能卡住击锤，击锤再次向前撞击击针，形成连发。

保险机若定在单发位置，手扣扳机不放，单发阻铁向上抬起，卡住击锤不能向前运动，射击停止，若再次发射，必须松开扳机，单发阻铁在簧力作用下向下回转解脱击锤，击锤在簧力作用下稍向前移动即被击发阻铁卡住，停在待发位置，再扣扳机，动作同前，形成单发射击。

保险机若定在保险位置，保险机轴阻挡击发阻铁，使其不能向下回转，成保险状态。

三、武器分解结合

（一）目的和要求

分解结合是为了擦拭、上油、检查和排除故障。要求做到：

（1）分解前必须验枪。

（2）分解结合应按顺序和要领进行，不要强敲硬卸。

（3）分解下来的机件应按次序放在干净的物体上。

（4）除所讲的分解内容外，未经许可，不准分解其他机件。

（5）结合后，应拉送枪机数次，检查机件结合是否正确。

（二）分解结合步骤

（1）卸下弹匣（56式半自动步枪除外）：左手握护木，枪面稍向左，右手握弹匣，拇指按压弹匣卡笋（也可右手掌心向上握弹匣，以手掌肉厚部分推压卡笋），前推取下。

（2）拔出通条和取出附品盒：左手握护木，右手向外向上拔出通条。然后，用中、食指顶压附品盒底部，使卡笋脱离圆孔，取出附品盒，并从附品盒内取出附品。

（3）卸下机匣盖（95式自动步枪除外）：左手握枪颈，以拇指按机匣盖卡笋，右手将机匣盖上提取下。

（4）抽出复进机：左手握枪颈，右手向前推导管座，使其脱离凹槽，向后抽出复进机。

（5）取出枪机：左手握枪颈，右手拉枪机向后到定位，向上向后取出，左手转压机体向后，使导笋脱离导笋槽，再向前取出机体。

（6）卸下护盖（56式半自动步枪、冲锋枪除外）：右手握上护木，左手将表尺转轮定位到"1"上，再向左拉转轮装定在"0"上，然后，左手握下护木，右手向上向后卸下护盖。

（7）卸下活塞及调节塞：左手握下护木，右手将活塞向右（左）转动到定位，压缩活塞杆簧，使调节塞前端脱离导气箍，向前卸下活塞及调节塞，并将活塞及调节塞分开。

结合时，按分解的相反顺序进行。

四、子弹

（一）子弹的各部分名称及用途

子弹（图3-6）由弹头、弹壳、底火和发射药组成。弹头，用以杀伤敌人的有生力量；弹壳，用以容纳发射药，安装弹头和底火；底火，用以点燃发射药；发射药，用以燃烧后产生火药气体，推送弹头前进。

（二）子弹的种类、用途及标志

1. 普通弹：用以杀伤敌人的有生力量。

2. 曳光弹：主要用以试射、指示目标和做信号用。命中干草能起火，曳光距离可达800米。弹头头部为绿色。

3. 燃烧弹：主要用以引燃易燃物体。弹头头部为红色。

4. 穿甲燃烧弹：主要用以射击飞机和轻装甲目标（在 200 米距离处穿甲厚度为 7 毫米），并能在穿透装甲后引燃汽油。弹头头部为黑色并有一道红圈。

另外，还有空包弹、教练弹、空炸弹等辅助弹。空包弹主要用以演习，没有弹头，弹壳口收口压花并密封；教练弹主要用于练习装退子弹、击发等动作，外形和质量与普通弹相似，弹壳上有三道凹槽，无发射药，底火由橡皮制成；空炸弹，主要用于对空射击训练用，弹头在 500 米内性能与曳光弹相同，超过 500 米时，弹自动分离为三部分，能降低对射击地域的危害程度。

子弹箱外均标有弹种、数量、批号和年号等（图 3 - 7）。领用时应看清标志，以免弄错。

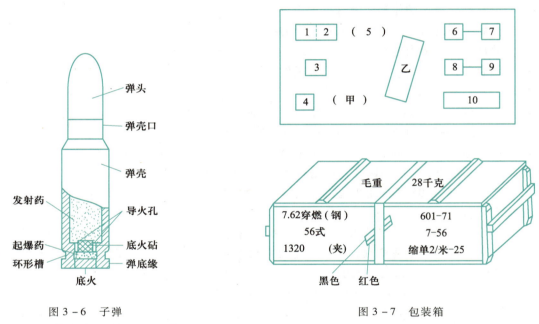

图 3 - 6　子弹　　　　　　　　　　　　图 3 - 7　包装箱

（三）战斗中怎样使用子弹

战斗中射手通常应根据指挥员的口令和指示实施射击。必要时，根据情况自行射击。在战斗中严禁丢失和浪费子弹。对子弹的消耗情况，应适时向班长报告，射手应保留一定数量的子弹，以备在紧急情况下使用。

五、爱护、保管和检查武器

（一）爱护武器的要求

爱护武器、子弹（枪榴弹）是军官和士兵的重要职责，是一项经常性的战备措施，也是预防故障的有效方法。为此，必须做到：勤检查、勤擦拭、不碰摔、不生锈、不损坏、不丢失。如发现机件损坏、丢失，应及时送修或请领，使武器经常保持完好状态。

（二）保管使用规则

（1）武器和子弹应放在安全、干燥和通风的地方。

（2）行军作战和训练时，应尽量避免武器碰撞和沾上污物。

（3）在潮湿和沿海地区，应特别注意防止机件和子弹（枪榴弹）生锈；在风沙较多的情况下，应防止灰沙进入枪内；在炎热季节，应尽量避免长时间暴晒。

（4）教练弹和实弹严禁混放在一起，严禁用实弹当教练弹操练使用。

（三）擦拭上油

1. 擦拭上油的时机和要求

实弹射击、训练演习后，应适时地用干布和油布进行擦拭；不经常使用时，每周至少擦拭一次；在严寒的室外将枪带到室内时，应待出水珠后再擦拭上油；枪被海水浸过或遭受毒剂和放射性物质沾染后，应先用淡水冲洗后再擦拭，擦拭上油后，应放在通风干燥处晾干，严禁火烤和暴晒。

2. 擦拭上油的方法

（1）擦拭枪膛时，把布条缠在擦拭杆上，并插入枪膛，沿枪膛全长均匀地来回擦拭（弹膛应从后面擦拭）直到擦净。再用布条或鬃刷涂油。

（2）擦拭导气箍、调节塞时，用通条或竹（木）杆缠布擦拭，擦净后涂油。

（3）擦拭其他机件时，应先擦净表面的烟渣和污垢，对孔、槽、缝隙等部分，要用竹（木）签缠上布进行擦拭，再薄薄地涂上一层油。

（四）检查

检查外部时，观察金属部分是否有污垢、锈痕和碰伤；木质部分有无裂缝和碰伤；各部分机件号码是否一致；准星是否弯曲和松动，刻线是否与矫正结果一致；表尺转轮转动是否自如并能固定在各个分划上。

检查枪膛时，看是否有污垢、生锈和损伤。

检查枪机时，将装有教练弹的弹匣装在枪上，拉枪机向后送教练弹入膛，扣扳机时，应能听到击锤打击击针的声音。当弹匣内无子弹时，拉枪机向后到定位松开，枪机应被枪机阻铁卡在后方位置。

检查附品和子弹时，看附品是否齐全完好，子弹（枪榴弹）有无锈蚀、凹陷、裂缝、结合部松动等现象。

六、预防和排除故障

（一）预防故障的措施

（1）严格按规则爱护、保管和使用武器、子弹（枪榴弹）。有毛病的机件应及时送修或更换，有毛病的子弹（枪榴弹）不准使用。

（2）战斗中应抓紧战斗间隙擦拭武器。来不及擦拭时，应向活动机件注油，或调整调节塞增大火药气体的压力。

（3）在寒冷的条件下使用武器时，不能过多上油，以防冻结，影响机件活动。在寒区，入冬后应换用冬季枪油，并彻底清除夏季用的枪油。在装子弹前，应将枪机拉送数次或向活动部分注少量汽油（煤油或乙醇）。

（二）排除故障的方法

射击中，若发生故障，通常拉枪机向后，重新装弹继续射击。如仍有故障，应迅速查明原因予以排除。如排除不了，应迅速向指挥员报告，交由专业修械员修理。

第二节　简易射击学原理

一、发射与后坐

（一）发射及其过程

火药气体压力将弹头从膛内推送出去的现象，叫发射。其发射的过程有以下几步：击针撞击子弹底火，起爆药起火，火焰通过导火孔引燃发射药，产生大量火药气体，在膛内形成很大的压力，迫使弹头脱离弹壳，沿膛线旋转加速前进，直至推出枪口。

发射过程时间极短促，现象却很复杂，整个过程可分为4个阶段：准备阶段、基本阶段、气体膨胀阶段、火药气体作用的最后阶段。膛压的变化规律是：从小急剧增大，而后逐渐下降；弹头速度的变化规律是：由静到动，由慢到快，始终是加速运动。

（二）后坐

1. 后坐的形成

发射时，武器向后运动的现象，叫后坐。发射药燃烧时，产生的气体同时作用于各个方向。作用于膛壁周围的压力为膛壁所抵消；向前作用于弹头后部的压力推送弹头前进；向后作用于弹壳底部的压力经过枪机传给整个武器，使武器向后运动，形成后坐（图 3 - 8）。武器的后坐和弹头的运动是同时开始的。在弹头脱离枪口瞬间，大量的火药气体随弹头的后部从膛内向外喷出，形成了反作用力，使武器后坐更加明显。

图 3 - 8　火药气体作用的方向

2. 后坐对命中率的影响

后坐对单发（连发首发）射击的命中率影响极小。因为弹头在膛内运动的时间极短（约千分之一秒），并且枪比弹头重得多，所以，弹头在脱离枪口以前，枪的后坐距离只有一毫米多，而且是正直向后运动的，加之衣服和肌肉的缓冲，射手是感觉不出来的。射手感觉到的后坐，主要是弹头在脱离枪口的瞬间，火药气体猛烈向枪口外喷出形成的反作用力造成的。此时弹头已脱离枪口，因此，后坐对单发（连发首发）射击的命中率影响极小。

后坐对连发射击的命中率有一定的影响。因为连发射击时，第一发子弹发射后，由于枪的明显后坐变动了原来的瞄准线，所以对第二发以后的射弹命中率有一定的影响。但只要射手据枪要领正确，适应连发武器射击时的后坐规律，就能减少后坐对连发命中率的影响，提高射击精度。

二、弹道

弹道是弹头在飞行时变化的轨迹。弹头在运动中，其重心所经过的路线，叫弹道。弹头脱离枪口后，如果没有地心引力和空气阻力的作用，它将保持其所获得的速度，沿着发射线无止境地成匀速直线行进。实际上，弹头在空气中飞行时，同时受到地心引力和空气阻力的双重作用，逐渐下降和放慢速度。这样就形成了一条不均等的弧线，升弧较长较直，降弧较短较弯曲（图3-9）。

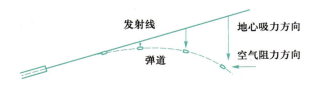

图 3-9　弹道的形成

三、直射和直射距离

由于弹道是弧线，而瞄准线是直线，所以它们不在一条水平线上。瞄准线上的弹道高度在实表尺距离处不超过目标高的射击，叫直射。这段表尺距离就是直射距离（图3-10）。用同一武器射击时，目标高度不同，直射距离也不同。目标越高，直射距离越大；目标越低，直射距离越小。用不同类型武器对同一类型目标射击时，弹道越低伸，直射距离越大；反之，则越小。如人胸目标距离250米，81式自动步枪手误测为300米，装定表尺"3"，瞄准目标中央射击，250米处的弹道高出0.21米，没有超过目标高，目标仍能被杀伤。

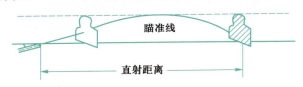

图 3-10　直射和直射距离

四、选定标尺分划和瞄准点

由于地心引力和空气阻力的双重作用，如果用枪管瞄向目标射击，射弹就会打低。为了命中目标，必须将枪口抬高，使火身轴线与瞄准线之间形成一定的角度，即瞄准角。

瞄准角的大小，是根据射弹在不同距离处的降落量来确定的。距离越远，降落越大，所需要的瞄准角也就越大；距离越近，降落量越小，所需要的瞄准角也就越小。

瞄准具就是根据上述原理设计成的。各个距离处枪口抬高多少，在表尺上刻有相应的分划，为了使射弹准确地命中目标，射击时，射手应根据目标的距离、大小和武器的弹道高度，正确地选定表尺分划和瞄准点，其方法是：

(一) 定实距离表尺分划，瞄目标中央

目标距离为百米（轻机枪50米）整数时，可根据目标的距离装定相应表尺分划，瞄准点选在目标中央。如冲锋枪对100米距离处人胸目标射击时，定表尺"1"，瞄准目标中央射击，即可命中目标中央（图3-11）。

(二) 定大于或小于实距离表尺分划，适当降低或提高瞄准点

目标距离不是百米（轻机枪50米）整数时，常选择大于实距离的表尺分划，根据武器在该距离处的弹道高度，相应降低瞄准点射击。如冲锋枪对250米距离处人胸目标射击时（弹道高为21厘米），定表尺"3"，这时瞄准目标下沿中央射击，即可命中目标中央（图3-12）。

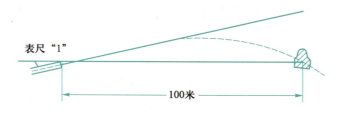

图 3 – 11　定实距离表尺分划射击景况

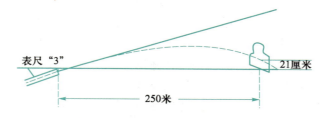

图 3 – 12　定大于实距离表尺分划射击景况

也可选定小于实距离的表尺分划，根据武器在该距离处的负弹道高，相应提高瞄准点射击。如半自动步枪对 250 米距离处的人头目标(高 30 厘米)射击时，定表尺 "2"，在 250 米处的弹道高为负 16 厘米，这时，瞄准目标头顶中央射击即可命中(图 3 – 13)。

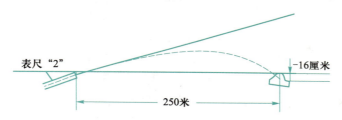

图 3 – 13　定小于实距离表尺分划射击景况

（三）定常用表尺分划，小目标瞄下沿，大目标瞄中央

战斗中，对 300 米距离以内的目标射击时，通常定常用表尺(表尺"3")分划，小目标瞄下沿、大目标瞄中央射击，即可命中。

在战场上，目标出现突然，大小暴露不一，且距离不断变化，用此种方法，对 300 米以内的目标不需要变更表尺分划即可实施射击。这样可以争取时间，提高战斗射速，提高射击效果。因此，此种方法在实战中有着重要的实用意义，是战斗中常用的一种方法。

五、外界条件对射击的影响及修正

（一）风对射弹的影响及修正

风是一种具有速度和方向的气流，它能改变射弹的飞行方向和距离。在各种外界条件中，风对射弹的飞行影响最大。因此，必须准确地判定风的方向和风力，根据风对射弹的影响进行修正，以保证射弹准确命中目标。

1. 风向和风力的判定

按风吹的方向和射击方向所形成的角度可分为：横风、斜风和纵风。

横风：从左或右与射向成 90 度吹的风。

斜风：与射向成锐角（小于 90 度）的风。射击时通常以与射向成约 45 度吹的风计算。

纵风：与射向平行吹的风。顺射向吹的风为顺风，逆射向吹的风为逆风。

风力按其大小分为强风、和风和弱风。风力的大小，可用测风仪等器材测出，也可根据人的感觉和常见物体被风吹动的景况来判定。

2. 风对射弹的影响及修正

横（斜）风能对弹头的侧面施以压力，使射弹偏向一侧，产生方向偏差。风力越大，距离越远，偏差就越大。风从左吹来，射弹偏右；风从右吹来，射弹偏左。

为运用方便，将在横风条件下，对 400 米内目标射击时的瞄准景况归纳如下口诀：一百不用修，二百瞄耳线，三百瞄边沿，四百边接边，强风加一倍，弱（斜）风各减半（图 3 - 14）。

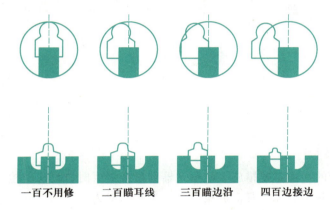

一百不用修　　二百瞄耳线　　三百瞄边沿　　四百边接边

图 3 - 14　风对射弹的影响

纵风能影响射弹的飞行距离，顺风时，空气阻力减小，使射弹打远（高）；逆风时，空气阻力增大，使射弹打近（低）。但在近距离内（400 米以内）可不修正。如对远距离目标射击时，应适当降低或提高瞄准点。

（二）阳光对瞄准的影响及克服方法

1. 阳光对瞄准的影响

在阳光下瞄准，由于阳光的照射作用，缺口部分产生虚光，形成三层缺口：虚光部分、真实缺口、黑实部分（图 3 - 15）。如不注意辨清真实缺口的位置，就容易产生误差，使射弹产生偏差。

若用虚光瞄准，射弹偏向阳光照来的方向。若用黑实部分瞄准，射弹就偏向阳光照来的反方向。在阳光照射下，缺口和准星尖同时产生虚光，若用虚光部分瞄准，射弹偏低；若用黑实部分瞄准，射弹偏高。

2. 克服方法

可在不同方向的阳光照射下练习，采取遮光瞄准和不遮光检查，或不遮光瞄准，遮光检查的方法，反复练习，确实辨清真实缺口的位

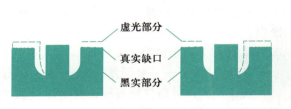

虚光部分

真实缺口

黑实部分

图 3 - 15　缺口部分产生虚光形成三层缺口

置和正确瞄准的景况；在阳光下瞄准的时间不宜过长，避免眼花而产生误差；平时要注意保护好瞄准具，不使磨亮而反光。

（三）气温对射弹的影响及修正

气温就是空气的温度，它随着天气冷热而变化。气温变化时，空气密度也会随着改变，对射弹的阻力也就不同，从而影响射弹的飞行速度，使弹道形状发生变化。气温升高时，空气密度减小，射弹飞行中受到的空气阻力就小，射弹就打得高（远）。气温降低时，空气密度增大，射弹飞行中受到的空气阻力就大，射弹就打得低（近）。

由于各地区和各季节的气温不同，很难与标准气温（+15 摄氏度）相符。射击时，若气温差别不大，在 400 米内对射弹命中率的影响较小，不必修正；若气温差别很大或对远距离目标射击时，应适当提高或降低瞄准点。气温降低时，提高瞄准点或增加表尺分划；气温升高时，降低瞄准点或减小表尺分划。

第三节　轻武器操作

一、验枪、装退子弹及定复表尺

（一）验枪

验枪是保证安全的一项重要措施。使用武器前后及必要时，均应验枪。验枪时，应认真检查弹膛、弹匣和教练弹中有无实弹。验枪时，严禁枪口对人。

口令：“验枪”“验枪完毕”。

听到“验枪”的口令后，以右脚掌为轴，身体半面向右转，左脚顺势向前迈出一步（两脚间距离约与肩同宽），同时右手移握护木，将枪向前送出（对于半自动步枪，右手将枪向前送出），左手接握下护木，左大臂紧靠左胁，枪托贴于右胯，准星约与肩同高，右手打开保险卸下弹匣（打开半自动步枪弹仓），交给左手握住护木右侧，弹匣口向后，弯曲部朝上。右手移握机柄。当指挥员检查时，向后拉枪机，验过后，自行送回枪机，装上弹匣（关上半自动步枪弹仓），扣扳机，关保险，移握枪颈。

听到“验枪完毕”的口令后，左手反握护木，将枪倒置于胸前，上背带环约与肩同高，右手挑起背带，身体半面向左转，在右脚靠拢左脚的同时，两手协力将枪送上右肩，恢复肩枪姿势（右手握半自动步枪上护木，成持枪立正姿势）。

（二）装退子弹及定复表尺

1. 向弹匣内装子弹

左手握弹匣，使弹匣口向上，挂耳向前，右手将子弹放于受弹口，两手协力将子弹压入弹匣内。

2. 卧姿装退子弹及定复表尺

口令：“卧姿——装子弹”“退子弹——起立”。

动作要领：听到“卧姿——装子弹”的口令后，右手移握上护木，使枪口朝前（从肩上脱下背带），左脚向右脚尖前迈出一大步（也可右脚顺脚尖方向迈出一大步），左臂伸出，掌心向下，手指稍向右，按照膝、手、肘顺序顺势卧倒。以身体左侧、左肘支持全身。右手将枪向目标方向送出，左手接握下护木，枪面稍向左，枪托着地，右手卸下空弹匣（对于半自动步枪，右手拉枪机到定位），弹匣口朝后，弯曲部朝上，交给左手握护木右侧，解开弹袋扣取出并换上实弹匣，将空弹匣装入弹袋内并扣好（对于半自动步枪，将子弹夹插入弹夹槽，用食指或拇指将子弹压入弹仓，抽出弹夹），用拇指打开保险，拉枪机送子弹上膛，关上保险，右手定表尺。然后，右手移握握把，全身伏地，两脚分开约与肩同宽，身体右侧与枪身略成一线，目视前方，准备射击。

听到"退子弹——起立"的口令后，稍向左侧身，右手卸下实弹匣交给左手（对于半自动步枪，打开弹仓，接住落下来的子弹，装入弹袋），打开保险，拇指慢拉枪机向后，余指接住从膛内退出的子弹，送回枪机，将子弹压入弹匣内，解开弹袋扣，取出并换上空弹匣，将实弹匣装入弹袋内并扣好。扣扳机，关保险，表尺分划归"3"，右手移握上护木，将枪收回，同时左小臂向里合，屈左腿于右腿下。以左手和两脚撑起身体，右脚向前一大步，左脚再向前一步，左手反握护木，将枪倒置于胸前，右手挑起背带，在右脚靠拢左脚的同时，两手协力将枪送上右肩，恢复肩枪姿势（对于半自动步枪，成持枪姿势）。

注意：退出膛内子弹时，右手要慢拉枪机，使子弹平稳落入手中。

二、据枪、瞄准、击发

（一）据枪

1. 卧姿有依托据枪

自然、稳固、持久的据枪是射击的基础，要想做到据枪稳固、持久，就应尽量充分利用地形，进行有依托射击，可提高射击效果。依托物的高低应以射手的身体而定，一般为 25～30 厘米，依托物内侧应陡些。在紧急情况下，还应善于利用不同高度的依托物实施射击。

卧姿有依托据枪时，下护木放在依托物上，枪身要正，身体右侧与枪身略成一线。右手拇指将保险机扳到所需的位置（对半自动步枪，右手食指打开保险），虎口向前紧握握把（握半自动步枪枪颈），食指第一节靠在扳机上，右大臂略成垂直，右肘着地外撑，肘皮控制在内前侧。左手握弹匣（也可托握下护木），左肘着地外撑，两肘保持稳固，胸部挺起，身体稍前跟（右肘不离地），上体自然下塌，两手用力保持不变，使枪托确实抵于肩窝。头稍前倾，自然贴腮。

据好枪后，射手应当有"一正两紧三确实"的感觉。一正，枪身要正；两紧，两肘要撑紧；三确实，抵肩要确实，上体下塌要确实，腹部着地要确实。

2. 跪、立姿无依托据枪

在战场上不可能时时处处有依托物可利用，尤其是便于跪、立姿据枪的依托物更少，因此，每名战士还应掌握跪、立姿无依托据枪的动作。

跪姿无依托据枪时，右膝跪地，臀部坐于右脚跟上，两腿之间略成 90 度。左手托握下护木或握弹匣，左肘放在左膝盖上，使枪、左小臂和左小腿略在同一垂直面上，右手握握把（握半自动步枪枪颈），大臂自然下垂，上体稍向前倾，两手正直向后用力，使枪托确实抵于肩窝。

立姿无依托据枪时，两腿前后分开约与肩同宽，左脚在前，右脚在后，身体重心落在两脚之间。左手移握弹匣（握半自动步枪下护木或弹仓），左大臂紧靠左胁，小臂尽量里合于枪身下方，也可左手托握下护木，大臂不靠左胁。右手握握把（握半自动步枪枪颈），右大臂自然抬起两手正直向后用力，使枪托确实抵于肩窝。

（二）瞄准

正确的瞄准，是整个射击过程中的重要环节。瞄准时，右眼通视准星，使准星尖位于缺口中央并与上沿平齐（图3-16），指向瞄准点就是正确瞄准。此时，正确的瞄准景况是准星与缺口的平正关系看得比较清楚，而目标看得比较模糊（图3-16）。

图3-16　准星与缺口（觇孔）的正确关系

瞄准过程中，首先使瞄准线自然指向目标，若未指向目标，不可迁就而强扭枪身，必须调整姿势。需要修正方向时，可左右移动身体或两肘。需要修正高低时，可前后移动整个身体或两肘里合、外张（连发射击时，右肘不宜外张），也可适当调整依托物的高低。

注意：瞄准时，如准星与缺口（觇孔）的关系不正确，对命中精度影响很大（图3-17）；若枪面倾斜对命中精度也有一定影响，枪面偏左，射弹偏左下；枪面偏右，射弹偏右下。

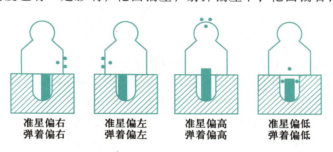

图3-17　准星与缺口关系不正确对命中精度的影响

（三）击发

击发是完成射击的最后一个环节。均匀正直的击发是准确射击的关键，击发动作的正确与否直接关系到射击的效果。因此，每名士兵必须准确掌握击发的正确要领。

击发时，右手食指第一节均匀正直地向后扣压扳机（食指内侧与枪应有不大的空隙），余指力量不变。当瞄准线接近瞄准点时，开始预压扳机，并减缓呼吸。当瞄准线指向瞄准点时，应停止呼吸，继续增加对扳机的压力，直至击发。击发瞬间应保持正确一致的瞄准。若瞄准线偏离瞄准点或不能继续停止呼吸时，应既不增加也不放松对扳机的压力，待修正或换气后，再继续扣压扳机。

操纵点射时，应稳扣快松，扣到底松开为2~3发，在扣扳机的过程中，应始终保持姿势稳固，据枪力量不变，以提高连发射击命中精度。

据枪、瞄准、击发是互相联系和互相影响的整体动作。稳固持久的据枪是射击的基础，正确一致的瞄准是射击的前提，均匀正直的击发是射击的关键。因此，必须反复训练，才能熟练掌握，战场上才能灵活运用。

第四节　实弹射击

一、实弹射击的有关规定和安全措施

（一）有关规定

（1）各种武器实弹射击的第一次练习，可在良好的天候条件下实施，实弹射击的其他练习，不受天候条件的限制。

（2）实弹射击时，必须使用手中的武器。如因武器机件损坏或射击效果不合格而又无法校正，导致射手不能使用手中的武器时，必须经团一级领导批准。

（3）射击中发生故障，如属射手操作的原因，应自行排除后继续射击，如条件不允许，也可重新射击。

（4）射手打错靶算脱靶。被打错者，如当时能判明打错的弹着，即扣除；如当时不能判明打错的弹着，应扣除超过发射弹数的弹着，如系环靶，扣除环数最少的弹着。

（5）对环靶射击时，命中环线算内环。跳弹命中靶子不算成绩。

（6）不及格者可补射一次，算个人成绩，不算单位成绩。

（7）实弹射击成绩，分优等、良好、及格、不及格四等。

（8）单位实弹射击成绩评定标准：

优等：90%以上射手的成绩在及格以上，并有40%以上射手的成绩为优等。

良好：80%以上射手的成绩在及格以上，并有40%以上射手的成绩为良好以上。

及格：70%以上射手的成绩在及格以上。

（二）安全措施

（1）射击场应有射击场指挥员，地段指挥员，靶壕指挥员和警戒、信号（观察）、示靶、发弹、记录、修械、医务人员等。

（2）射击场必须具备可靠的靶挡和确保安全的靶壕及掩蔽部，并应避开高压线。

（3）实弹射击前，必须仔细搜索靶场警戒，设置警戒旗。

（4）射击前后必须验枪。无论枪内有无子弹，射手都不得将枪口对人，严禁将装实弹的武器随意放置或交给他人。

（5）射击前，应向全体人员明确规定的各种信号，如开始射击、停止射击、报靶和射击终止等信号。

（6）射击场应标示出发地线和射击地线，无关人员不得越过出发地线。

（7）发出准备射击信号后，示靶人员应迅速隐蔽并竖起红旗，未经射击场指挥员许可，不得外出。射击指挥员未接到靶壕内发出的可以射击的信号，不得下令射击。靶壕内若发生特殊情况，需立即停止射击时，应出示白旗或用其他规定的方法向指挥员报告。射手看到白旗或听到停止射击的口令，应立即停止射击，并关上保险。

（8）实弹射击时，射向不得超出安全射界。

二、射击前的准备工作

（一）射击场的组织

射击场应有射击场指挥员，地段指挥员，靶壕指挥员和警戒、信号（观察）、示靶、发弹、记录、修械、医务人员等，其任务是：

（1）射击场指挥员——负责设置场地，派遣勤务，组织指挥射击，监督全体人员遵守射击场的各项规定和安全规则，处理有关问题。

（2）地段指挥员——在射击场指挥员的领导下，负责本地段的射击指挥。

（3）警戒人员——负责全场的警戒任务，严禁任何人员和牲畜进入警戒区。发现险情，应立即发出信号并向射击场指挥员报告。

（4）信号（观察）员——根据射击场指挥员的指示发出各种信号，负责警戒区内的观察，发现险情立即报告。

（5）示靶员——负责设靶、示靶和报靶等工作。

（6）发弹员——根据指挥员的指示，按规定弹种、弹数发给射手子弹，收回剩余子弹，射击终止后，负责清查弹药和收缴弹壳。

（7）记录员——负责记录射手的成绩和统计单位成绩。

（二）培养示靶员

根据靶位数，确定示靶人数，组成示靶组，由干部担任组长，并按射击条件，教会示靶员示靶、报靶的方法和明确有关规定。

（三）射击场的设置

基本射击场应选择在地形平坦、视界开阔的地方。在山地设置基本射击场时，仰俯角不得超过15度。在靶场的两侧、出发地线、通向靶区的路口均以红旗（夜间用红灯）标示警戒区。基本射击场的设置如图3－18所示。

（四）报环靶的方法

用报靶杆报靶，报靶杆圆头（直径15～20厘米，一面红或黑，一面白）放在靶板（靶子）的不同位置表示环数。

左中间为4环，右中间为5环，左上角为6环，正上方为7环，右上角为8环，在靶板（靶子）中央上下移动为9环，在靶板（靶子）中央左右摆动为10环，围绕靶子划圆圈为脱靶。

为了报出弹着点的偏差，报出环数后，将报靶杆圆头放在靶子中央（白面朝外），再慢慢向偏差方向移出靶板（靶子）2次。

（五）准备器材

实弹射击前应制定好所需器材计划，器材数量应根据练习条件和靶位数来确定，基本射击器材准备有：①武器、弹药。②靶板、靶纸及报靶杆。③靶位号牌、射击位置号牌及勤务人员位置标示牌。④各种旗帜。⑤通信、信号器材。⑥指挥员及勤务人员袖章、望远镜、秒表、成绩登记表等。

（六）熟悉有关规定，进行射击编组

指挥员应根据本次射击条件，组织有关人员学习教令，熟悉有关规定和信号等。根据参加

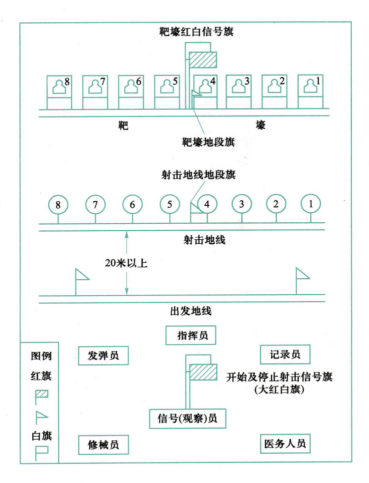

图 3-18　基本射击场设置示意图

实弹射击人员人数、靶位数编组，并指定小组长。

三、实弹射击的组织实施

（一）射击开始前的组织工作

组织实弹射击时，指挥员首先应组织勤务人员按本次射击的需要设置好靶场；检查武器、器材的准备情况，而后，下达科目，宣布射击条件；明确有关规定及注意事项；提出要求并宣布名单；规定各种信（记）号；派出警戒，严密搜索警戒区；视情况发出准备射击信号，各勤务人员迅速就位并严格履行职责。

（二）实施方法

（1）靶壕竖起红旗或发出可以射击的信号后，指挥员令信号员发出"开始射击"的信号，指挥第一组射手进入出发地线。

（2）指挥员令发弹员按规定弹数发给每个射手子弹。

（3）指挥员下达"向射击地线前进"的口令。射手前进到射击地线后，对正自己的射击位置，自行立定。而后，指挥员下达装子弹的口令，射手按要领装子弹、定表尺，做好射击前准备即可射击。

（4）规定的射击时间一到或目标隐蔽，指挥员即下达"停止射击"的口令，射手应立即停止射击，并按指挥员的口令退子弹或退子弹起立。

（5）指挥员下达"验枪"的口令，地段指挥员应严格检查，逐个验枪，并收缴剩余子弹。

（6）验枪后，指挥员下达"以×名射手为准靠拢"的口令，射手跑步靠拢。而后令组长按规定路线带到指定地点，擦拭武器，座谈射击体会。

（7）指挥员发出报靶的信号或用电话通知示靶长报靶（检靶、补靶），靶壕指挥员竖起白旗，示靶长组织示靶员报靶（检靶、补靶）。

（三）射击完毕后的工作

（1）组织验枪、验弹、收缴剩余子弹。

（2）检查武器装具，清理现场，整理器材。

（3）宣布成绩，讲评射击情况。

第四章

战术基础

学习指导：了解战斗的基本类型和基本样式，掌握战术基本原则的主要内容，学会单兵战术的基本动作要领。

战术基础是军人在战斗中为达到消灭敌人、保存自己的目的应掌握的最基本知识和技能。它包括战术基础理论和战术基础动作。

第一节　战术基础理论

战术基础理论是对战斗实践具有普遍指导意义的理论，是每个军人在战斗中必须掌握的基本理论知识，是组织和实施战斗的共同指导规律。它随着战术的发展而发展，随着战术的演进而演进，并随着人们实践和认识水平的提高而不断完善和升华。

一、战斗概述

战斗，是敌对双方的兵团、部（分）队，为达成一定的战术目的，在较短的时间和较小的空间内所进行的有组织的作战行动，是达成战役或战争目的的基本手段。目的是歼灭或击溃敌人，攻占或扼守地区和目标。

（一）战斗的基本类型

战斗类型是按战斗性质所做的分类。我军信息化条件下战斗的基本类型仍然是进攻战斗和防御战斗。

1. 进攻战斗

进攻战斗，是主动攻击敌人的战斗，是战斗的基本类型之一。目的是歼灭敌人，攻占重要地区和目标。进攻战斗的基本任务，可能为下列各项之一：①突破敌人阵地，消灭防御之敌，夺占重要地域或目标；②攻歼驻扎、运动之敌；③破袭敌人的交通运输线或重要目标；④夺占敌纵深要点，割裂敌人部署，断敌退路，阻敌增援，配合主力围歼敌人。

现代进攻战斗，将是在信息化条件下进行的诸军兵种合同战斗。因此，进攻战斗将面临敌核、化学、生物武器和高技术兵器的严重威胁，在激烈的电子对抗、信息对抗、远程火力打击环境下，于地面和空中、前沿和纵深同时展开，紧张、快速、多变、残酷地连续进行，具有更大的突然性、立体性和速决性。

2. 防御战斗

防御战斗，是抗击敌人进攻的战斗，是战斗的基本类型之一。目的是杀伤、消耗、迟滞敌人，扼守阵地，争取时间，为直接转入进攻或保障其他方向的进攻创造条件。防御战斗的基本任务，可能为下列各项之一：① 保卫重要地区或目标；② 迟滞、消耗、钳制、吸引敌人，创造歼敌的有利战机或掩护主力进攻；③ 阻敌增援、突围或退却；④ 巩固占领的地区，抗击敌人反冲击或保障主力翼侧安全；⑤ 掩护主力集中、机动或休整。

现代防御战斗，将是在信息化条件下，抗击优势敌人进攻的诸军兵种合同战斗。因此，防御战斗将面临敌核、化学、生物武器和高技术兵器的严重威胁，在防御全纵深、地面和空中同时展开，连续实施，使防御战斗行动的快速性、机动性明显增强，隐蔽防御企图、保存有生力量、指挥与协同与以往相比更加困难。

3. 进攻战斗与防御战斗的关系

进攻和防御两种战斗类型，是战斗中最基本的一对矛盾，具有相互对立、相互统一的辩证关系。

进攻和防御的对立，表现为二者的相互区别和相互排斥。在战斗目的上，进攻是为了歼灭敌人，攻占重要地区或目标；防御是为了保存力量，坚守重要地区或目标。在战斗行动上，进攻是为了突破敌方的防御，防御是为了阻止对方的进攻。

进攻和防御的统一，表现为二者相互依存、相互渗透和相互转化。进攻和防御都不是孤立的，它们在运动中互为前提、互为存在条件，没有进攻就无所谓防御，没有防御也就不存在进攻；进攻和防御都不是单一的状态，而是相互包含、相互贯通，攻中有防、防中有攻，这一点在高技术条件下更加明显。

（二）战斗要素

战斗要素，是构成战斗的必要因素，是决定战斗存在与发展的客观基础。不同军队，不同时期，在不同的军事思想指导下，对战斗要素的揭示会有所不同。许多国家的军队对战斗要素均有各自的认识与概括，综合各类研究成果，被纳入战斗要素这一范畴的，主要包括实力、行动、信息、时空等。揭示和认识战斗要素，对于我们追踪战斗的发展变化，把握战斗的规律和原则，正确运用战术，具有十分重要的意义。

1. 实力

实力，是指可以直接作用于战斗的最基本的物质力量，是构成战斗的客观基础。主要包括兵力与火力两个因素。兵力，是战斗实力的重要因素，包括人员和武器装备两个方面。火力，是指弹药经发射或投掷后所形成的杀伤力和破坏力，是武器效能的直接表现。

2. 行动

行动，是指战斗双方为达成各自的战斗目的而进行的各种对抗性活动。主要包括机动、突击、防护等。机动，是指部队作战时为争取主动或形成较敌有利的态势，而进行的有组织的兵力或火力转移。突击，是指集中兵力、火力实施的急速而猛烈的打击。防护，是指为使部队人员、装备避免或减轻敌人各种武器的杀伤破坏而采取的措施，是一种以保存己方战斗力为直接目的的行动。

3. 信息

信息，是指客观的一切事物通过物质载体所产生的消息、情报、指令、数据、信号中所包含的一切可传递和交换的知识内容。如声波、文字、电磁波、颜色、符号、图像等表示的不同消息、情报、指令、数据、信号等都是信息。由于信息是自然界、人类社会和思维活动中普遍存在的一切物质和事物的属性，所以，自从人类有了战争，就有了与军事有关的信息。随着技术的进步，特别是有线电话、无线电报等信息技术装备的发明和在战斗中的应用，使部队远距离及时而有效地互通情报、下达命令、反馈信息成为可能，信息在战斗中的媒介作用逐渐突出，促进了战斗力的极大提高。随着科学技术的不断发展，信息在现代战争中发挥着越来越重要的作用。

4. 时空

时间和空间是一切物质存在和运动的最基本形式。任何事物的运动都与时空不可分割地联系在一起，都存在于时间和空间之中。同样，时空也是战斗这一物质运动的现象赖以生存和发展的客观环境，脱离一定的时空条件，战斗便无法存在，更不可能发展。

二、战斗队形

班是战斗的基本单位，班的基本战斗队形由小组（火器）的战斗队形组成，小组的战斗队形由士兵（火器、射手）组成。其基本样式通常有一（二）路队形、三角队形、一字队形和梯形队形四种。

（一）一（二）路队形

一（二）路队形，通常在距敌较远、地形较隐蔽、敌火力对我军威胁不大或通过狭窄地段时采用。班长的口令是："距离（间隔）×米，成一（二）路跟我来！"组长的口令是："距离（间隔）×米，跟我来！"班组长向目标前进，每个士兵按规定距离依次跟进。

（二）三角队形

三角队形，通常在通过开阔地、密集火力区或向敌人冲击时采用。班长的口令是："目标（方向）×处，×组为准，成前（后）三角队形，散开！"组长的口令是："成前（后）三角队形，散开！"基准组向目标前进，其余组（士兵）分别在其后面（前面）两侧取适当距离成三角队形前进。

（三）一字队形

一字队形，通常在通过敌火力控制的开阔地或冲击时采用。班长的口令是："目标（方向）×处，×组为准，成一字队形，散开！"组长的口令是："成一字队形，散开！"基准组向目标前进，其余组（士兵）在左（右）两侧或一侧散开成一字队形前进。

（四）梯形队形

梯形队形，通常在翼侧有敌情顾虑或在斜方向利用地形时采用。班长的口令是："目标（方向）×处，×组为准，成左（右）梯形队形，散开！"组长的口令是："成左（右）梯形队形，散开！"基准组向目标前进，其余组（士兵）在左（右）后侧成梯形队形前进。

战斗过程中，班的基本战斗队形并非是一成不变的，当班在运动中受到敌情和地形的限制时，班长应根据当时的具体情况，做到灵活多变，切忌生搬硬套。

三、现代战斗行动的基本原则

战斗基本原则，是组织与实施战斗的根本法则，是一切战斗行动的基本依据和指南。它客观地反映了战斗的一般规律，揭示了进行战斗所必须遵循的基本原理，具有实践性、普遍性和系统性的特征。战斗基本原则又随着武器装备、作战对象、战场环境的变化而不断发展，又具有时代特征，因而它对一切战斗都具有普遍的指导意义。

（一）知彼知己，正确指挥

知彼知己，正确指挥，使主观指导符合客观实际情况，是夺取战斗胜利的前提和基础。指挥员必须周密组织并亲自进行现地侦察、勘察，切实查明当面敌情和战斗地区的地形、气象、水文、社会等情况，判明敌人的战斗能力、特点、行动规律、强点和弱点，分析战场环境对敌我双方战斗行动的影响；熟知所属分队的战斗能力和特长，了解本分队任务及上级、友邻可能的支援与配合等情况。通过对各方面情况进行综合分析判断，比较完成任务的利弊条件，找出克敌制胜的方法，据此下定正确的决心，并组织分队实现决心。战斗中，应当随时掌握敌我情况的发展变化，适时补充、修正决心或者下定新的决心，力求使分队的战斗行动符合不断变化的情况。情况紧迫时，应当边行动边查明情况，果断地指挥分队行动，能动地夺取战斗的胜利。

（二）消灭敌人，保存自己

消灭敌人，保存自己，是一切战斗的基本目的，是一切战斗行动的着眼点，也是贯彻战斗始终的指导原则。其基本精神是：我军战斗以消灭敌人为主，保存自己是第二位的。因此，无论是进攻或防御，都应当树立积极消灭敌人的思想，发扬勇敢战斗、不怕牺牲的精神，灵活运用战法，主动、积极、坚决地消灭敌人，绝不允许借口保存自己而消极避战；在积极消灭敌人的同时，注重保存自己，树立严密防护、注重生存的思想。力求以尽可能小的代价，消灭尽可能多的敌人。

（三）集中力量，各个击破

集中力量，各个击破，是我军克敌制胜的根本法则和基本战法之一。其基本精神是：无论是进攻还是防御，每战都必须集中兵力、火力、电子对抗力量及其他物质的和精神的战斗力要素，并充分发挥其综合效能和整体威力，在同一时间内重点打击一个主要目标。进攻时，应实施重点突击，力求首先歼灭当面之敌一部，再转移力量，歼敌之另一部，直至夺取战斗全胜。防御时，应依托阵地，抗反结合，以顽强抗击和积极的攻势行动，不断消耗、歼灭敌人，挫败敌人进攻，以保持防御稳定。

（四）迅速准备，快速反应

迅速准备，快速反应，是夺取战斗胜利的基本条件。分队必须在精神、物质和组织上随时保持戒备，及时预见可能发生的情况，预先计划，预做多手准备，特别是复杂、困难情况下的战斗行动准备；接到上级号令后，科学计算和分配时间，突出重点，分工负责，迅速完成准备，不失时机地对突发情况做出反应。紧急情况下，应当边行动边准备，以弥补战前准备的不足。

（五）隐蔽突然，出敌不意

隐蔽突然，出敌不意，是指战斗中要采取各种有效措施，切实隐蔽自己的行动企图，灵活迅速地机动兵力、火力，在敌意想不到的时间和地点，运用敌人意想不到的战法和手段，向敌突然发起攻击，克敌制胜。隐蔽突然，出敌不意，可以打敌措手不及，有效歼灭敌有生力量和技术力量，保持己方的优势和主动。分队贯彻运用这一原则，应着重把握：掌握敌人规律，发现和利用敌之弱点；切实隐蔽行动企图，突然勇猛攻击；严密防范，防敌突然袭击。

（六）灵活机动，力争主动

灵活机动，力争主动，是指战斗中为争取主动，必须灵活地实施兵力和火力机动，及时、迅速地占领有利位置，巧妙地变换战术，不失时机地向重要的目标实施坚决突击，置敌于被动地位。其核心是灵活机动。在战斗中，这是形成优势、夺取和保持主动的重要条件。分队贯彻这一原则必须做到：一是正确选择兵力与火力机动的方式、方法和时机，二要善于灵活果断行事。

（七）注重近战，善于夜战

近战、夜战是我军的传统战法，也是我军在信息化条件下扬长避短的有效战法。我们必须看到，虽然敌人强调远战，但其地面部队特别是步兵最终还是要与我军直接接触，因而近战仍是一种客观存在；虽然，夜视器材有良好的夜视效能，但它并不能使整个战场、整个夜间完全白昼化，因而夜战歼敌，仍然具有重要意义。

（八）密切协同，主动配合

密切协同，主动配合，是指战斗中必须严格遵守协同作战原则，认真执行上级协同作战的计划和指示，为完成同一任务，按照战斗目的（目标）、时间、地点准确行动，步兵分队与各兵种分队之间、步兵分队之间、分队内部之间相互主动支援和配合，协调一致地打击敌人。进攻时要积极支援最前方的分队，防御时要积极支援处于要害部位或处境最困难的分队。要注意强化整体意识，实施统一指挥，坚持全程协调。

（九）勇敢顽强，积极战斗

勇敢顽强，积极战斗，是我军传统的优良作风，也是夺取战斗胜利的重要因素。高技术条件下，战斗激烈、残酷，人员精神压力和体力消耗明显增大。尤其是战斗分队，与敌短兵相接，长时间处于敌人密集火力的直接威胁下，战斗环境险恶，因而更需要发扬勇敢顽强的战斗精神。战斗中，各级指挥员要发挥模范带头作用，特别是在态势对我极为不利的情况下，在保证对分队指挥与控制的基础上，要身先士卒、勇敢顽强，与智慧谋略相结合，积极带领分队坚决完成战斗任务。

（十）加强保障，及时补充

加强保障，及时补充，是顺利组织与实施战斗，保持持续战斗能力的重要保证。组织各种保障与战场管理，是指在战斗或行军、宿营中，除上级采取的保障和管理措施外，分队还应当周密组织自身的侦察、警戒、防护、通信联络、工程、伪装等战斗保障，物资补给、卫生勤务、战场维修等后勤、技术保障，以及维护战场纪律和管好武器装备、阵地、民工、战俘等为主要内容的各项战场管理。这是发挥武器装备效能和顺利实施战斗的重要条件。

第二节　单兵战术基础动作

单兵战术基础动作是战场上有效躲避敌人火力杀伤和消灭敌人的最基本动作。熟练掌握和灵活地应用单兵战术基础动作，对于消灭敌人，保存自己，实现战斗目的具有重要意义。

一、敌火下运动的姿势和方法

（一）持枪

持枪是单兵在战斗中为了便于运动、便于观察、便于射击而携带武器的方法。在不同的地形和距离条件下，根据敌情和任务应采用不同的持枪动作。

1. 单手持枪

要领：右臂微屈，右手虎口正对上护木握枪，上挑背带压于拇指下，用五指握力将枪身固定，枪身轴线与地面略成 45 度，枪身距身体约 10 厘米。左臂自然下垂，运动时自然摆动。持班用机枪和火箭筒时，右手握提把，右大臂轻贴身体，运动时随身体自然运动。

2. 双手持枪

要领：左手托握下护木或握弹匣弯曲部，右手握握把，食指微接扳机，将枪身置于胸前，枪口向前，枪身略成水平，背带自然下垂或挂在后颈上。

（二）卧倒、起立

在战场上，如突然遭敌火力射击，应迅速卧倒，这是隐蔽身体、减少敌火杀伤的一种最低姿势。

1. 卧倒

要领：徒手卧倒时，左脚向右脚尖前迈出一大步，左腿弯曲，上体前倾，两眼注视前方，左手顺左脚方向伸出，掌心向下，手指稍向右，以左手、左膝、左肘的顺序着地，迅速卧倒，左小臂横贴于地面上，右手腕压在左手腕上；两手握拢，手心向下，两腿自然伸直，两脚分开约与肩同宽，脚尖向外。必要时，也可右脚向前一大步，左手撑地迅速卧倒。

持枪卧倒时，右手提枪并握背带，其余要领同徒手；卧倒后，右手将枪轻贴于身体右侧，枪面向右，枪管放在左小臂上，目视前方；需要射击时，右手以虎口的压力和四指的顶力将枪向目标方向送出，左手接握弹匣，右手收回，打开保险，移握握把，成据枪射击姿势。

2. 起立

要领：转身向右，两眼注视前方，左腿自然微弯，左小臂稍向里合，以左手、左肘、左膝的支撑力将身体支起，同时右脚向前一大步，左脚再向前一步，右脚靠拢左脚，成立正姿势。

携枪时，在转身向右的同时，右手提枪并握背带，然后按徒手要领起立，成持枪或肩枪立正姿势。

（三）直身、屈身前进

1. 直身前进

直身前进是在距敌较远，地形隐蔽，敌观察、射击不到时采用的运动姿势。要领是：目视前方，右手持枪，大步或快步前进。

2. 屈身前进

屈身前进是在遮蔽物略低于人体时采用的运动姿势。要领是：目视前方，右手提枪，上体前倾，头部不要高出遮蔽物，两腿弯曲（屈身程度视遮蔽物高低而定），大步或快步前进。

（四）匍匐前进

匍匐前进，是在通过敌步、机枪火力封锁的较短地段或利用较低的遮蔽物前进时采用的运动方法。根据遮蔽物的高低分为低姿、高姿、侧身匍匐和高姿侧身匍匐四种。

1. 低姿匍匐

低姿匍匐是在遮蔽物高约 40 厘米时采用的运动方法。

要领：腹部贴于地面，屈回右腿，伸出左手，用右脚内侧的蹬力和左手的扒力使身体前移，在移动的同时，屈回左腿，伸出右手，用左脚内侧的蹬力和右手的扒力使身体继续前移，依次交替前进。携枪时，右手掌心向上，枪面向右，虎口卡住机柄，并握住背带，枪身紧靠右小臂内侧，也可右手虎口向上，握枪的上背带环处，食指卡住枪管将枪置于右小臂上。

2. 高姿匍匐

高姿匍匐是在遮蔽物高约 60 厘米时采用的运动方法。

要领：用两小臂和两膝支撑身体前进。携枪方法同低姿匍匐，有时可将枪托向右，两手托枪。

3. 侧身匍匐

侧身匍匐是在遮蔽物高约 60 厘米时采用的运动方法。

要领：身体左侧及左小臂着地，左大臂向前倾斜支撑上体，左腿弯曲，右腿收回，右脚靠近臀部着地，右手握枪（筒），用左臂的支撑力和右脚跟的蹬力使身体前移。

4. 高姿侧身匍匐

高姿侧身匍匐通常是在遮蔽物高 80~100 厘米时采用的运动方法。

要领：左手和左小腿外侧着地，右手提枪，以左手的支撑力和右脚掌的蹬力使身体前移。

（五）跃进

跃进是在敌火下迅速通过开阔地时采用的运动方法。

跃进时要做到跃起快、前进快、卧倒快。跃进前，应先观察前方地形、敌情，选择好前进路线和暂停位置，而后，迅速突然地前进。

单手持枪跃进，通常在距敌较远、地形平坦时采用。前进时，右手持枪，目视前方。跃进距离和速度应根据敌火威胁程度、地形特点而定。敌火越猛烈，地形越开阔，跃进距离应越短，速度应越快，每次跃进的距离通常为 15~30 米。当跃进到暂停位置或遭敌猛烈射击时，应迅速隐蔽或卧倒，并准备射击。

（六）滚进

滚进是在卧姿时，为避开敌人观察、射击而左右移动或通过棱线时采用的运动方法。

要领：将枪关上保险，左手握枪表尺上方，右手握枪颈附近或两手握护木，枪面向右，顺置于胸、腹前抱紧，两臂尽量向里合，两脚腕交叉或紧紧并拢，全身用力向移动方向滚进。

运动中，也可在卧倒同时向移动方向滚进。其要领是：左（右）脚向前一大步，左手在左（右）脚前着地，身体尽量下塌，右手将枪挽于小臂内，枪面向右。身体向右（左）侧，在右（左）肩、臂着地同时，向右（左）滚进。滚进时，右（左）腿伸直，左（右）腿微屈，滚进距离长时可两腿夹紧。

二、利用地形

地形，是地貌和地物的总称，是指地面高低起伏的状态和固定性物体。它对军队的作战行动有着重要影响。实践证明，一名士兵在战斗中能否善于利用地形，对于消灭敌人，保存自己有直接的关系。在未来战场上，要接近和消灭敌人，灵活有效地利用地形有着重要的意义。

（一）利用地形的目的

利用地形的目的，在于灵活恰当地运动，发扬火力，隐蔽和掩蔽自己。灵活恰当地运动，是士兵迅速逼近以至消灭敌人的先决条件；发扬火力，是士兵消灭敌人的重要手段；隐蔽和掩蔽自己，是士兵进行防护借以防敌发现和敌火力杀伤的最有效方法。三者是有机联系，相辅相成的。因此，在利用地形进行运动、射击和防护的行动中，应首先着眼于以积极的行动消灭敌人，只有消灭敌人，才能有效地保存自己。

（二）利用地形的要求

士兵在利用地形时，应根据不同情况灵活地加以改造和利用，做到：便于观察、射击和隐蔽身体；便于接近与离开；便于防敌地面和空中火力的杀伤；不妨碍班（组）长的指挥、邻兵的动作和火器射击；不要几个人拥挤在一起，以免增大伤亡；尽量避开独立、明显的物体和难于通行的地段；火箭筒手利用地形射击时，应考虑到尾翼张开时不受影响和喷管后的安全距离，特别在火箭弹飞行的路线上，不得有草木等障碍物；筒后 30 米内不能有人，以免受到伤害。

（三）利用地形射击的方法

利用地形占领射击位置时，要根据敌情、任务和遮蔽物的高低、大小取适当姿势，隐蔽占领。对不便于射击的位置，应加以改造。在一地不要停留过久，视情况灵活地变换位置。

1. 对堤坎、田埂的利用

横向堤坎、田埂利用背敌斜面或残缺部位，班用机枪、火箭筒手通常将枪（筒）脚架支在背敌斜面上，筒口距地面不得小于 20 厘米；纵向的堤坎、田埂通常利用弯曲部或顶端一侧，依其高度取适当姿势。堤坎高于人体时，应挖踏脚孔或阶梯。如利用堤坎对空射击时，通常利用其顶部，并根据其高度取不同姿势。

2. 对土（弹）坑、沟渠的利用

通常利用其前沿，纵向沟渠利用弯曲部。根据敌情、坑的大小、深度，以跳、滚、匍匐等方法进入，并取适当姿势；对空射击时，以坑沿做依托或背靠坑壁进行射击。火箭筒手应利用坑的右前沿做依托，以防射击时喷火自伤。

3. 对土堆（坟包）的利用

通常利用独立土堆（坟包）的右侧，如视界、射界受限或右侧有敌火力威胁时，也可利用其左侧或顶端。双土堆（坟包）通常利用其鞍部。对空射击时，通常利用其后侧或顶端。

4. 对树木的利用

通常利用其右后侧，根据树干的粗细取适当姿势。树干粗（直径 50 厘米以上）时可取各种姿势，树干细时通常采取卧姿。如取立姿时，应尽量将身体左侧、左大臂（或左小臂）、左膝紧靠树木，右腿向后蹬；如对空射击时，可将左小臂抬高或身体左后侧紧靠树木进行射击。如取卧姿时，应将左小臂紧靠树木或以树的根部为依托，两脚自然并拢，身体尽量隐蔽在树后侧。班用机枪手通常采取卧姿，根据树干的粗细和地形情况，脚架可超过树干。火箭筒手卧姿射击时，应将筒口前伸超过树干或离开树干 20 厘米以上，以便使火箭弹脱离筒口时尾翼能张开。

5. 对墙壁、墙角、门窗的利用

按其高度取适当姿势。矮墙可利用顶端或残缺部；墙高于人体时，可将脚垫高或挖射击孔。对空射击时，通常利用其顶端作依托或背靠墙壁，依其高度取不同姿势。通常利用右侧墙角，左小臂紧靠墙角，取适当姿势。接近后应注意观察，另一侧无敌人时再利用；如另一侧有敌人，应以手榴弹、抵近射击、刺刀将其消灭。火箭筒手利用墙角射击时，筒口距墙角应不小于 20 厘米。通常利用门左侧和窗左（右）下角。

6. 对高苗、丛林地的利用

应尽量利用靠近敌方的边缘内侧，按其高低、稠密情况取适当的姿势。接近时，应注意观察，保持前进方向，利用空隙，轻轻地拨开高苗或利用风吹草动的机会迅速占领。

第五章

核生化武器防护

学习指导： 本章主要介绍了核武器、生物武器、化学武器等新型武器的常识和基本防护知识，有利于学生在可能出现的极端情况下增强防护意识和能力，减少不必要的伤害。

第一节　核武器及其防护

核武器是 20 世纪 40 年代前后科学技术重大发现的产物。随着核能的开发，核武器的研制逐步开始。1945 年 7 月 16 日，美国首次原子弹爆炸试验成功，成为世界上最早掌握核武器的国家，1945 年 8 月 6 日、9 日，美国先后对日本广岛和长崎进行核袭击，造成 20 多万人伤亡。1949 年 8 月，苏联进行原子弹试验。1952 年美国又研制出威力更大的氢弹。接着法国、中国和印度等国也相继研制出新一代核武器。核武器技术的不断发展，使人们逐步掌握并改进控制其杀伤破坏因素和威力的技术，新一代核武器不断出现。同时，为使核弹威力得到更好的发挥，运载工具亦得到迅速发展，目前已形成了从大到小、从远至近、从地域到空（海）域，从单弹头到多弹头，从单弹种到多弹种的完整系列。

一、核武器及其威力

（一）核武器的定义

核武器是利用重原子核链式裂变反应或氢原子核自持聚变反应瞬间放出的巨大能力，产生爆炸作用，并具有大规模杀伤破坏效应的武器的统称。从武器的角度，一般将构成核武器作战能力的诸系统总称为核武器系统。

（二）核武器的威力

核武器的威力是指核弹爆炸时所释放的能量，而不是指核爆炸的杀伤力破坏范围。一般用 TNT 当量表示。TNT 当量是指核武器爆炸时所释放的能量相当于多少质量的 TNT 炸药爆炸时所放出的能量，简称当量。

1. 按 TNT 当量的吨位划分

核武器的威力，通常按当量的吨位分为百吨级、千吨级、万吨级、十万吨级、百万吨级和千万吨级等几种。例如，千吨级的核武器是指其当量在 1 000 吨至 1 万（不含 1 万）吨之间。

2. 按作战任务划分

根据作战任务的不同，通常将核武器分为战略核武器和战术核武器两大类。战略核武器是指为了攻击敌方战略目标或保卫己方战略要地而使用的远射程、大威力的核武器，其当量通常在几十万吨以上；战术核武器是指为了达到战役、战术目的而使用的射程较近、威力较小的核武器，其当量通常在几十万吨以下，多为万吨级。

二、核武器的类型

（一）原子弹

原子弹，是利用易裂变重原子核发生反应，瞬间释放出巨大的能量，造成杀伤破坏作用的核武器，也称裂变弹。原子弹的威力通常在几百吨至几万吨级 TNT 当量。

（二）氢弹

氢弹主要是利用氘、氚等轻原子核的自持聚变反应瞬时放出巨大能量，造成杀伤破坏力作用的核武器，又称聚变弹。由于轻核聚变反应要在极高的温度下才能进行，所以氢弹还被称为热核弹。氢弹的威力比原子弹大得多，可达几千万吨 TNT 当量。

（三）中子弹

中子弹是以高能中子辐射为主要杀伤力，冲击波和光辐射效应相对较小的一种小型氢弹，又称为增强辐射弹。

（四）其他新型核武器

核武器发展的主要趋势是研制和使用特殊功能核弹。所谓特殊功能核弹是根据使用需要研制的具有某种特殊功能的核武器。

三、核武器的爆炸方式与景象

观察核武器爆炸的外观景象，判明爆炸方式，对于指导核防护有重要意义。

（一）核爆炸方式

核爆炸方式是指在不同介质（水、土壤、空气）中和不同高度（或深度）实施核爆炸的方式。因此，核爆炸方式可分为大气层核爆炸、地（水）下核爆炸和高空核爆炸三种类型。其中大气层核爆炸包括空中核爆炸（简称空爆）、地面核爆炸（简称地爆）和水面核爆炸；而当核武器在300 千米以上的高空爆炸时，此时空气稀薄，我们称之为高空核爆炸。

（二）核爆炸现象

1. 空中核爆炸的外观景象

空中核爆炸景象的共同特点是依次出现闪光、火球、蘑菇状烟云，此外，还能听到核爆炸的巨大响声。下面仅以低空核爆炸为例来简要介绍其爆炸时的外观景象。

（1）闪光。核爆炸时，立即出现强烈耀眼的闪光。在离爆心不远处，可以看到爆区周围被一团喷射的浅蓝色火焰所照亮，闪光是核爆炸后最早出现的明显信号。可依据这一信号，及时发现核爆炸，以便采取相应的防护措施，能有效地减轻或避免核武器的杀伤作用。

（2）火球。闪光过后，在核爆炸处立即出现一个明亮的高温高压火球。火球最初为球形，而后迅速膨胀、上升，同时也逐渐降温、变暗。后因地面反射冲击波的作用变成扁球形。当火球内部红色的"火焰"大部分被翻滚的烟掩盖时，即成为烟云。

由于火球是在爆炸时出现的，而且又能持续一定时间，可以通过测量火球的方向（位）角和高低角，确定核爆炸发生的地点和高度。

（3）蘑菇状烟云。火球冷却后，变成棕褐色或灰白色的烟云。烟云继续上升，体积不断扩大，同时，从地面吸起的尘土形成一股尘柱。尘柱也以很快的速度上升，迅速迫及烟云，形成核爆炸特有的高大蘑菇状烟云。

烟云在其发展的初始阶段，上升速度随核爆炸当量的增大而加快。因此可以根据不同时刻的烟云高度确定核爆炸当量。

（4）巨响。核爆炸时产生的巨大声响，可以在几千米远处听到。利用测量观查到闪光和听到巨响之间的时间差，可以概略估算出核爆炸发生的地点。

2. 地（水）面核爆炸的外观景象

地（水）面核爆炸的外观景象与低空核爆炸类似，所不同的是：火光球接触地（水）面时，近似半球形（或球缺形），且闪光持续时间、火球发光时间和火球直径均比空中爆炸时有所增加；烟云颜色深暗，尘柱粗大，烟云和尘柱几乎从形成时就连接到一起。其中触地的核爆炸还有大量土石碎块抛出并形成弹坑。

3. 地下核爆炸的外观景象

地下核爆炸通常可以分为深层地下核爆炸和浅层地下核爆炸。两者的区别在于：深层地下核爆炸是指爆炸效应基本上被封闭在地下的爆炸，其爆炸点上方的地面可能受到挠动，但不会有大量的爆炸残骸进入大气层。浅层地下核爆炸指的是能把大量的土石卷入空气中而形成一个大弹坑的核爆炸，形成的弹坑比地面爆炸形成的弹坑更深、更大。

4. 水下核爆炸的外观景象

水下核爆炸时，通常能听到低沉的爆炸响声，但火球的发光时间极短，会产生水中冲击波和空中冲击波，出现烟囱形的空心水柱，形成菜花状云团。它与空中的冷凝云、天然云相混，可能有放射性雨降落。

四、核武器的防护

掌握核武器的防护知识，可以尽可能避免或减少核武器爆炸带来的伤害，主要防护步骤有：

（1）听到空袭警报后。室内人员应迅速拉断电闸，关闭煤气、门窗。携带个人防护用具和必要的生活用品，迅速而有序地进入人防工事。路上行人、车辆和公共场所的人员，应听从指挥，迅速到指定的地点隐蔽。

（2）发现闪光。立即进入邻近工事，邻近无工事时，应迅速利用地形地物进行疏散隐蔽，如利用土丘、土坎、沟渠、桥洞、涵洞等。当邻近既无工事又无可利用的地形地物时，应背向爆心，立即就地卧倒。同时应闭眼、掩耳，用衣物遮盖面部、颈部、手部等暴露部位，以防烧伤，当感到周围高热时，应暂时憋气，以防呼吸道烧伤。如果身边有江河、湖泊或池塘，应立即潜入水中防护。若在室内，应在墙角、墙边或桌子下卧倒或坐着进行防护。

（3）核爆炸后，为防止放射性灰尘被吸入体内和沾上皮肤，沾染区内人员应及时戴好防毒面具或口罩，扎好领口、袖口、裤口，并用雨衣、塑料布、床单等把暴露皮肤遮盖住。切记不在露天吃东西，不在地上坐卧，不接触受染物体。尽量避免扬起灰尘。室内人员要关闭门窗，减少室外活动。人员或物体受到放射性沾染后，必须采取适当的方法及时消除。

学习对核武器的防护，不仅仅适用于对付有可能出现的核袭击，在平时也有可能用到。因为随着科学技术的发展，各种核反应堆、核电站及同位素生产和应用部门不断增多，也会产生一些意外事故，如苏联切尔诺贝利核电站事故、日本 2011 年 3 月 11 日大地震引发的福岛核电站事故等，这类事故也会严重危害人民生命财产的安全。

第二节 化学武器

一、化学武器概述

化学武器是近代工业和军事技术发展的产物。化学武器在战争中大规模使用，始于第一次世界大战。1915 年 4 月 22 日，德军在比利时的伊珀尔地区使用了 180 吨氯气，造成 15 000 人中毒，约 5 000 人死亡，开创了化学武器使用的先例。随后有关国家的军队也相继研制和使用化学武器。二战期间，一些国家继续使用化学武器，并加强对毒剂及分散方法和使用技术的研究，使化学武器更具有实战性。二次大战后的一些局部战争中，一些国家也曾多次不同规模地使用化学武器，造成数万人中毒伤亡。可以说，未来战争化学武器的威胁仍然存在。另外，恐怖分子利用化学武器进行恐怖活动也是现实的威胁。

（一）化学武器的定义

化学武器是以毒剂的毒害作用杀伤有生力量的武器。包括毒剂（或其前体）、装有毒剂（或其前体）的弹药和装置，以及与使用这些弹药和前体直接有关的专门设备等，比如装有毒剂或毒剂前体的炮弹、航空炸弹、火箭弹、导弹战斗部、地雷、航空布洒器及其他毒剂施放器材。1948 年联合国安全理事会常规军备委员会通过决议，将化学武器列为大规模杀伤性武器。

（二）毒剂的分类

军事行动中，以毒害作用杀伤人畜的化学物质，叫做军用毒剂，又称化学战剂。军用毒剂有不同的分类方法。

1. 按毒理作用分类

这种分类方法是按毒剂毒害作用或对正常生理的影响分类。

（1）神经性毒剂。这是一类破坏神经系统正常传导功能的毒剂。这类毒剂为有机磷酸酯类化合物，称为含磷毒剂或有机磷毒剂。主要有沙林、梭曼、塔崩、维埃克斯。

（2）糜烂性毒剂。这是一类能使皮肤、黏膜细胞组织坏死溃烂的毒剂，又称起泡剂。主要有芥子气、路易氏剂。

（3）全身中毒性毒剂。这是一类能抑制体内细胞色素氧化酶，破坏组织细胞氧化功能，使机体不能利用氧的毒剂。主要有氢氰酸、氯化氰。

（4）失能性毒剂。这是一类能造成思维和运动感官功能障碍，使人员暂时丧失战斗力的毒剂。主要有毕兹。

（5）窒息性毒剂。这是一类刺激呼吸道，引起肺水肿，造成窒息的毒剂。主要有光气。

（6）刺激剂。能引起眼睛刺痛，大量流泪或引起咳嗽、喷嚏，阻碍正常战斗。如苯氯乙酮、亚当氏剂、西埃斯、西阿尔等。

2. 按杀伤作用持续时间分类

可分为暂时性和持久性两类。

（1）暂时性毒剂使用后主要呈蒸气态、气溶胶态，使空气染毒，其有效杀伤作用持续时间很短，从几分钟至十几分钟，一般情况下，其有效杀伤作用在 1 小时以内。由于暂时性毒剂使用后，能在短时间内自行消散而失去伤害作用，通常不需要消毒。必要时，可对弹坑及滞留在工事内的染毒空气消毒，如沙林、氢氰酸、氯化氢和光气等。

（2）持久性毒剂使用后，通常呈液滴态和微粉态，主要使地面、物体表面、水源、服装和皮肤染毒，部分也可使空气染毒，应考虑全身防护，其有效杀伤作用持续时间较长，一般为几昼夜以上，对染毒地面、武器、服装、皮肤应考虑消毒。属于这一类的毒剂有胶黏梭曼、维埃克斯、芥子气、路易氏剂等。

3. 按杀伤作用速度分类

可分为速效性和缓效性毒剂两类。

（1）速效性毒剂中毒后，很快就出现中毒症状，使对方迅速致死或暂时失能而丧失战斗力，它主要用于需要迅速获得杀伤效应的战术时机。属于这一类的毒剂有神经性毒剂、全身中毒性毒剂、失能性毒剂等。

（2）缓效性毒剂中毒后，通常其毒害症状在一至数小时后才出现，经过一定时间的潜伏期，才能影响对方的战斗力。主要用于不急于立即获得杀伤效应的战术时机，主要起迟滞作用。属于这一类的毒剂有糜烂性毒剂、窒息性毒剂等。

4. 按致死性分类

可分为致死性和非致死性两类。

（1）致死性毒剂的毒性较大，主要用于消灭对方的有生力量，削弱对方的战斗力。属于这一类的毒剂有神经性毒剂、全身中毒性毒剂、窒息性毒剂等。

（2）非致死性毒剂。这是一类能使中毒者丧失战斗力而一般不会造成死亡的毒剂。这类毒剂虽不能造成死亡，但能迅速影响对方的战斗行动。属于此类的有失能性毒剂、刺激剂等。

（三）化学武器分类

按照毒剂形成战斗状态的方式，化学武器可分为爆炸型化学武器、热分散型化学武器和布洒型化学武器三类。

1. 爆炸型化学武器

爆炸型化学武器利用弹中炸药爆炸的能量将装填在弹中的毒剂分散成气态、雾态和液滴态，造成空气和地面染毒。它是化学武器最主要的一种使用方法。有装填毒剂的炮弹、航弹、火箭弹、导弹、地雷等。

毒剂弹的基本结构是：弹体中央有一金属炸管，内装传爆药和高爆炸药，弹腔内装填毒剂。

2. 热分散型化学武器

热分散型化学武器利用燃烧剂燃烧时的高温，将固体毒剂加热蒸发成为毒烟，造成空气染毒。有毒烟手榴弹、毒烟罐和毒烟发生器等。

3. 布洒型化学武器

布洒型化学武器利用气体的压力将毒剂从容器中喷出，在空气阻力撞击作用下分散为战斗状态。有航空布洒器、汽车布毒器、手提式布毒器等。

二、化学武器的伤害形式与伤害特点

（一）毒剂的战斗状态

毒剂的战斗状态主要有气态、液滴态、气溶胶态、微粉态四种。烟和雾就是气溶胶态。

（二）化学武器的伤害形式

毒剂的四种战斗状态，构成了化学武器使用后的三种伤害形式：即毒剂初生云、再生云和液滴。

毒剂初生云是指化学武器以爆炸、热分散、喷雾、布洒等方法施放毒剂时直接形成的毒剂蒸气和气溶胶混合染毒的空气团。

毒剂再生云是指从染毒地面、物体蒸发形成的染毒空气。

液滴是指用化学武器爆炸布洒等方法施放毒剂时所形成的地面、物体的染毒液滴。

（三）化学武器的伤害特点

1. 战斗状态多，中毒途径多

常规武器主要靠弹丸、弹片直接杀伤，而化学武器则靠毒剂的毒性使人畜中毒，它能造成空气、地面、物体、水源、食物等染毒。有的呈气态或气溶胶和微粉态，通过呼吸道吸入中毒；有的呈液滴态，通过渗入皮肤中毒；有的还能通过多种途径使人畜中毒。

2. 杀伤范围广

一般情况下，化学弹与同口径的普通杀伤弹相比，其杀害范围可达十几倍或几十倍。毒剂云团随风传播扩散后，能伤害下风一定距离内的无防护人员，还能渗入不密闭的、无滤毒通风设施的装甲车辆、工事和建筑物内部，沉积、滞留于低洼处，伤害隐蔽于其中的有生力量，有较好的空间杀伤效果。

3. 伤害作用持续时间长

常规武器通常只在爆炸或弹丸飞行瞬间有杀伤作用，而化学武器的杀伤作用具有持续性，可延续几分钟、十几分钟、几个小时，有的可达几天以上。例如，沙林毒剂弹爆炸后，染毒空气的杀伤作用时间可持续几分钟到数小时；维埃克斯使地面、物体染毒后，其杀伤作用则可持续几天到几周的时间。

4. 心理伤害作用

与常规武器相比，化学武器具有强大的威慑作用。在化学武器威胁严重的情况下，一旦遭到对方空袭或炮袭，部队就必须立即进行防护，这就使部队经常处于精神紧张和恐惧的心理状态，大大影响部队的士气，削弱战斗力。

三、化学武器的防护

化学武器虽然威力较大，但其使用有一定的局限性，及时采取防护措施，可大大降低其杀伤作用。

（1）呼吸道防护。一旦发现有化学武器施用，配有防毒面具的人员应立即闭眼、停止呼吸，将面具迅速戴好，睁眼前要呼一口气；没有防毒面具的人员可使用事先自制的浸水、浸碱和包着土颗粒的口罩、纱布、毛巾、手帕等简易器材进行防护。

（2）皮肤防护。如无制式防毒衣，可利用就便器材根据要通过的区域进行局部或全身防护，如利用雨靴、捆扎塑料布、帆布或毯子对腿部进行防护，利用雨衣、油布等隔绝材料对全身进行防护。

（3）眼睛防护。在没有面具的情况下，可用自制简易防毒眼镜、改制的防风眼镜等对眼睛进行防护。

在采取上述防护措施后，应尽快朝迎风方向，避开洼地、丛林，离开染毒区。

（4）消毒。先用纱布、棉花、纸或干净土块吸去皮肤上的毒剂液滴（吸擦时应防止染毒面积扩大），然后用专用的消毒液擦拭消毒，再用大量清水冲洗。没有专用消毒液时，也可用小苏打、肥皂、洗衣粉等水溶液或大量清水冲洗。眼、口、鼻可用2%小苏打水溶液冲洗。如果染毒面积大，用消毒液消毒后，最好洗一次澡，以清除皮肤上残留的消毒液和生成物。消毒越及时，效果越好。此外，还必须组织人员对服装、水、食物、道路、建筑物进行消毒。

第三节　生物武器

一、生物武器概述

20世纪初，微生物学和武器生产技术的发展为微生物武器的研制提供了条件。从20世纪初到第一次世界大战结束，德国研制了人畜共患的致病细菌，如炭疽杆菌、麻痹聚合鼠疫杆菌等，但生产规模小，施放方法简单。20世纪30年代到第二次世界大战结束，日本、德国和美国等建立专门研究机构，研制了多种生物战剂，生产规模扩大，采用飞机释放带菌媒介物，扩大攻击范围。20世纪40年代到20世纪70年代，苏联、美国加强了生物武器的研究，除细菌外，还扩大到细菌毒素、病毒衣原体、立克次体和真菌等，剂型有液体和干冻的粉剂，施放方式以气溶胶为主，运载系统除飞机外，还有火箭、导弹等。

（一）生物武器的定义

生物武器是指以生物战剂杀伤有生力量和毁坏植物的武器。包括装有生物战剂的炮弹、航空炸弹、导弹弹头和航空布洒器等。生物武器由生物战剂、生物弹药及运载工具三部分组成。由于最初使用的战剂是致病性细菌，故旧称细菌武器。

生物战剂是生物弹药的装料，生物弹药是把生物战剂分散成为有杀伤作用的气溶胶发生器或昆虫布洒器，也是把生物战剂通过运载工具运送到目标去的容器。气溶胶生物弹是目前使用的主要生物弹药，根据作用原理，生物弹药分为爆炸型、喷雾型和喷粉型三类。运载工具是将生物弹药运载到目标区的工具，如飞机、气球、火箭和弹药等。

（二）生物战剂的分类

生物战剂是在战争中用来伤害人、畜或毁坏植物的致病微生物、毒素和其他生物活性物质的统称。

1. 根据军事效能分类

（1）根据对人的危害程度不同，可分为致死性与失能性战剂。致死性战剂是指病死率较高的战剂。如天花、黄热、炭疽杆菌、鼠疫等。一般认为，病死率大于 10% 的为致死性战剂。失能性战剂是指病死率不高，但临床症状较重，使其暂时失去劳动能力和战斗力的战剂。如布氏杆菌、委内瑞拉马脑炎病毒、Q 热立克次体、葡萄球菌肠毒素等。一般认为，病死率小于 5% 的为失能性战剂。

（2）根据有无传染性可分为传染性与非传染性战剂。传染性战剂进入机体后不但能大量繁殖引起疾病，而且还能不断地向体外排出，使周围人群感染，造成流行病。如肺鼠疫、霍乱、病毒性出血热等。非传染性战剂能使被袭击者发病，从而丧失战斗力，但病原体不能从病人体内排出，故对周围人群不构成威胁。如布氏杆菌、土拉杆菌、肉毒毒素等。

传染性战剂形成的疾病易于在人群中传播，危害范围广，可用于攻击对方的战役后方。非传染性战剂则可用于攻击与己距离较近的对方部队，以及实施登陆或空降前，对敌方阵地进行攻击。

（3）根据潜伏期不同，可分为长潜伏期与短潜伏期战剂。长潜伏期战剂是指进入机体要经过较长时间才能发病的战剂。如 Q 热立克次体潜伏期为 2～4 周，布氏杆菌潜伏期为 1～3 周，甚至长达数月。短潜伏期战剂是指进入机体经过较短时间就能发病的战剂。如委内瑞拉马脑炎病毒、霍乱弧菌（1～3 天），甚至有仅几个小时就发病的，如葡萄球菌肠毒素、肉毒毒素等。

长潜伏期战剂主要用于攻击战略后方，可以使受袭击方忽视袭击行动与生物战剂的关系，从而达到秘密袭击的目的。在预防上处于被动地位，使疾病流行，造成人力、物资、药品供应困难，思想上混乱。短潜伏期战剂可用来袭击即将对之发起攻击的敌人，造成阻击者或攻击部队失去战斗力。长潜伏期战剂和短潜伏期战剂混合使用，既可缩短潜伏期，又可加重病情、增加检测的难度，在未来生物防护中应引起足够的重视。

2. 按照微生物学分类

（1）细菌类战剂。细菌是一群具有原核结构，不含叶绿素，有细胞壁，同时含有 DNA 和 RNA，进行二分裂式繁殖，能在人工培养基上生长的单细胞生物。这一群微生物数量很多，它们很容易大量繁殖。如炭疽杆菌、鼠疫耶氏菌、布鲁氏菌、土拉弗朗西斯菌、类鼻疽假单胞菌、霍乱弧菌等。

（2）病毒类战剂。病毒是一种仅含少量蛋白质和核酸（DNA 或 RNA），无细胞结构的原生生物，它与细菌等原核生物不同，只能在活细胞中寄生。它在自然界分布很广，种类繁多，至今还不断有新的对人致病的病毒被发现。病毒类战剂占生物战剂的半数以上。如克里米亚-刚果出血热病毒、东方马脑炎病毒、西方马脑炎病毒、埃博拉病毒、胡宁病毒、拉沙病毒、马丘波病毒、马尔堡病毒、裂谷热病毒、森林脑炎病毒、天花病毒、委内瑞拉马脑炎病毒、黄热病毒、乙型脑炎病毒、登革热病毒、猴痘病毒、汉坦病毒、基孔肯亚病毒、克萨努尔森林热病毒等。

（3）立克次体类战剂。立克次体是大小、结构及繁殖方式和细菌近似的一群微生物，但它们只能在活细胞中寄生。其中大部分在吸血节肢动物和哺乳动物之间循环以维持其种的延续，人类只是偶然被感染。立克次体对外环境抵抗力较强，人对它很敏感，而且容易通过气溶胶方式感染。如 Q 热立克次体、普氏立克次体和立氏立克次体等。

（4）衣原体类战剂。衣原体过去被认为是一组大病毒，它的大小、结构、繁殖方式与细菌和立克次体近似。它具有独特的发育周期和几乎独立于宿主细胞的能量代谢系统，而不同于细菌和立克次体，如鹦鹉热衣原体。

（5）真菌类战剂。真菌是一群单细胞或多细胞的真核微生物。它的核质四周有核膜与胞浆隔开，不含叶绿素，绝大多数具有坚韧的多糖细胞壁，繁殖体能形成菌丝，如荚膜组织胞浆菌和球孢子菌。

（6）毒素类战剂。毒素是一类来自微生物、植物或动物的有毒物质。有些毒素也可以通过化学方法生产或改变获得。近年来，毒素研究十分活跃，军事应用前景广阔，如葡萄球菌肠毒素、白喉杆菌毒素、志贺氏毒素、破伤风毒素、蓖麻毒素、河豚毒素等。

二、生物武器的侵入途径与伤害特点

（一）生物战剂侵入人体的途径

生物战剂通常通过消化道、皮肤和呼吸道三条途径侵入人、畜体内。

1. 消化道途径

人或动物通过食用战剂污染的水或食品而感染发病，只造成局部的点状或线状伤害区。敌人可能利用特务放毒，污染食物或水源，或由飞机投洒战剂污染水源。

2. 皮肤途径

使战剂通过皮肤侵入的方法有两种。一种是直接穿透皮肤进入人体，这类侵入方式的武器是表面染有战剂的小弹丸、细针、弹片及各种特殊的注射器等，在某种程度上是一种暗杀武器。这样的皮肤侵袭只能造成个别人员的伤害；另一种是通过媒介昆虫的叮咬将战剂输入人、畜体内的方法。此法是先使昆虫感染战剂，当人、畜被该昆虫叮咬吸血后而感染致病。

3. 呼吸道途径

微生物气溶胶通过呼吸道途径使人、畜感染。这是当代生物战中广泛使用的一种生物战剂施放方式。具体过程是先将生物战剂分散成微生物气溶胶，造成大面积污染，人、畜吸入气溶胶后先在呼吸道沉积，进一步侵入血液在全身或身体的某一部位引起发病。

（二）生物武器的伤害特点

生物武器作为一种武器，有其独特的杀伤和破坏作用。与核武器、化学武器及常规武器相比，主要有如下几个特点。

1. 面积效应大

一种武器的面积效应是指单位质量的武器所造成的有效杀伤范围。在各种武器中，生物武器的面积效应最大。例如，一架 B-52 战略轰炸机运载核化生武器进行袭击所造成的有效杀伤面积是：核武器（百万吨级）能造成 300 平方千米的毁伤；化学武器（15 吨神经毒剂）能造成 60 平方千米的毁伤；生物武器（10 吨）能造成 100 000 平方千米的毁伤。

由于生物战剂致病力强，感染剂量极小，因此同样一枚炸弹或一架飞机散布的生物战剂气溶胶的有效杀伤范围，比其他战剂气溶胶的有效杀伤范围要大得多，再加上生物战剂具有传染性，容易引起疾病的流行，涉及的范围就更大。但生物武器容易受到许多因素的影响。理论上估计的面积效应往往偏高，只有在条件适宜时才能发挥其巨大的作用。

2. 危害时间长

由于各种气象因素及地形、地物和植被等条件的影响，生物战剂气溶胶对地面人、畜的危害时间有很大出入，一般说来，白天为 2 小时左右，夜晚和阴天为 8 小时左右。但这些生物战剂颗粒撞击或沉降在各种物体表面上，当温度、湿度等条件适宜时，仍能存活较长的时间，继续对污染区的人、畜形成威胁。如霍乱弧菌在 20 摄氏度水中能存活 40 天以上，厌酷球孢子菌的孢子在土壤中能存活 4 年，炭疽杆菌在土壤中甚至能存活数十年。

3. 具有传染性

致病微生物之所以有很强的传染性，是因为它们不但能在人、畜体内大量繁殖，而且还能不断污染周围环境，使更多的接触者感染发病。有些传染病在潜伏期即开始排菌，在有些轻症病人和健康带菌者身上很难发现它们。他们的活动常常使传染病从一个地方传播到另一个地方。这种传染性在时间上持续进行，在空间上不断扩大，是生物武器又一个突出的特点，具有很大的威胁性。

4. 生物专一性

生物战剂只能使人、畜或农作物致病或死亡，可造成建筑物或其他固定设施、武器装备、生产及生活资料等的污染，但无破坏作用。这一点在军事上具有特殊的优越性，因生物武器不破坏工厂、矿山和机器等无生命的财富，敌人可以用它达到掠夺财富或占领完整城市的目的。

5. 具有渗透性

从理论上说，生物战剂气溶胶可随空气流动而进入一切不密闭的、没有空气滤过设备的工事、车辆、舰艇和建筑物的内部。构筑良好的工事和装甲坚固的坦克能经受强大火力的袭击，却抵挡不住生物战剂气溶胶的侵袭。

6. 难以防护

生物武器的袭击没有特殊迹象，尤其是生物战剂气溶胶无色、无味、看不见、摸不着，多在夜间或拂晓使用，人们即使在充满战剂气溶胶的环境中活动，也无法察觉。任何人都不能停止呼吸（正常成人每分钟大约要吸入 10 升空气），即使每升空气只含有 10 个生物战剂颗粒，只要在其中呼吸几分钟就有感染的可能。对生物战剂的侦察、鉴定等都比核武器、化学武器慢。发病又有一定的潜伏期，发现疫情时已有多人受染。

三、生物武器的防护

生物武器有较强的致病性和传染性，因此在组织防护时，要做到军队、地方结合，军民兼顾。

一是做好防护工作。凡能防护化学武器的措施均能有效地防护生物战剂气溶胶。

二是做好消杀工作。对人员的消毒，可采用漱口、洗眼、擦拭、冲洗等方式；对人员服装的消毒，可采用蒸煮、日晒、药物浸泡等方式；对食品、房屋、道路、地面的消毒，可采用对化学毒剂消毒的方法进行；对饮用水的消毒，可选取流动的水，煮沸 15 分钟以上，或每千克水中加 0.4 克漂白粉次氯酸钙搅拌均匀，沉淀 15 分钟后饮用；对敌人投放的带菌昆虫，鼠类及其他小动物，可采取人工扑打，烧燎熏蒸、喷洒杀虫剂等方法进行扑杀。

第六章

格斗与军体拳

学习指导： 本章介绍的格斗和军体拳是部队特色体能训练项目之一，通过学习，可以锻炼中职学生的协调、柔韧、力量、耐力等身体素质，同时掌握一定的制敌方法，培养勇猛顽强、敢于拼搏的战斗精神。

第一节　格斗基本功

格斗是由拳打、脚踢、摔打等搏击、散打的基本动作组成。练习格斗，能使全身各个部位得到比较全面的活动，尤其是上下肢肌肉的爆发力、各个关节的灵活性和柔韧性，以及快速反应能力都能得到提高。此外，格斗还有自卫和制敌的作用。

一、手型

拳：四指并拢握紧，拇指扣在食指的第二节上。通常分为立拳、反拳、平拳三种（图 6 - 1）。

图 6 - 1　立拳、反拳、平拳

掌：四指并拢伸直，拇指弯曲紧扣于虎口处。分立掌、横掌、插掌、八字掌四种（图 6 - 2）。

勾：五指第一节捏拢在一起，屈腕（图 6 - 3）。

爪：五指的第一、二关节向掌心方向弯曲并用力张开，分虎爪、鹰爪两种（图 6 - 3）。

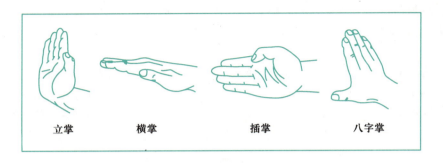

图6-2 立掌、横掌、插掌、八字掌

图6-3 勾、鹰爪、虎爪

二、步法

马步：两脚平行拉开（约为本人脚长三倍），脚尖正对前方，屈膝半蹲，膝部不超过脚尖，大腿接近水平，全脚掌着地，身体重心落于两腿之间，挺胸、塌腰，两拳握于腰间，拳心向上（图6-4）。

弓步：两拳抱于腰间，拳心向上，左（右）脚向前上步，左（右）腿屈膝半蹲，右（左）腿向后挺直，脚尖里扣（图6-5）。

图6-4 马步

图6-5 弓步

虚步：两脚前后分开（约为本人脚长的 2.5 倍），前脚掌着地，腿微屈。后腿屈膝半蹲，脚尖外撇 45 度，全脚掌着地，体重大部分落于后脚，左脚在前为左虚步，右脚在前为右虚步（图 6 – 6）。

盖步：两脚前后开立，约为本人脚长的 3 倍，右（左）脚尖向右（左）前，两腿交叉屈膝半蹲，左（右）脚后跟抬起，两拳拳心向上收于腰际，挺胸抬头，目视正前方（图 6 – 7）。

跪步：两脚前后开立，约为本人脚长的 3 倍，两腿屈膝下蹲，右（左）膝屈膝下跪并稍向外展，右（左）脚后跟抬起，两拳拳心向上收于腰际，挺胸抬头，目视正前方（图 6 – 8）。

图 6 – 6　虚步　　　　　　图 6 – 7　盖步　　　　　　图 6 – 8　跪步

三、拳法

（一）预备式

身体稍左转时，右脚向右后撤一步，略比肩宽，右膝微屈，右脚尖外斜 45 度，脚跟稍抬起；左脚尖稍里扣，重心落于两脚之间；两臂在胸前前后拉开，左臂微屈，左掌心向右下，指尖朝右上，与下颌齐；右臂弯曲，肘尖自然下垂，右拳位于右腮处，身体侧立，下颌微收，收腹含胸，目视前方（图 6 – 9）。

（二）直拳

左直拳：预备姿势开始，右脚蹬地，使身体重心稍前移，左拳向前用力内旋击出，力达拳面，上体微向右转，目视前方，然后迅速收回，成预备姿势。

右直拳：预备姿势开始，右脚蹬地上体稍向左转，转腰送肩，用力出拳，使拳直线向前出击，力达拳面，目视前方（图 6 – 10）。

（三）摆拳

左摆拳：预备姿势开始，左脚蹬地，使身体稍向右转，左拳向前方伸出转向右下横击，左拳内旋，拳心向左稍向下，力达拳面；右拳收于右腮。

右摆拳：预备姿势开始，右脚蹬地，上体稍向左转，右拳向外、

图 6 – 9　预备式

向前、向里横击，右拳内旋，力达拳面，目视前方（图6-11）。

图6-10　右直拳

图6-11　右摆拳

（四）勾拳

1．平勾拳：分为左平勾拳和右平勾拳。

左平勾拳：预备姿势开始，上体稍向右转，左肘关节外展抬起，大臂和小臂约成90度角，左拳经左向右击出，拳心向下，左脚跟外转，出拳后左臂迅速向胸靠拢，成预备姿势（图6-12）。

右平勾拳的动作同左平勾拳，方向相反。

2．上勾拳：分为左上勾拳和右上勾拳。

左上勾拳：预备姿势开始，身体稍左转，微沉肘，重心略下沉，左脚蹬地，腰突然向右转，以蹬地、扭腰、送胯的合力，左拳由下向前上方猛力击出，力达拳面，目视前方。出拳后迅速恢复成预备姿势。

右上勾拳：预备姿势开始，身体稍向右转微向前倾，右脚蹬地、扭腰、送胯，右拳向内，由下向前上猛击，力达拳面，并迅速收回成预备姿势（图6-13）。

图6-12　平勾拳

图6-13　上勾拳

四、腿法

（一）正蹬腿

左正蹬腿：预备姿势开始，重心后移，左脚屈膝抬起，勾脚尖，由屈到伸，向前猛力蹬出，力达脚跟，左臂自然下摆于体侧，右拳护面，目视前方。动作完成后迅速收回成预备姿势。做蹬腿时可配合垫步前蹬（图6-14）。

右正蹬腿：预备姿势开始，右脚蹬地，重心前移，右脚屈膝抬起，勾脚尖，以脚为力点，由屈到伸，向前猛力蹬出，右臂自然下摆于体侧，左拳收回到头部左侧，目视前方。

（二）侧踹腿

左侧踹腿：预备姿势开始，重心稍后移，身体向右转，左腿屈膝抬起，勾脚尖向左方猛力踹出，力达脚底，身体向右倾斜，左臂自然下摆于体侧，右拳收于下颌处，目视左侧踹腿的方向。左腿迅速收回，落地成预备姿势。

右侧踹腿：预备姿势开始，重心前移，右腿屈膝抬起，身体向左转，勾脚尖向右侧猛力踹出，力达脚底，右臂自然下摆于体侧，左拳收于下颌处，目视踹腿的方向，右腿迅速收回，落地成预备姿势（图6-15）。

图6-14　左正蹬腿

图6-15　右侧踹腿

（三）鞭腿

左鞭腿：预备姿势开始，上体稍向右转侧倾，同时左腿屈膝抬起，大小腿折叠，脚尖绷直，右腿支撑身体，左脚向右上方猛力弹踢，力达脚背或小腿下端，左臂自然下摆助力，右拳收于下颌处，目视前方。左脚迅速收回，落地成预备姿势。

右鞭腿：预备姿势开始，上体稍左转，同时右腿屈膝抬起，脚面绷直，膝关节弯曲大于90度，右脚向左前方猛力弹踢，右臂自然下摆助力，左拳收于下颌处，目视前方。右脚迅速收回，落地成预备姿势（图6-16）。

（四）勾踢

勾踢：预备姿势开始，身体重心移至前腿，右腿向后上方屈膝抬起，右脚翘起脚尖由右向左前方弧形勾踢，力达踝关节内侧，同时两手变拳于胸前交叉后左拳上举，右拳下摆，眼看右脚。击中目标后右(左)脚落地，恢复成预备姿势(图6-17)。

(五) 弹腿

弹腿：预备姿势开始，身体重心移至左(右)腿，右(左)腿向上屈膝抬起，大腿抬平，小腿折叠，脚背绷直，而后以大腿带动小腿向前上方弹击，力达脚背，同时两手变拳回收于胸前，拳心向对，眼看右脚。击中目标后右(左)脚落地，恢复成预备姿势(图6-18)。

图6-16　右鞭腿　　　　　　图6-17　勾踢　　　　　　图6-18　弹腿

第二节　军体拳(第一套)

(一) 弓步冲拳

左脚向左前方上步(约一脚之长)，右拳收于腰间；再猛力向前旋转冲出，拳心向下；左拳收于腰间，成左弓步。用途：击面、胸或腹部(图6-19)。

(二) 穿喉弹踢

左拳变掌向前上方猛插，掌心向上，右拳收于腰间；同时抬右腿，屈膝，脚尖向下绷直，猛力向前弹踢，迅速收回。用途：穿喉、弹裆或小腹部(图6-20)。

(三) 马步横打

右脚向前落地成右弓步，同时左手前伸变八字掌，右拳自然后摆，左转身成马步的同时，左手抓拉收于腰间，右拳向前猛力横击，臂微屈，拳与肩同高，拳心向下。用途：击面部或腹部。(图6-21)

(四) 内拨上勾

右弓步，右臂内拨后摆，左拳后摆并由后向前上方猛击，拳与下颌同高，拳心向内，左脚自然向左移动。用途：击下

图6-19　弓步冲拳

颌、腹部或裆部(图6－22)。

图6－20　穿喉弹踢　　　　　图6－21　马步横打　　　　　图6－22　内拨上勾

(五) 交错侧踹

右转身，右脚尖外摆，左大腿抬平、屈膝、脚尖里勾，两臂胸前交错，拳心相对，左脚向左猛踹，迅速收回；同时两臂上下外格，屈右肘，拳与头同高，拳眼向后；左臂后摆，拳心向后。用途：踹膝关节或肋部(图6－23)。

(六) 外格横勾

左脚向左落地，左转身成左弓步，同时左臂上挡、外格、后摆；右拳由后向前猛力横击，拳与鼻同高，拳心向下。用途：击头、面部(图6－24)。

图6－23　交错侧踹　　　　　　　　　　　图6－24　外格横勾

(七) 反击勾踢

左脚尖外摆，起右脚，脚尖里勾，两手在胸前交错。右脚由后向左猛力勾踢，同时两臂猛力外格，左臂屈肘，拳与头同高，拳眼向右后方，右臂自然后摆，拳心向下。用途：勾踢脚跟或脚踝部(图6－25)。

74

第六章　格斗与军体拳

（八）转身别臂

右转身，右脚尖外摆并猛力下踏；上左脚成左弓步，同时右手向前上挑，左手抓握右小臂；右后转体成右弓步的同时，右拳变掌屈肘下压，掌心向下，两小臂略平置于腹前。用途：别臂压肘（图 6 - 26）。

图 6 - 25　反击勾踢　　　　　　　　　　图 6 - 26　转身别臂

（九）虚步砍肋

右虚步，两手变掌向外伸直，掌心向下，随即翻掌由外向里猛砍，大臂夹紧，小臂略平，两掌掌心向上，相距约 20 厘米。用途：砍肋、腰部（图 6 - 27）。

（十）弹裆顶肘

双拳置腰间，拳心向上，抬右腿屈膝，脚尖向下绷直，猛力向前弹踢并迅速收回，右脚落地成左弓步。同时右臂屈肘，左手抓握右拳置于左胸前，两手合力将右肘向前推顶，右大小臂夹紧略平，拳心向下，由左弓步变成右弓步。用途：踢裆、腹部，顶心窝、头部（图 6 - 28）。

图 6 - 27　虚步砍肋　　　　　　　　　　图 6 - 28　弹裆顶肘

（十一）反弹侧击

右拳向前反弹，拳心向内上方；左掌沿右臂下方向前猛挑成立掌；左转身成马步，同时左手抓拉变拳收于腰间，右拳向右侧冲出，拳眼向上，拳与肩同高，目视右拳。用途：反弹面部，拳击肋或腹部（图6-29）。

（十二）弓步靠掌

上体左移，重心落于左腿；两拳变掌交叉于裆前，右脚成右虚步；右转身，右脚猛力下踏，左脚自然屈膝；两掌上下反拨，放于右肋前，右掌心向前，左掌心向后；左脚向前落地成左弓步；两掌合力向前推出，左手在上，右手在下，掌心向前，两手腕相距10厘米。用途：拨防推胯、肋，使对方摔倒（图6-30）。

图6-29 反弹侧击　　　　　　　　　　　　图6-30 弓步靠掌

（十三）上步砸肘

右脚向前上步成右弓步，右拳后摆，左手成抓拉姿势，虎口向右；左转身成左弓步的同时，左手抓拉收于腰间，挥动右臂屈肘向左下方猛砸，大臂夹紧，小臂略平，拳心向上。用途：砸、压肘关节（图6-31）。

（十四）仆步撩裆

屈左膝，降重心，右腿伸直，右拳变立掌置于左胸前，左拳抱于腰间，上体前倾成左仆步；右手变勾，经右脚面向后搂手外拨后摆，转身成右弓步，同时左手变掌由后向前猛撩，掌心向上，目视前方。用途：搂腿、打裆（图6-32）。

（十五）挡击绊腿

左脚向前上步成半马步，同时左臂内格。右勾变拳收于腰际；而后左转身成跪步，左臂上挡护头，同时右拳从于腰际向前下方击出；起身右脚前扫，左拳变掌前推同时右拳收于腰间，拳心向上；右腿后绊成左弓步，同时右拳变掌下按，掌心向下，虎口向里，同时左掌变拳收于腰间。用途：击裆、腹部，推胸绊腿（图6-33）。

（十六）击腰锁喉

右掌变拳屈臂上挡外格，右脚向前上步，左拳向前猛力冲出，

图6-31 上步砸肘

拳心向下，右拳变掌前插，左手抓握手腕的同时，右掌变拳，两手合力回拉下压，右肩前顶，成右弓步，目视前下方。用途：锁喉（图 6 - 34）。

图 6 - 32　仆步撩裆　　　　　　图 6 - 33　挡击绊腿　　　　　　图 6 - 34　击腰锁喉

第七章

卫生与救护

学习指导：本章重点介绍个人卫生的基本常识、训练伤防治的基本方法和战场救护的基本技术。掌握这些知识对于学生平时养成良好的卫生习惯、掌握简单的自救和互救常识、降低伤害有重要意义。

卫生是指个人、群体的生活卫生和工作卫生的总称。它是为维护人体健康、预防和治疗疾病、改善符合生理需要的工作环境和生活环境而进行的社会活动。救护是士兵在战场上自救互救的行动。加强卫生建设，学会救护方法对维护和提高战斗力具有十分重要的意义。

第一节　个人卫生

个人卫生是集体卫生的基础。讲究个人卫生可以防止疾病传染传播，提高士兵的健康水平。为圆满完成战备训练、施工生产等各项任务，适应未来复杂、艰苦的战争环境，要求军人必须注重健康，养成良好的卫生习惯。

一、个人卫生的总要求

军人这一特殊职业要求士兵必须有强健的体魄。为此，《中国人民解放军内务条令》对个人卫生提出了总要求，应做到：饭前便后洗手，不吃（喝）不洁净的食物（水），不暴饮暴食；勤洗澡，勤理发，勤剪指甲，勤洗晒衣服被褥；不随地吐痰和便溺，不乱扔果皮、烟头、纸屑等废弃物；保持室内和公共场所的清洁卫生。提倡戒烟。

二、个人卫生的内容

（一）皮肤的卫生

皮肤是人体的最大器官之一，直接与外界接触，许多物理、化学和生物性的因素都会给皮肤造成程度不等的损害。

军人要完成各类训练和施工任务，皮肤会大量出汗。因此要经常洗澡（提倡淋浴和冷水擦浴），保持皮肤清洁，讲究皮肤卫生。

（二）头发的卫生

头发过长，既不卫生，又不利于战场行动，受伤后容易感染。因此要保持头发整洁，定期理发，不蓄胡子。梳子和刮胡刀不与他人共用。头发应经常梳理，梳头能刺激头皮血液循环，也可除去灰尘、头皮屑。

（三）手和脚的卫生

养成饭前便后洗手的习惯，经常修剪指甲和保持干净。不要用牙咬指甲。要穿透气性强的鞋袜，保持脚的清洁和干燥，尽可能每天洗脚换袜子。要穿大小合适的鞋子。

（四）口腔和脸部的卫生

经常刷牙、漱口，保持口腔卫生。特别强调晚间睡前刷牙，因睡后口内唾液分泌少，口内自洁作用差，如有食物残留，口内微生物更易滋生繁殖。

要养成经常洗脸的习惯，以保持脸部卫生。洗脸时不要把肥皂涂满脸然后用毛巾搓，这样对面部皮肤有害。洗漱用具不与他人共用。冬天提倡用冷水洗脸，干毛巾擦脸，以提高御寒能力。

（五）眼、耳、鼻的卫生

擦眼、鼻时要用干净的手帕，不要用手抠鼻子。捏鼻涕时要左右鼻孔交替进行，并注意不要用力过猛。清洁外耳道时，不要用树枝和火柴等尖、硬物，可用手帕的一角捻起来清理。避免长时间接触高分贝噪声。经常按摩耳朵。不要在强烈或太暗淡的光线下看书、写字。不躺着看书，乘车走路时不看书。执行任务遇有风沙时，可戴风镜。

（六）饮食的卫生

搞好饮食卫生是防止病从口入的关键。平时要养成饭前洗手的习惯，不喝生水，不吃变质食物；就餐时，不暴饮暴食，要保持食量的基本平衡，减少胃肠负担；各类瓜果要洗净后再食用，积极预防各种消化道疾病和传染病发生；搞好饮水消毒，需要饮用地表水（江水、河水、溪水等）时，应首先进行净化处理。

（七）衣服和卧具的清洁

衣服和卧具脏了要换洗。若不能换洗，则应定期打开抖一抖，并在阳光下暴晒一会儿。这样可以大大减少衣服和卧具上的细菌。

第二节　基本救护常识

一、止血与包扎

战时大量出血是引起伤员休克和死亡的主要原因之一。如果一次出血量达到全身的 1/3 以上，就有生命危险。因此，在救护过程中必须迅速准确地进行止血，才能有效地抢救伤员。

（一）出血判断

1. 出血种类

（1）动脉出血血色鲜红，呈喷射状。

（2）静脉出血血色暗红，呈缓流状。

（3）毛细血管出血呈片状渗血，血色鲜红。

2．确定出血部位

采用一问、二摸、三看的方法。

一问：若伤员清醒时，可询问受伤部位。

二摸：手摸被血浸湿的衣服，注意血迹温度和黏度。

三看：可借用月光、信号弹、照明弹等光线，仔细观察。

3．判断出血量

凡脉搏快而弱，呼吸浅促，意识不清，皮肤凉湿，衣服浸湿范围大，多表示伤员伤势严重或有较大出血。不具备上述症状、体征者一般伤势较轻或出血较少。

（二）止血方法

1．指压止血法

指压止血法是一种简单有效的临时止血法。用于头、颈及四肢的动脉出血。方法是根据动脉走行位置，在伤口的近心端，用手指将动脉压向深部的骨头上，阻断血液的流通而止血。亦可用无菌纱布直接压于伤口而止血。

（1）颈总动脉压迫法，适用于同侧头颈部出血。

方法：用拇指和其他四指配合压迫同侧气管外侧与胸锁乳突肌前缘中点之间；在此处可摸到一个强烈的搏动，将血管压向颈椎。

注意事项：①此法仅用于紧急情况下；②要避开气管；③严禁同时压迫两侧颈总动脉；④不可高于环状软骨。

（2）面动脉压迫止血法，适用于眼以下的面部出血。

方法：在下颌角前约2厘米处，用拇指将面动脉压在下颌骨上，有时需两侧同时压迫。

（3）颞浅动脉压迫止血法，适用于同侧额部、颞部出血。

方法：用食指或拇指，在耳前对准下颌关节上方处加压。

（4）锁骨下动脉压迫止血法，适用于同侧肩部和上肢出血。

方法：用拇指在锁骨上窝、胸锁乳突肌下端后缘，将锁骨下动脉向下方压于第一肋骨上。

（5）肱动脉及其末端压迫止血法，适用于同侧上臂下1/3、前臂和手部出血。

方法：用拇指或其他四指放于上臂内侧中点、肱二头肌内侧沟处的搏动点上。用力将肱动脉向外压在肱骨上。

（6）尺、桡动脉压迫止血法，适用于手部出血。

方法：用两手拇指同时压在腕部尺、桡动脉上。或自救时用健侧手的拇指、食指压在腕部尺、桡动脉上。

（7）指动脉压迫止血法，适用于手指出血。

方法：用健侧拇指、食指捏住出血指（趾）根的两侧。

（8）股动脉压迫止血法，适用于同侧下肢出血。

方法：用双手拇指重叠压迫在大腿上端腹股沟中点内下方；将股动脉用力压在股骨上。

（9）足部出血压迫止血法。

方法：用两手拇指分别压于足背中部近脚腕处（胫前动脉）和足跟内侧与内踝之间（胫后动脉），或用一手的拇指压在胫前、胫后动脉上，用力加压。

2. 加压包扎止血法

加压包扎止血法用于静脉毛细血管或小动脉出血。用急救包压迫创口包扎，选任一部位进行加压止血，效果不满意可加敷料，再用绷带或叠压包扎成的三角巾加压包扎。

注意：包扎力量要均匀；包扎范围应较大；同时抬高患肢。

3. 止血带止血法

止血带止血法多用于四肢较大的动脉出血。一般分橡皮止血带止血，绞棒止血法等。

（1）橡皮止血带止血法（制式）。

方法：先在出血处的近心端用纱布垫、衣服、毛巾等物垫好，然后再扎橡皮止血带。用左手（或右手）拇指、食指、中指夹持止血带头端；将尾端绕肢体一圈后压住止血带头端和手指；再绕肢体一圈，然后用左手食、中指夹住尾端后，将尾端从止血带下拉过，由另一缘牵出。橡皮扣式止血带：左手拿住止血带带扣头端，右手拉紧止血带绕肢体一圈压入扣槽内，右手将止血带再绕肢体一圈压入另一扣槽内。

（2）绞棒止血法。无制式止血带的情况下，可用三角巾、绷带、手帕、纱布条等就便器材，折叠成带状，缠绕在伤口近心端（需加垫），并在动脉走行的背侧打结，然后用小木棒、笔杆、枪通条等插入绞紧，直到不出血为止。

方法：将三角巾等折成带状，绕肢体一圈；两端向前拉紧打一活结，将绞棒另一端插入活结环内，拉紧活结头与另一头打结，固定绞棒。动作要领是：一提，二绞，三固定。

（3）屈肢加垫止血法。适用于肘、膝关节以下的出血，无骨、关节损伤时使用。

方法：在肘（腘）窝处垫以棉垫卷或绷带卷；将肘（膝）关节尽量屈曲；用绷带或三角巾叠成带状固定于屈肘（膝）姿势。

（4）局部加压充气止血带与弹力止血带止血法。

充气止血带止血法：将气囊置于已包扎的伤口上，或靠近伤口近侧的主要血管处，包扎后充气使伤口不流血为止。

弹力止血带止血法：弹力止血带长 11 厘米，宽 4.5 厘米，厚 1.5 厘米。将止血带扎于伤口近侧肌肉丰满处，先用纱布或棉垫衬垫，再将止血带松紧适度地环绕包扎 2～3 周，形成 10～15 厘米宽度，至出血停止即可。

（5）注意事项：

① 先扎止血带后包扎。

② 扎止血带松紧适度，以压迫动脉为目的。

③ 扎止血带部位应加衬垫，不能直接扎于皮肤上，以免损伤皮肤。

④ 止血带必须扎在靠近伤口的近心端并靠近伤口的最近位置。

⑤ 必须注明扎止血带的时间，通常 2～3 小时松一次，时间为 5～10 分钟。放松时，要用指压止血法止血。扎止血带的时间越短越好，最好不超过 5 小时。

⑥ 对上止血带的伤员，必须挂有明显的标志，并应优先后送。扎止血带的肢体应很好地固定，寒冷季节应注意保暖，以免冻伤，炎热季节应注意保持通风，以免中暑。

（三）包扎

伤口包扎的目的是保护创伤免受污染、止血和止痛。包扎伤口材料有制式三角巾、急救包、绷带、四头带和就便器材。三角巾、四头带、绷带，都预先用橡皮布包好，消毒压缩。包中有纱布垫大小各一块。使用时按指示标志撕开，橡皮布不可弃去，可打开盖在敷料的外面，防雨水浸湿。

1. 注意事项

快：发现、暴露、检查、包扎要快。

准：包扎部位要准确。

轻：动作轻，不要碰压伤口。

牢：包扎牢靠，松紧适宜，打结时要避开伤口和不宜打结的部位。

细：处理伤口要仔细。

2. 制式三角巾

三角巾应用方便，容易掌握，包扎面积大，可折叠成带状作为悬吊带，又可展开用于包扎躯干或四肢的大面积创伤，还可折成燕尾巾，双燕尾巾用于包扎。

（四）包扎方法

1. 头面部包扎法

（1）帽式包扎法。此法适用于颅顶部包扎。方法：将三角巾底边折叠成约2指宽放于前额眉上，将顶角拉至枕后，左右两底角沿两耳上方往后，拉至枕外隆凸下方交叉，并压紧顶角；然后绕至前额打结，拉紧顶角，并向中反折，将角塞进两底角交叉处。

（2）风帽式包扎法。此法除适用于颅顶部包扎外，还适用于面部、下颌和伤肢残端的包扎。

方法：将三角巾顶角和底边中央各打一结，形似风帽；顶角结放于前额，底边结置于枕外隆凸下方打结固定；或两底角不拉向枕后，就在颌下部打结亦可。

（3）就便器材包扎法（毛巾包扎）。

方法：将毛巾横放于头顶，拉紧毛巾各边，包住前额；再把两个前角拉至枕后打结；然后把毛巾两个后角折成带状，并扎一小带，左右交叉绕至前额打结。

（4）航空帽式包扎法。

方法：将三角巾中央底边打结，放于前额正中，将两底角向颌下拉紧，向上反折3~4指再将顶角反折至前额，固定于底边结上。

（5）面具式包扎法。

方法：将三角巾顶角打一结，套住下颌和罩住头面部；包好后，根据需要在眼、鼻、口部分，将布提起，小心剪洞，使眼、鼻、口外露。

（6）毛巾面具式包扎法。

方法：将毛巾横放，盖住面部，将毛巾两端向后拉紧，在健侧耳前，上下角交叉打结；在眼、鼻、口部位分别剪孔，使眼、鼻、口外露。

（7）单侧面部包扎法。

方法：将三角巾的底边中央至顶角折成一小三角巾（或剪开）；将底边斜盖于伤侧面部；用一底角与顶角在健侧颞部打结；然后拉紧另一底角，包绕下颌，在健侧耳前上方打结。

（8）单眼或双眼带式包扎法。

方法：把三角巾折叠成约四指宽的带形，将2/3向下斜放于伤侧眼部，从下绕至枕后，经健侧耳上至前额，压住上端绕头一周打结；如包扎双眼，可将上端向下反折，压住另一伤眼，再结耳下至对侧耳上打结，成 8 字形。

（9）单眼毛巾包扎法。

方法：将毛巾折成 4 指宽的条带；毛巾的一端接一系带，毛巾的中部斜放于伤眼上，条带的下端经伤侧耳下绕至枕后，经健侧耳上至前额，压住毛巾上端，并绕头而行；毛巾上端向外反折，经健侧耳上向后绕与系带相遇打结。如包扎双眼，则将毛巾沿对角线折成 4 横指宽的条带，中间部分盖住双眼，两端拉向枕后，在一侧打结。

（10）单耳或双耳带式包扎法。

方法：把三角巾折成带形，宽约 5 横指，从枕后斜向前上绕行，把伤耳包住。另一侧角经前额至健侧耳上，两侧交叉于头的一侧打结固定。如包扎双耳，则将三角巾条带中部放于枕后，两角斜向前上绕行，将两耳包住，在前额交叉，以相反方向环绕头部，两侧角相遇打结固定。

（11）下颚带式包扎。

方法：将三角巾叠成 4 横指宽，取 1/3 处抵住下颚；长端经耳前绕过头顶至双侧耳前上方，与另一端交叉，然后分别绕至前额及枕后，于对侧打结固定。

（12）下额部毛巾包扎法。

方法：将毛巾折叠成约 4 横指宽的带形，一端系一短带，用毛巾的中间部分包扎下额，两端上提，系带经头顶到对侧耳前上方；与毛巾交叉后转向前额绕头部与毛巾另一端打结固定。

2. 肩部包扎法

（1）单肩燕尾式包扎。

方法：将三角巾折叠成燕尾式（夹角成 80 度左右），向后的角要稍大于前角，后角压在前角上面，放于伤侧，角对准颈侧面；燕尾底边两角包绕上臂上 1/3，在腋前（后）打结。

（2）衣袖包扎法。

方法：沿腋下衣缝剪开伤侧长袖至肩峰下约 8 厘米处，用一小带束臂打结，然后将衣袖向肩部反折在袖口结带，经对侧腋下绕至胸前打结。

（3）毛巾包扎法。

方法：将毛巾斜对折中间穿过一根短带；毛巾覆盖伤部，短带把毛巾扎在上臂上部；然后在上片毛巾的前角和下片毛巾的后角各拴一带；上片毛巾的后角向内折入，经胸前拉至对侧腋下；下片毛巾的前角同样向内折入并向上折转，从背部往腋下拉紧，在对侧腋下与上片毛巾带打结固定。

（4）双肩燕尾式包扎法。

方法：将三角巾折成燕尾式，夹角成 130 度，放于颈后部，两燕尾角分别包绕肩部，经腋下和两底角打结。

3. 胸（背）部包扎法

（1）胸背部一般包扎法。

方法：三角巾底边横放在胸部，顶角从伤侧越过肩上折向背部；三角巾的中部盖在胸部的伤处，两底角拉向背部打结；顶角结带也和这两底角结打在一起。背部包扎和胸部相反，即两底角于胸部打结固定。

（2）胸（背）部燕尾式包扎法。

方法：先将三角巾折成燕尾式，置于胸前；两燕尾底角分别结上系带于背后打结；然后将两燕尾角分别放于两肩上并拉向背后，与前结余头打结固定；背部包扎与胸部包扎相反，即两底角边角在胸部打结。

（3）侧胸燕尾式包扎法。

方法：将三角巾折成燕尾式放于伤侧。两底边角带在肋部打结；然后拉紧两燕尾角，于对侧肩部打结。

（4）腋窝三角巾包扎法。

方法：将三角巾一腰边距顶角1/3处放于腋下，一底角绕胸前与顶角打结；然后把另一腹边和底边拉向锁骨上窝，再取另一底角绕肩及上臂1/3处绕腋窝拉向锁骨上窝打纽扣结。

（5）胸背部双三角巾包扎法。

方法：先将三角巾放于胸前，顶角置于腋中线季肋下，取一底角围腹与顶角打结，再用一三角巾放于背部，按上述方法在对侧包绕打结；然后分别拉紧两条三角巾的另一底角，绕肩与其相对应的底边打纽扣结。

4. 腹部包扎法

（1）腹部兜式包扎法。

方法：将三角巾顶角朝下，底边横放于上腹部，两底角拉紧于腰部打结；顶角结一小带，经会阴拉至后面，同两侧的余头打结。

（2）腹部燕尾式包扎法。

方法：先在燕尾底边的一角系带，夹角对准大腿外侧正中线，底边两角绕腹于腰背打结；然后两燕尾角绕大腿并相遇打结。

注意：燕尾夹角成90度左右，向前的燕尾角要大，并压住向后的燕尾角。

（3）腹股沟与臀部包扎法。

方法：把三角巾顶角放在腹股沟下方，取一底角绕大腿一周，与顶角打结，然后把另一底角围腰，与底边打纽扣结。

5. 臀部包扎法

（1）单侧臀部三角巾包扎法。

方法：将三角巾斜放在臀部内侧，顶角接近臀裂下方，一底角向上放在对侧髂嵴处，一底角朝下并偏向两腿之间，用顶角的带子在大腿根部绕一圈结扎好；然后把朝下的底角反折向上，从后面拉至侧髂嵴上方，与另一底角打结。

（2）双侧臀部蝴蝶式包扎法。

方法：把两条三角巾的顶角打结连接，连接处置于腰部正中，然后将两三角巾的各一底角围腰打结；再取另两底角分别绕过大腿内侧与相对应的边打纽扣结。

（3）臀骶部燕尾式包扎法。

方法：将三角巾折成燕尾状，两底边角系一小带，围腰在腹部打结；两燕尾角系一条小带，分别顺腹股沟绕大腿与对边打纽扣结，燕尾角约成130度，两燕尾角等长。

6. 躯干双三角巾包扎法

方法：用两条大三角巾的底边顺着身长分别交叉于左右，平放于躯干前后，用两条三角巾的顶角围腰与各自的底边打纽扣结，放于躯干上部的左右角绕肩与对应的边打纽扣结；躯干下部的左右角，分别包绕大腿与各自的底边打纽扣结。

7. 四肢包扎法

（1）手（足）三角巾包扎法。

方法：将三角巾底边向上横置于腕部或踝部，手掌向下，放于三角巾的中央，再将顶角折回盖在手背（足背）上，然后将两底角交叉压住顶角，再于腕部（踝部）缠绕一周打结：打结后，应将顶角再折回打在结内。

（2）手（足）"8"字包扎法。

方法：将三角巾折成条状横放于手掌、足跖、手背或足背处，在手掌或足背（手掌、足跖）行"8"字交叉，绕腕（踝）打结。

（3）手（足）手巾包扎法。

方法：将毛巾放平，指（趾）尖对着毛巾一角，将此角反折盖住手（足）背。同端另一角也反折盖住手（足）并压于掌（跖）下，然后提起毛巾的另一端，围绕手（足）包裹，最后于腕（踝）处打结固定。

（4）膝（肘）部三角巾包扎法。

方法：根据伤情将三角巾折成适当宽度的条状带，将带的中段斜放于膝（肘）部。取带两端分别压住上下两边，包绕肢体一周打结。此法也适用于四肢各部位包扎。

（5）残肢风帽式包扎法。

方法：分别将三角巾底边中央和顶角打结，成风帽状，然后将残肢伤端套入风帽内，再拉紧两底角，于近心端互相反折打结固定。

（6）前臂（小腿）毛巾包扎法。

方法：将毛巾一角向内折，压在前臂（小腿）下部，从前臂（小腿）下端向上作螺旋包扎，最后用带固定。

8. 上肢悬吊法

（1）大悬臂带法。用于前臂伤和骨折（肱骨骨折时不能用）。

方法：将肘关节屈曲吊于胸前，防骨折错位、疼痛和出血；将三角巾顶角折回，宽度适宜，上肢放于折回的三角巾上，将两底角绕颈后，打结完成悬吊。

（2）小悬臂带法。用于锁骨和肱骨骨折，肩关节和上臂伤。

方法：将三角巾折成带状，吊起前臂（不要托肘），方法同大悬臂带法。

9. 绷带包扎法

绷带包扎法是外科临床治疗和战伤外科中常用的一项技术，其目的：一是固定敷料或夹板，以防止移位或脱落；二是临时或急救时固定骨折或受伤的关节；三是支持或悬吊肢体；四是对创伤出血，可加压包扎止血。

（1）绷带的种类。常用的绷带有以下四种：

① 卷轴带：一般长 3～5 米，可分宽、窄两种，5.5～7.5 厘米宽的卷轴带，多用于包扎四肢和头颈部伤；12 厘米的卷轴带，用于包扎大腿、腹股沟、胸部和腹部伤。

② 丁字带：分单丁字带和双丁字带两种，单丁字带多用于女伤员；双丁字带多用于男伤员。主要起扶托会阴部及外生殖器上敷料的作用。

③ 四头带：将长方形的细布两端剪开即成。四头带用来固定头、下颌、鼻、眼或膝关节等部位的敷料，其大小可根据应用部位的不同而制作。

④ 多头带：主要用于包扎胸、腹部。

（2）包扎的注意事项。

① 包扎时，每圈的压力需均匀，不能包得太紧；不能皱折；但也不要太松，以免脱落。

② 包扎应从远端缠向近端，开始和终了必须环形固定两圈，绷带圈与圈重叠的宽度以1/2 或 1/3 为宜。

③ 四肢小伤口出血，需用绷带加压包扎时，必须将远端肢体都用绷带缠起，以免血液回流不畅发生肿胀。但必须露出指（趾）端，以便于观察肢体血运情况。

④ 固定绷带的方法，可用缚结、安全别针或胶布，但不可将缚结或安全别针固定在伤口外、发炎部位、骨隆凸上、四肢的内侧面或伤员坐卧时容易受压及摩擦的部位。

（3）基本包扎法。身体各部绷带包扎法，大部分是由以下六种包扎法结合变化而成。

① 环形包扎法：此法多用在额部、颈部及腕部。

方法：将卷轴带在身体的某一部分环形缠绕数圈，每圈盖住前一圈。

② 蛇形包扎法：此法用于固定敷料、扶托夹板。

方法：用卷轴带斜形缠绕，每圈之间保持一定距离而不相重叠。

③ 螺旋形包扎法：用于上下周径近似一致的部位，如上臂、大腿、指或躯干等。绷带呈螺旋状缠绕，每圈遮盖前圈的 1/3 或 1/2。

④ 螺旋折转包扎法：用于肢体周径悬殊不均的部分如前臂，小腿等。

方法与螺旋包扎方法相同，但每圈必须反折。反折时，以左手拇指压住绷带上的折转处，右手将卷带反折向下，然后围绕肢体拉紧，每圈盖过前圈的 1/2 或 1/3；每一圈的反折必须整齐地排列成一直线，折转处不可在伤口或骨突起处。

⑤ "8" 字形包扎法：多用于固定关节如肘、腕、膝、踝等关节。

方法：用绷带斜形缠绕，向上、向下相互交叉作 "8" 字形包扎依次缠绕。每圈在正面与前圈交叉，并叠盖前一圈的 1/3 或 1/2。

⑥ 回返包扎法：多用于指端、头部或截肢部。

方法：在包扎部位先作环行固定；然后从中线开始，作一系列的前后、左右来回返折包扎；每次回到出发点，直至伤处全部被包完为止。

10. 卷轴带包扎法

（1）头部帽式包扎法。

方法：用绷带自前额沿耳朵至枕外隆凸绕头两圈固定；然后在前额中央开始将绷带反折到枕后，并 1/2，直至头顶被全部遮盖为止。必要时在伤部重复 1~2 圈，最后环形包扎两周固定。

（2）单眼包扎法。

方法：用绷带在耳上绕头部两圈，从对侧额部斜下盖住伤眼，再经耳下绕至枕后，回到对侧额部，环形绕头一圈。一次反复 3~4 次，作同样包扎。每圈在伤侧耳上逐渐上叠，在对侧顶部逐渐下行，直到将伤眼包没。最后，在耳上环绕头部两圈固定。

（3）双眼包扎法。

方法：方法同单眼包扎法，但在包扎时，两眼同时进行。

（4）耳部包扎法。

方法：用绷带自健侧耳上开始，绕头、经颈、伤侧耳以上及枕外隆凸下回到终点，环形固定两圈。将绷带绕至伤侧颞部时斜向下；包没伤耳的根部，依次绕行，绕3~4圈，即可将伤耳包没。

（5）肩部包扎法。

方法：用绷带在伤侧上臂上端先环形固定两圈，从胸前绕至对侧腋下，经背部回到伤侧上臂。与前圈作"8"字形交叉，压盖前圈，如此反复，直至肩部全部遮盖为止。

（6）胸部包扎法。

方法：用绷带在胸部由左向右环形缠绕两周固定，自左肋下斜上过胸前到右肩部，沿背部斜下回到原处，绕胸一周，再自背后斜上到左肩，经胸前斜下回到原处。如此重复进行，直至将全胸部完全包好为止。

（7）单侧腹股沟部包扎法。

方法：用绷带在大腿上端环形固定两圈，自股外侧斜向耻骨合至对侧髂嵴上方，再由背后绕回原处，在腹股沟斜下至股内侧，与前圈交叉，再自股后绕到外侧。依次反复作"8"字形包扎，直至腹股沟全部包好为止。

（8）手部露指尖包扎法。

方法：四指并拢，用绷带在腕部固定两圈，从手背部斜形向下，绕指一圈。在手背以"8"字形包扎法反复包扎直至遮盖全掌，最后在腕部固定。

（9）单指包扎法。

方法：用绷带先于腕部环绕两圈固定，由手背到患指根，成蛇形绕到指尖。再环绕两圈，以螺旋绕到指根，再经过手背至腕部固定。

（10）肘（膝）部包扎法。

方法：用绷带于肘（膝）关节处环绕两圈固定，然后作一圈向上，一圈向下的"8"字形包扎，每圈在肘（膝）窝部处交叉，并压盖前圈1/2。最后在上臂（小腿）环绕两圈固定。

（11）足跟部包扎法。

方法：用绷带环绕足跟及足背两圈，自踝关节前方斜行向上，绕过跟腱部，叠盖跟部1/3，然后在踝前与前圈交叉，绕至足底并叠盖前圈1/3或1/2。依次反复作"8"字形包扎，渐向踝部与足背前移动，每圈均在踝前交叉，直至完全包没足跟为止，最后在踝部作环形固定。

二、骨折与临时固定

骨组织受到外力打击，部分或完全被损坏时叫骨折。骨折是战伤中常见的损伤之一。在战救中骨折的固定占有很重要的地位。第一线能否对骨折及时、正确地处理，将影响伤员的预后和伤肢的功能恢复。若处理不当，除了会增加伤员的痛苦外，更严重的是会造成伤员的死亡或终身残废。所以，掌握骨折临时固定的基本技术，对完成战救任务具有十分重要的意义。

由于战伤骨折固定均属临时固定的性质，因此，必须根据当时的条件，灵活机动地进行处理。

（一）骨折的原因

1. 直接暴力

直接暴力是指暴力（弹片、子弹、棍棒等）直接作用于人体某一骨骼上而发生的骨折。此类骨折多为粉碎性或开放性骨折。

2. 间接暴力

间接暴力是指距接触暴力很远的部位发生骨折，而受暴力的部位并未发生骨折，如跌倒时，手掌或肘先着地，而锁骨却发生了骨折，或因股四头肌强力收缩引起髌骨骨折等。

（二）骨折的分类

1. 按是否与外界相通

（1）闭合性骨折。骨折时皮肤、黏膜未被穿破，不与外界相通，也称之单纯骨折。

（2）开放性骨折。骨折时皮肤、黏膜被骨端穿破，与外界或空腔脏器相通，也称之复杂骨折。极易被细菌侵入而发生感染，所以其后果比较严重。

2. 按是否完全折断

（1）不完全骨折。骨质未完全折断，如裂纹骨折、穿通骨折、"柳枝"骨折。

（2）完全骨折。骨质完全折断，成为两块或两块以上，如横断骨折、斜形骨折、粉碎性骨折。战时由火器所引起的骨折，多数是开放性的完全骨折，常伴有大血管、神经或脏器等的损伤，伤情较严重。急救时，应特别注意。

（三）骨折的症状

1. 局部症状

（1）疼痛。疼痛剧烈，活动时加重，安静或固定后可逐渐减轻或消失，骨折处有明显压痛，根据压痛点可确定骨折的部位。

（2）畸形和异常活动。这是由于完全骨折和骨折端移位而发生。如肢体短缩、患肢成角或旋转等，多见于长骨骨折，此为骨折的确证之一。但是，不完全骨折和无移位的完全骨折，则此症状不明显或没有。

（3）骨摩擦音（感）。骨折端在移动时相互摩擦所发出的声音，也是骨折的确证之一。在不完全骨折或在两骨折断之间夹有软组织时，摩擦音则不存在。但此项检查可引起剧痛和组织损伤，故应尽量避免，以免加重伤员的痛苦和损伤。

（4）功能障碍。由于骨折和疼痛所致，如下肢骨干骨折引起不能站立和行走，功能完全丧失。

（5）肿胀。由于骨折端出血和局部软组织损伤之渗出液造成，局部可产生皮下淤血、血肿和水肿。

2. 全身症状

骨折轻者一般都不明显，但在火器性长骨骨折或伴有出血、神经和脏器等损伤时，疼痛剧烈，伤员容易出现休克。

上述症状中，畸形、异常活动和骨摩擦音是骨折的确证。但如果没有上述确证或不明显时，也不能轻易否定骨折的存在。根据伤情和症状，凡有骨折可疑时，就应果断地依照骨折处理，以免延误或漏掉对骨折伤员的救护。

（四）骨折固定的概念

1. 目的

（1）避免加重损伤：固定以后，骨折端就不会移动，可以避免锐利的骨折端刺破皮肤和损伤周围软组织、神经及大血管。

（2）减轻疼痛：固定后，肢体得以休息不至于伤员因疼痛而加重休克。

（3）便于后送：只有将骨折端固定起来，才能在搬运和后送过程中，减少伤员的痛苦，避免加重伤情。

2. 材料

（1）夹板。用以固定肢体，常用的有下列几种：

① 制式夹板：有木制夹板和铁丝夹板两种，有各种宽度和长度，以适合各部位骨折的固定。铁丝夹板还可随意弯曲成各种需要的角度。

② 临时夹板：在野战条件下，没有上述的夹板时，可以就地取材来代替制式夹板，常用的有木板、木棍、树枝、竹竿、高粱秸、刀鞘、步枪、军用铁锹、十字镐等。在四肢骨折时，如无临时夹板，还可将伤肢固定于伤员的躯干或健肢上。

③ 充气夹板：有股骨髋人字夹板、上肢及小腿通用夹板、肘及踝关节夹板三类。使用时将其包绕伤肢后充气 6.7～9.3 千帕固定牢靠，且有牵引、止血作用，后送时可防震，可减轻颠簸疼痛，亦不影响 x 射线检查。

④ 80 型抗休克裤：可用于双下肢骨折、骨盆骨折的固定，且有抗休克、止血作用。

⑤ 钢丝夹板：可用于四肢骨折等。方法同上。

⑥ 卷式夹板：规格为长 92 厘米×宽 11 厘米，用作上肢、短下肢夹板，两块夹板联用，可作长下肢夹板。也可用作颈部、手指夹板（按需要可将夹板任意裁剪）及肩关节脱臼固定。

（2）敷料及衬垫。在夹板和伤肢的皮肤之间，一定要用棉花、纱布、军衣、毛巾等物垫好。固定夹板的材料，可用三角巾、绷带、枪带、手帕及其他系带等。

3. 骨折固定的一般原则和方法

（1）凡骨折与关节损伤，以及广泛的软组织损伤、大血管、神经损伤和脊髓损伤，均需在处理休克、预防感染的同时，进行早期的固定。如疑有骨折，应按骨折处理。

（2）如有伤口和出血，应先止血，再包扎伤口，然后再固定骨折。

（3）在战场上主要是临时固定，其目的是制动。因此，对变形的肢体只进行大体复位，以便于固定，禁止对骨折断端试行反复的准确复位。固定必须牢固。

（4）对开放性骨折，不要把外露的骨折断端送回伤口内，以免增加污染。

（5）一般应就地固定（主要指大腿、小腿及脊柱等骨折而言）。固定前，不要无故移动伤员和伤肢。为了暴露伤口可以剪开衣服，以免增加伤员痛苦和加重伤情。

（6）夹板的长度和宽度，要与骨折的肢体相称。其长度必须包括骨折部位的上下两个关节。固定时，先固定上端，后固定下端，要同时固定上下两个关节。

（7）骨的突出部位应加垫，以防止由于压迫而引起组织坏死。

（8）固定应牢固可靠。不可过松，但也不能过紧，以免影响血液循环。四肢骨折固定时，要露出指（趾）端，以便观察血液循环情况。如发现指（趾）端苍白、发冷、麻木、疼痛、水肿和青紫等现象时，则应松开重新固定。

（9）固定后，应给予标志，迅速后送。

以上骨折固定的一般原则和方法，适用于全身各部位骨折。因此，在叙述各部骨折固定时不再重复。

（五）各部位骨折固定方法

1. 锁骨骨折固定法

（1）"T"形夹板固定法。取木板两块，制作成"T"字形夹板加垫，用绷带缠好；然后放在伤员背部用三角巾或绷带固定。

（2）三角巾固定法。用两条三角巾，分别折成5横指宽的条带。固定时腋窝加棉垫垫好，用三角巾条带环绕腋部一周，在腋后打结；然后把左右打结的三角巾一角拉紧在背后打结，使左右肩关节后伸，则锁骨骨折得到固定。

2. 肱骨骨折固定

（1）夹板固定法。可用1～3块夹板固定。用一块夹板时，夹板放上臂外侧；用两块夹板时，则放在上臂的内外两侧；用三块时，则在上臂的前、后和外侧各放一块。然后用两条折叠成带状的三角巾或绷带，在骨折上下端扎紧，肘关节屈曲90度，前臂用腰带或三角巾悬吊于胸前。必要时，再以绷带将上臂固定于躯干上，以加强固定。

（2）三角巾固定法。将三角巾折叠成10～15厘米宽的条带，将肱骨固定在躯干上。屈肱90度，再用三角巾将前臂吊于胸前。

3. 前臂骨折固定法

（1）夹板固定法。在前臂、掌背侧各放夹板一块，用绷带或三角巾固定前臂中间位，屈肘90度，用三角巾悬于胸前。

（2）三角巾固定法。先用三角巾将臂悬吊后，再用一条三角巾条带或一条绷带将伤臂固定于胸前。

（3）衣襟躯干固定法。将伤肢的衣襟反折兜起伤臂，将患侧迷彩服衣襟下角的纽扣扣于对侧迷彩服上角的第一个纽扣上，然后拴紧腰带或三角巾打结固定。

4. 股骨骨折固定法

（1）夹板固定法。用一块长木板，放在伤肢的外侧，木板的长度必须上至腋下，下至足跟。在骨突出部、关节处和空隙部位须加衬垫，然后用三角巾或绷带，腰带、米带等，分别在骨折上下端、腋下、腰部、髋部和踝部等处打结固定。

（2）枪支固定法。将枪支放于伤肢外侧，枪托朝向腋下，分别在伤口上下、关节处加垫，然后在踝、膝、髋关节处，分别用裤带或三角巾等打结固定。

（3）三角巾健肢固定法。在两腿间的骨突出部（如膝、踝关节部）和空隙部位加垫，然后用5～6条三角巾条带（或用绷带、米带和腰带等用品），将伤肢固定在对侧健肢上，在踝关节和足部作"8"字固定。

5. 小腿骨折固定法

（1）夹板固定法。用两块相当于大腿中部到足跟长的木板，分别在小腿的内、外侧（如只有一块木板，放在小腿外侧）骨突出部加垫，用三角巾分别在骨折的上下端、大腿中部膝下和踝关节处打结固定。足部用三角巾条带作"8"字形固定，使足尖与小腿成直角。

（2）三角巾固定法。将三角巾折成条带，在骨折上下端、膝关节，踝关节和足部处，分别将伤肢与健肢固定在一起。

三、伤员搬运

搬运的目的是迅速安全地将伤员搬至隐蔽地或送到上级救护机构,以防止伤员在战场上再次负伤,并能得到及时的救治。因此,卫生人员在火线抢救中,必须熟悉各类伤员的搬运方法,选用各种就便运送工具,做好伤员的搬运和后送工作。

(一) 注意事项

搬运前,要尽可能做好初步急救处理,应根据敌情、伤情、地形等情况,选用不同的搬运方法和运送工具,确保伤员安全。搬运动作要轻而迅速,避免和减少震动,并要时刻注意伤情变化。

(二) 搬运方法

1. 火线抢救常用方法

(1) 侧身匍匐搬运法。

动作要领:垫腰,撑肘,抱胸,蹬足。

方法:救护者侧身匍匐到伤员处,将伤员腰部垫在大腿上,伤员两手放于胸前,救护者右手穿过伤员腋下抱胸,左肘撑于地面,蹬足向前。

(2) 匍匐背驮搬运法。

动作要领:同向侧卧紧靠身,拉紧上臂再抓臀,合力猛翻转上身。

方法:救护者同向侧卧于伤员处并紧靠伤员身体,拉紧伤员上臂后再抓住伤员臀部,合力猛翻将伤员转上身,低姿匍匐向前进。

2. 脱离火线后的常用搬运法

(1) 单人搬运法。用于轻伤员,常用的方法有:掮法、背法、抱法及腰带抱运法。

① 掮法:救护者扶起伤员后,双腿屈曲,左手将伤员两臂拢并放于颈侧,右手抱紧伤员两腿,站起行进。

② 背法:救护者将伤员双手搭于肩上,然后双手抓住伤员双下肢,站起行进。

③ 抱法:救护者先将伤员单臂搭于肩上,一手托伤员背部,另一手托伤员下肢抱起行进。

④ 腰带抱运法:将腰带结成一个环,首先套于伤员臀部然后斜套于抢救者肩部,将伤员抱起行进。

(2) 双人搬运法。用于头、胸、腹部的重伤员。常用方法有:椅托式搬运法和拉车式搬运法。

① 椅托式搬运法:抢救者一人的右手和另一人的左手相牵托于伤员臀部,一人的左手和另一人的右手互搭,置于伤员背部成椅子形。让伤员的两手分别搭于救护者肩部,救护者托起伤员行进。

② 拉车式搬运法:救护者一人抱住伤员腋下,伤员双手臂搭下,另一人双手分别抱住伤员膝关节部位,向前行进。

(3) 担架搬运法:担架是最舒适的一种搬运工具,是战地搬运伤员最常用的方法。在敌人火力范围之外,地形比较隐蔽而安全的地带,只要条件许可,应尽量利用此法。

① 方法:首先,将担架放在伤员的上侧,将装备解除,坚硬物品要从口袋中取出;由2名担架人员,单腿跪在伤员健侧,一人拖着伤员的头部和肩背部,另一人拖住伤员腰臀部和膝

下部。伤员能合作者，嘱其双手抱住担架人员颈部。这样互相协作，同时起立，将伤员轻放在担架上。其次，伤员躺在担架上，体位以舒适为宜，最好用被褥垫平，空隙处用衣物或软草等填实，以免在后送途中摇晃。担架上的扣带应当固定好。

② 注意事项：担架行进时，伤员的头部应在后，脚在前，这样后面的担架人员则可随时观察伤情变化，发现异常变化，及时妥善处理。行走时，尽可能使担架平衡，防止颠簸；寒冷季节要注意保暖，防止伤员受凉和冻伤。上坡时，伤员头部朝前，下坡时相反。后送途中，担架人员要保证伤员的安全，不让伤员再次负伤。在没有制式担架的情况下，可利用各种就便器材，制作各种简易担架，以满足需要。

3. 危重伤员的后送体位和注意事项

（1）昏迷和颅脑损伤的伤员，应安置在侧卧或俯侧卧位，便于口腔、呼吸道分泌物的排出，防止舌坠，以保持呼吸道通畅。为防止脑水肿，头部应用衣服垫高，不能低于身体其他部位，并略加固定，以防途中震荡。

（2）胸部损伤的伤员，应取斜坡卧位或侧卧位后送。侧卧位时，应伤侧在下，健侧在上，以免影响呼吸。

（3）腹部损伤的伤员，一般用仰卧位，亦可用斜坡卧位。为减少腹壁张力，可将伤员膝下用衣物垫高，髋关节和膝关节均处于半屈曲位置。

（4）骨盆骨折的伤员，应先用三角巾将骨盆包扎固定，然后仰卧于担架上。膝下稍垫高，髋关节和膝关节屈曲，两下肢略外展。

（5）脊柱与脊髓损伤的伤员，搬运和后送都要特别注意，不可使颈部和躯干前驱和扭转。应使脊柱保持伸直的姿势；绝对禁止一人抬肩，一人抬腿的搬运法，以免使伤员发生脊髓损伤或加重脊髓的损伤。

① 颈椎骨折伤员搬运法：颈椎骨折的伤员，如搬运不小心，有时可造成伤员立即死亡。故在搬运时，应有4人，一人专管头部牵引固定，使头部与躯干成直线，保持颈部不动，以免脊柱弯曲而损伤脊髓，其余三人蹲在伤员同侧，两人拖住躯干，一人抱住下肢，要求齐心协力，动作一致，将伤员抬上担架。取仰卧位，头颈两侧垫以沙袋、衣物、被卷等物固定，防止后送中头部左右摇摆。

② 胸、腰椎骨折伤员的搬运法：搬运时须3人，都蹲在伤员同一侧，一人托住头部和肩部，一人托住腰部和臀部，另一人抱住伸直而并拢的双腿，协同动作，将伤员放到硬质担架上。用仰卧位时，胸、腰部用一个10厘米厚的垫子垫起。如用软担架后送，则取俯卧位为宜。

四、通气和人工呼吸

气道（呼吸道）发生阻塞（梗阻）时，在数分钟内伤员即会因窒息、缺氧而死亡，因此抢救时必须争分夺秒地除去各种阻塞原因，使气道通畅，称通气术。

（一）气道阻塞原因及判断

1. 原因

（1）颌、面、额、咽、喉、口腔和颈部被火器伤后，血液、血凝块、骨碎片、弹片、碎牙、口腔软组织碎块、呕出物及分泌物甚至泥土等堵塞气道。

（2）重型颅脑损伤或火器伤后，伤员深度昏迷，下颌及舌根后坠，口腔分泌物阻塞气道。

（3）吸入性损伤，呼吸道与头面部火焰烧伤，喉及气道黏膜水肿。

（4）肺部爆震伤。

（5）气管外压迫，如额部、颈部软组织火器伤、颈部血管伤出血、血肿、组织炎症性水肿、骨折片及软组织移位压迫气管。

（6）颈部气管伤、血液、分泌物及食物吸入气管致气管内异物阻塞引起窒息。

2. 判断

（1）有受伤病史，并可见头面颈部某处有创伤。

（2）面色及口唇因缺氧致青紫，呼吸困难，有痰鸣或气道阻塞呼吸的急促声。

（3）伤员呈痛苦貌，烦躁不安，四肢舞动、或空腔部有创伤所导致的血液、血凝块、组织碎屑堵塞等情况；脉快而弱；如为颅脑伤则深度昏迷，脉快而沉，呼吸受阻而有鼾声。

（二）通气方法

1. 手指掏出术

适用于口腔内气道阻塞，多为面颌部伤。

具体方法是：急救者用手指伸入口腔内将碎骨片、碎组织片、血凝块、泥土、分泌物等掏出。有条件时可用吸引管吸净口内液体，止血。气道通畅呼吸正常后将舌牵出固定，或用咽通气管、鼻咽导管放入口腔后固定，将伤员置于侧卧位或俯卧位才能后送。

2. 托下颌角术

适用于颅脑损伤或火器伤后舌根后坠者，伤员深度昏迷而窒息。

具体方法是：伤员取仰卧位，急救者用双手托起伤员两侧下颌角，解除呼吸道阻塞；如仍呼吸异常，迅速用手指掰开上下颌，掏出或吸出口内分泌物或血液、血凝块。呼吸道畅通后置俯卧位。

3. 环甲膜穿刺术

适用于窒息伤员，情况紧急，上述两项措施不见效时。

具体方法是：将伤员仰卧，头向后，充分挺出颈部。急救者站在伤员右侧，左手拇指及食指固定伤员环状软骨；右手持针头 1～3 根刺入环甲膜，空气即可经针头出入，解除窒息。以上措施只能起暂时缓解作用，仍应尽快改用手术刀片将环甲膜切开。

4. 环甲膜切开术

适应证同环甲膜穿刺术。

具体方法是：

（1）用尖刀片或其他锐利刀片横形切开甲状软骨和环状软骨间皮肤，长约 3 厘米。

（2）露出环甲膜，切开环甲膜长约 1 厘米。

（3）用刀柄或止血钳撑开切口，用导管吸净气道内血液及分泌物，使气道空气通畅后放入气管导管或橡胶管。

（4）固定好气管导管或橡胶管。

5. 用 82 型口咽呼吸管

（1）构成：82 型口咽呼吸管由吹气管、活瓣室、面罩和口咽管构成。

（2）插管前准备：插管前要摘除伤员义齿，清除口咽部分泌物和血凝块。用纱布包裹舌体或用舌钳将舌体牵出。托起下颌使头尽可能后伸。

（3）方法：操作者在伤员头顶部或任意一侧将口咽管凹弧沿舌面滑向咽部，盖严面罩后，操作者对准吹气管吹气，并观察胸廓动度以判断吹气效果。每分钟不少于16次，气量800～1 000毫升，吹气持续时间不应少于15分钟。

（4）注意事项：当发现伤员胸廓动度欠佳时，应进一步托起下颌或调整口咽管位置；检查口咽管各衔接部位是否严密，面罩周围有无漏气。

（三）人工呼吸

在使呼吸道畅通并判断患者无呼吸后，即应作口对口人工呼吸。方法如下：

（1）在保持呼吸道畅通和患者口部张开的位置下进行。

（2）用一手的拇指与食指，捏闭患者的鼻孔（捏紧鼻翼下端）。

（3）抢救开始后首先缓慢吹两口，以扩张萎陷的肺脏，并检验开放气道的效果。

（4）抢救者深吸一口气，张口贴紧患者的嘴（要把患者的口部完全包住），用力向患者口内吹气（吹气要求快而深，直至患者胸部上抬）。

（5）一次吹气完毕后，应立即与患者口部脱离，轻轻抬起头部，眼视患者胸部，吸入新鲜空气，以便做下一次人工呼吸。同时放松捏闭的手，以便患者从鼻孔呼气，此时患者胸部向下塌陷，有气流从口鼻排出。

（6）每次吹入气量为700～1 000毫升（超过1 000毫升可造成胃大量充气）。

注意事项：在进行人工呼吸前，应查明口腔中有无血液、呕吐物或其他分泌物，若有这些液体应先尽量清除；吹气时暂停按压胸部；每按压30次后，吹气两口。

（四）建立人工循环

建立人工循环是指用人工的方法促使血液在血管内流动，并使人工呼吸后带有新鲜空气的血液从肺部血管流向心脏，再流经动脉，供给全身主要脏器，以维持重要脏器的功能。

1. 判断患者有无脉搏

患者心搏停止后，脉搏亦即消失。判断的方法如下：

（1）在开放气道位置下进行（两次人工呼吸后）。

（2）一手置于患者前额，使头部保持后仰，另一手靠近抢救这一侧触摸颈动脉。

（3）可用食指及中指指尖触及气管正中部位，男性可先触及喉结，然后向旁滑移2～3厘米，在气管旁软组织深处轻轻触摸颈动脉搏动。

注意事项：触摸颈动脉不能用力过大，以免动脉受压，妨碍头部血供；检查时间不要超过10秒；判断应综合审定，如无意识，皮肤黏膜发绀，双侧瞳孔散大，再加上触不到脉搏，即可判定心搏已经停止。

2. 胸外心脏按压

方法如下：

（1）按压胸骨中、下1/3交界处，亦可按两乳头连线与胸口交界处。

（2）患者应仰卧在硬板床或地上。

（3）用以下方法快速测定按压部位：①食、中指沿患者肋弓向中间滑移。②肋弓和剑突处寻找胸骨下切迹。以切迹为定位标志，不要以剑突下定位。③然后将食指及中指横放在胸骨下切迹上方，食指上方的胸骨正中部即为按压区；以另一手的掌根部紧贴食指上方，放在按压区。④再将定位之手取下，将掌根重叠放于另一手背上，使手指脱离胸壁，可采用两手手指交叉抬起法。

（4）抢救者双臂应绷直，双臂在患者胸骨上方正中，垂直向下用力按压，按压利用髋关节为支点，以肩、臂部力量向下按压。

（5）按压用力方式：①按压应平稳、有规律地进行，不能间断。②下压及向上放松的时间应大致相等，即允许胸廓弹回。③垂直向下用力，不要左右摆动。④放松时定位的掌根部不要离开胸廓定位点，应尽量放松，务必使胸骨不受任何压力。

（6）按压频率为100次/分钟。

（7）按压深度成人为4~5厘米。

（8）按压时应随时注意有无肋骨或胸骨骨折。

（9）胸外心脏按压常见的错误有以下几点：①按压时除掌根部贴在胸骨外，手指也在胸壁上，这容易引起肋骨或软骨交界处骨折。②按压定位不准确。向下错位易使剑突折断而致肝破裂。③抢救者按压时肘部弯曲，因而用力不垂直，按压力量减弱，按压深度达不到4~5厘米。④冲击式按压、猛压，其效果差，且易导致骨折。⑤放松时抬手离开胸骨定位点，造成下次按压部错误，引起骨折。⑥放松时未能使胸部充分松弛，胸部仍承受压力，使血液难以回到心脏。⑦按压速度不自主地加快或减慢，影响了按压效果。⑧两手掌不是重叠放置，而成交叉放置。

五、急救注意事项

（一）判断心搏骤停

心搏骤停一旦发生，时间就是生命，抢救越早，复苏成功率越高。判断心搏骤停，首先应轻摇或轻轻拍打病人，同时呼叫其名字或大声呼喊，若无反应可判断为意识丧失。然后马上以手指触摸其双颈动脉，若意识丧失同时伴颈动脉搏动消失，即可判定为心搏骤停。应立即开始现场抢救，并紧急呼救以取得他人帮助。

（二）安置复苏体位

复苏体位是仰卧位，应在呼救的同时小心放置病人仰卧在平地上。安置时，应一手托住病人颈部，另一手扶着他的肩部，使病人沿其躯体纵轴整体翻转到仰卧位。

（三）开放气道

心搏骤停后，全身肌肉松弛，可发生舌根后坠，使气道受阻。为了保持呼吸道畅通，可采用仰头抬颌法。也可采用仰头举颈法或双手托颌法开放病人气道。

注意：在开放气道的同时应用手指挖出病人口中的异物或呕吐物，有义齿者应取出义齿。

（四）判断自主呼吸

判断病人有无自主呼吸，可以通过"一看二听三感觉"的方法。即看病人胸部有无起伏，用耳及面部贴近病人口鼻，分别听和感觉有无气体呼出，如没有应及时进行口对口人工呼吸。

（五）重建呼吸

帮助病人重建呼吸最为有效的方法就是人工呼吸。人工呼吸时保持病人抬头仰颌，抢救者以右手拇指或食指捏紧病人鼻孔。深吸一口气，用自己的双唇将病人的口完全包绕，然后用力吹气1~1.5秒，使胸廓扩张。吹气完毕，抢救者松开捏鼻孔的手，让病人的胸廓及肺依靠其弹性自主回缩呼气。

（六）重建循环

进行心外按压能使病人重建循环。进行时，抢救者可采用踏脚凳或跪式等不同体位，用靠近病人左侧的食指或中指置于胸部下切肌上方，另一手的掌根部紧靠前一手食指，放置于胸骨下 1/3 处，掌根部长轴与胸骨长轴重合，然后将前一手置于另一手背上，两手手指交叉抬起，使其不接触胸壁。按压时双肘伸直，垂直向下用力按压，下压深度 4～5 厘米，按压频率 100次/分钟，按压时间与放松时间各占 50%，放松时掌根不能离开胸壁，以免按压点移位。

（七）心外按压（双人）

双人同时进行人工呼吸及心外按压时，一人先做口对口人工呼吸 2 次，另一人作胸外心跳按压 30 次，以后人工呼吸数与胸外按压次数 2∶30，如此反复进行。

第八章

识图用图

学习指导： 本章介绍了地形图的基本知识，学生通过学习可以了解如何识别地形图并掌握现地使用地形图的方法。

我国古代伟大的军事家孙子指出："夫地形者，兵之助也。料敌制胜，计险厄远近，上将之道也。知此而用战者必胜，不知此而用战者必败。"恩格斯在《军队》中指出："迅速判定地形的一切利弊，根据地形特点迅速地配置自己的军队，成了对指挥官的主要要求之一①"。毛泽东同志在《中国革命战争的战略问题》中指出："作战时选择突击方向和突击点，要按照当前的敌情、地形和自己的兵力情况去规定②"。虽然现代高技术条件使战争进入计算机信息时代，但地形的作用并没有减弱，地形对作战的制约因素反而增多。因此识图用图不仅对指挥员非常有用，对普通士兵也是必不可少的，否则就无法领会、执行、完成各种任务。

第一节　地图的基本知识

地图，是地球表面的缩写。它是按照一定的数学法则，用特定的图示符号、颜色和文字注记，将地球表面的自然和社会现象，经过一定的制图技术综合测绘在平面上的图。

一、地图的种类

地图的种类很多，分类方法也不一样，通常按内容、比例尺、表现形式、色彩等方式进行区分。按内容，可分为普通地图和专门地图；按比例尺，可分为大、中、小比例尺地形图；按测制方法，可分为实测图和编绘图；按表现形式，可分为线画地图、影像地图、数字地图；按色彩，可分为单色地图、多色地图。

我们平时使用最多的是普通地图中的地形图，专用地图中的中国地图、各省、市地图和交

---

① 马克思，恩格斯. 马克思恩格斯全集(第十四卷)[M]. 北京：人民出版社，1964.

② 毛泽东. 毛泽东选集(第一卷)[M]. 北京：人民出版社，1991.

通旅游图等。

无论什么地图，其方位的确定均是上北、下南、左西、右东。

三、地图比例尺

（一）地图比例尺的定义

地图上某两点间直线长度与相应实地水平距离之比，叫地图比例尺。地图比例尺通常以数字比例尺或直线比例尺标注在地图南图廓外，是判定地表实地水平长度在地图上的缩小比例和根据图上量测长度计算实地水平距离的依据。

（二）地图比例尺的大小

地图比例尺的大小，是按比值的大小来衡量的，比值的大小可按比例尺分母确定，分母小则比值大，比例尺就大；分母大则比值小，比例尺就小。

不同的比例尺，图上长度相当于实地的水平距离也就不一样。一幅地图，当图幅面积一定时，比例尺越大，其图幅所包括的实地范围就越小，但图上显示的内容就越详细；比例尺越小，图幅包括的实地范围就越大，但图上显示的内容就越简略。

因为地图的精度是随着比例尺的缩小而降低的，所以，地图比例尺越大，则误差越小，图上量测的精度越高；比例尺越小，误差越大，图上量测的精度也就越低。

（三）比例尺的表示形式

地图比例尺通常绘注在南图廓的下方，其表示形式有：

1. 文字式

它是用文字叙述的形式予以说明的。如百万分之一、二万五千分之一或图上一厘米相当于实地 500 米等。

2. 数字式

它是用比例式或分数式表示的。如 1∶5 万或 1/50 000。数字比例尺的特点是比例关系明确，可较方便地进行计算。

3. 图解式

将图上长度与实地长度的比例关系用线段、图形表示的，叫图解比例尺。图解比例尺有直线比例尺、投影比例尺等。地形图多采用直线比例尺。

直线比例尺是用直线（单线或双线）表示的。如图 8-1 所示，为 1∶5 万直线比例尺，从 0 向右为尺身，图上 1 厘米代表 0.5 千米，2 厘米代表 1 千米，从"0"向左为尺头，图上一小格代表 50 米，10 小格代表 500 米。

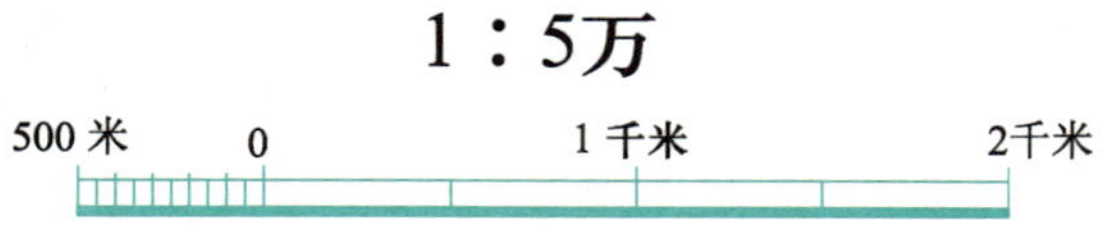

1∶5万

500 米　0　　1 千米　　2 千米

图 8-1　直线比例尺

（四）在图上量算距离

1. 用直尺量算

用直尺先量取所求两点的图上长度，然后乘以该图比例尺分母，即得相应的实地水平距离，其换算公式为：

实地水平距离 ＝ 图上长度 × 比例尺分母

2. 依直线比例尺量读

先用两脚规量出两点间的长度，并保持其张度，再到直线比例尺上比量。比量时，使两脚规的一脚落在尺身的整千米数上，再使另一脚落在尺头上，尺身的整千米数加上尺头的米数，即为两点间实地水平距离。

3. 用里程表量读

在地图上量取弯曲路段或曲线距离时，使用指北针上的里程表比较方便。量程表由表盘、指针及滚轮三部分组成。量读时，先使指针归零，然后手持里程表，将滚轮放在起点上（使指针按顺时针方向转动），沿所量线段滚至终点，指针在相应比例尺分划图上所指的千米数，即为所求两点间实地水平距离。要诀如下：指针归零右手拿，表盘对胸轻放下，沿线前推垂直起，依照比例读距离。

四、地物符号

地面上的地物，在地图上是用统一规定的符号结合注记表示的，这些符号称地物符号。根据地物符号和注记，可以识别出实地地物的性质、大小、数量、位置和分布情况。

（一）符号的图形特点

地物符号的图形，依其形状，主要有以下三个特点（图 8 - 2）。

图形特点	符号及名称		
与平面形状相似	居民地 	河流、苗圃 	公路、桥梁 
与侧面形状相似	突出阔叶林	烟囱	水塔
与有关意义相应	变电所 	矿井	气象站

图 8 - 2　地物符号的图形特点

1. 图形与地物的平面形状相似

这类符号的图形与地物正射投影后的平面形状相似，并保持一定的比例关系，所以叫正形图形。正形图形一般用于表示实地较大的地物，如居民地、森林、河流、公路、桥梁等。

2. 图形与地物的侧面形状相近

这类符号的图形与地物的侧面形状相近，所以叫侧形图形。侧形图形一般用以表示实地较小的具有一定高度的独立地物，如突出树、烟囱、水塔等。

3. 图形与地物有关意义相应

这类符号的图形是按照会形、会意的方法构图的，所以叫象征图形。它具有形象和富有联想的特点，如变电所、矿井、气象站等。

（二）地物符号的分类

1. 依比例尺表示的符号（又叫面状符号）

实地面积较大的地物，如大的居民地、森林、江河、湖泊等，其图形是按比例尺缩绘的，文字注记是按配置需要填绘的。在图上可以了解其分布、形状和性质，量算出相应实地的长度、宽度和面积。

2. 半依比例尺表示的符号（又叫线状符号）

实地的窄长线状地物，如道路、垣栅、土堤、通信线等，其转折点、交叉点位置是按实地精确测定的，其长度是按比例尺缩绘的，而宽度是放大表示的。因此，在图上只能量测其位置和相应的实地长度，而不能量取宽度和面积。

3. 不依比例尺表示的符号（又叫点状符号）

实地上一些对部队战斗行动有影响或有方位意义的独立地物，如突出树、亭子、石碑、油库等，因其实地面积小，不能按比例尺缩绘，只能用规定的符号表示。在图上可了解实地地物的性质和位置，不能量取其大小。

4. 说明和配置符号

主要是用来说明、补充上述三种符号不能表示的内容。说明符号是用来说明某种情况的，如表示街区性质的晕线、表示江河流向的箭头等。配置符号是用来表示某地区的植被及土质特征的，如草地、果园、树林、道旁行树、石块地等。说明符号和配置符号只表示实地地物的分布情况，并不表示地物的真实位置和数量。

（三）符号的有关规定

1. 颜色的规定

为使地图内容层次分明、清晰易读，地物符号采用不同颜色来区分地形的性质和种类，其规定见表 8 - 1。

表 8 - 1　地物符号颜色的规定

颜色	使用范围
黑色	居民地、独立地物、管线、垣栅、道路、境界、注记等
绿色	森林、果园等植被的普染
蓝色	水系及其普染，水系注记，雪山等高线及其注记
棕色	地貌和等高线的高程注记，公路普染

2. 定位点的规定

定位点是指符号中表示地物真实位置的部位。地物符号中，不依比例尺和半依比例尺表示的符号，实际上都是夸大了的符号，因此，它们在地图上的定位点，在制图时都作了明确规定。

不依比例尺表示的符号（主要是指独立地物符号），其定位点的规定见图 8 - 3。

半依比例尺表示的符号（主要是指线状地物符号），其定位点的规定见图 8 - 4。

3. 注记的规定

地物符号只能表示地物的形状、位置、大小和种类，不能表示其质量、数量和名称，因此，还需用文字和数字予以注记。

定位点	符号及名称		
图形中有一点的，在该点上	△ 三角点	⌂ 亭	窑
几何图形，在图形的中心	⊖ 油库	■ 独立房屋	✳ 发电厂
底部宽大的，在底部中点	水塔	气象站	碑
底部为直角的，在直角的顶点	路标	突出阔叶树	突出针叶树
两个图形组成的，在下方图形的中心	变电所	散热 散热塔	油 石油井

图 8-3　不依比例尺表示的符号的定位点

定位线	符号举例	定位线	符号举例
成轴对称的符号，在中心线上	公路 土堤 高出地面的渠	不成轴对称的符号，在底线或缘线上	城墙 土城墙 陡岸

图 8-4　半依比例尺表示的符号的定位线

注记是用文字和数字来补充说明各种符号还不能表示的内容，如居民地、江河和山的名称，森林的树种，公路的质量等，用文字注记。高程、河宽、水深、桥梁的长、宽及载重量等，用数字注记。

五、地貌判读

（一）等高线显示地貌的方法

1. 等高线

在地图上将地面上高程相等的各连联接而成的闭合曲线称等高线。用以显示地貌高低起伏、倾斜陡缓形状，量取某一地段的坡度或任一点的绝对高程与相对高程等。

2. 等高线显示地貌的原理

设想将一座山从底到顶按相等的高度，一层一层地水平切开，这样在山的表面就出现了许多大小不同的截口线，再把这些截口线垂直投影到同一平面上，便呈现出一圈套一圈的等高线图形。地图就是根据这个原理来显示地貌的(图8-5)。

要诀如下：由底到顶，层层水平，相等高度，垂直投影。

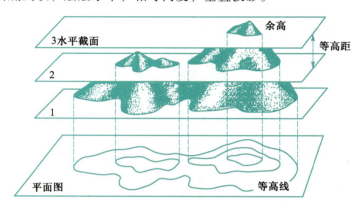

图8-5　等高线显示地貌原理

3. 等高线显示地貌的特点

（1）在同一条等高线上，各点的高程相等，并各自闭合。

（2）在同一幅地图上，等高线多的山就高；等高线少的山就低；凹地则与此相反。

（3）在同一幅地图上，等高线间隔大的坡度缓，等高线间隔小的坡度陡。

（4）图上等高线的弯曲形状与相应实地地貌的形状相似。

4. 等高距的规定

相邻两条等高线间的实地垂直距离叫等高距。我国基本比例尺地图等高距的规定见表8-2。

表8-2　等高距的规定

	比例尺	1:2.5万	1:5万	1:10万	1:25万
等高距	平原丘陵地	5米	10米	20米	50米
	山地	10米	20米	40米	100米

5. 等高线的种类和作用

等高线按其作用不同，分为四种，见图8-6。

（1）首曲线：又叫基本等高线，是按规定的等高距，从平均海水面起算而测绘的细实线，用以显示地貌的基本形态。

（2）计曲线：又叫加粗等高线，规定从高程起算面起，每隔四条首曲线加粗描绘一条粗实线，以便于在图上查算高程。

（3）间曲线：又叫辅助等高线，是按1/2等高距描绘的细长虚线，用以显示首曲线不能显示的局部地貌。

（4）助曲线：又叫辅助等高线，是按1/4等高距描绘的细短虚线，用以显示间曲线仍不能显示的局部地貌。

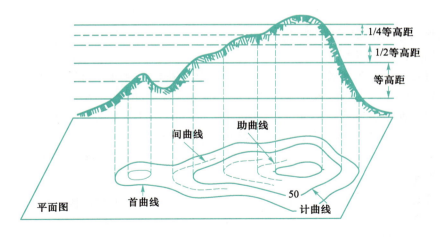

图 8-6　等高线的种类

对于独立山顶、凹地及不易辨别斜坡方向的等高线，还要绘出示坡线。示坡线是与等高线相垂直的短线，是指示斜坡的方向线，绘在曲线拐弯处，不与等高线连接的一端指向下坡方向。

6. 高程起算和注记

我国规定，把"1956 年黄海平均海水面"作为全国统一的高程起算面，称为"1956 年黄海高程系"。1985 年修测后定为"1985 年国家高程基准"，它较原平均海水面提高了 29 毫米，也就是说同一地点的高程，在新基准的图上比原平均海水面的高程减少了 29 毫米。从这个基准面起算的高程叫真高，也叫海拔高。地貌、地物由所在地面起算的高度，叫比高。起算面相同的两点间高程之差，叫高差。

地图上的高程注记有三种，即控制点高程注记、等高线高程注记和比高注记。

控制点（包括三角点、埋石点、水准点等）的高程注记，用黑色，字头朝向北图廓。

等高线的高程注记，用棕色，字头朝向上坡方向。

比高注记与其所属要素的颜色一致，字头朝向北图廓。

（二）地貌识别

1. 山的各部形态（图 8-7）

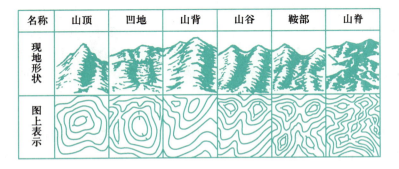

名称	山顶	凹地	山背	山谷	鞍部	山脊
现地形状						
图上表示						

图 8-7　山的各部形态

（1）山顶：山的最高部位叫山顶，图上表示山顶的等高线是一个小环圈，环圈外有些绘有示坡线。

（2）凹地：比周围地面凹陷，且经常无水的地方，叫凹地。图上表示凹地的等高线是一个或数个小环圈，并在环圈内侧绘有示坡线。

（3）山背：从山顶到山脚的凸起部分，叫山背。图上表示山背的等高线是以山顶为准向外凸出的部分。各等高线凸出部分顶点的连线，叫分水线。

（4）山谷：两个山背或山脊间的低凹部分，叫山谷。图上表示山谷的等高线，逐渐向山顶或鞍部方向凹入。各等高线凹入部分顶点的连线，叫合水线。

（5）鞍部：相连两个山顶间形如马鞍状的低凹部分，叫鞍部。图上是用表示山谷和山背的两组对称的等高线表示的。

（6）山脊：由若干山顶、鞍部相连所形成的凸棱部分，叫山脊。山脊的最高棱线，叫山脊线。图上山脊是用若干表示山顶和鞍部的等高线连贯起来表示的。

2. 特殊地貌符号

特殊地貌符号用于表示等高线无法显示的地貌，如冲沟、陡崖、陡石山等。由于这类地貌的形态复杂多变，用等高线无法逼真形象地反映地形的全貌，因此，必须采用特殊地貌符号（图 8 - 8）。

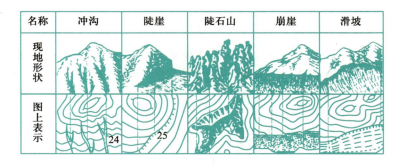

名称	冲沟	陡崖	陡石山	崩崖	滑坡
现地形状					
图上表示	24	25			

图 8 - 8　变形地符号

（三）高程、高差、起伏和坡度的判定

1. 高程和高差的判定

判定点的高程，应先在判定的点附近找到已知的高程注记点，然后根据等高距推算。当点在等高线上时，等高线的高程，就是该点的高程；当点在两条等高线之间时，应先查出相邻两条等高线的高程，再按其所在位置估计；当点在有注记的山顶时，其注记即为该山顶的高程；当点在无高程注记的山顶时，最高一条等高线的高程再加上半个等高距的米数即可。

判定两点间的高差时，应先分别判明两点的各自高程，然后将两点的高程相减，即得高差。

2. 起伏判定

在图上判定战斗行动区域或运动方向上的起伏状况时，首先应根据等高线的疏密概况，河流的位置和流向，找出各山脊的分布状况和地形总的下降方向，再具体明确山顶、鞍部、山脊、山谷的分布，详细判明起伏状况。通常，当等高线在河流一侧时，靠近河流的等高线表示下坡方向，反之为上坡方向；当等高线横穿河流时，上游的等高线表示上坡方向，反之为下坡方向。

3. 坡度判定

地图南图廓的下方绘有坡度尺。当量取某段道路的坡度时，先用两脚规量取图上两条等高线间的宽度，然后移到坡度尺第一条曲线与底线间的纵方向上比量，找到其等长的垂直线，即可读出相应的坡度。如几条首曲线的间隔大致相等，可一次量取 2～6 条等高线的间隔。量取几条等高线，就在坡度尺上相应的曲线上比量几条，然后读出相应的坡度。

六、坐标

使用坐标，便于迅速准确地确定点位，指示目标，实施组织指挥。军事上常用的有地理坐标和平面直角坐标。

（一）地理坐标

用经纬度数值表示地面某点位置的球面坐标，叫地理坐标。地理坐标通常用度、分、秒表示。在空军、海军和外交事务中，常用地理坐标指示目标位置。

地理坐标网由一组经线和纬线构成。地图比例尺不同，表示地理坐标网的形式也略有区别。

用地理坐标指示或确定某点在图上的位置时，一般按先纬度后经度的顺序进行。已知目标点在图上可量取其地理坐标，已知地理坐标可找出其在图上的位置。

（二）平面直角坐标

用平面上的长度值表示地面点位置的直角坐标，叫平面直角坐标。

平面直角坐标主要用于指示和确定目标在图上的位置，也可根据方格估算距离和面积。指示目标或确定点的位置时，按先纵坐标后横坐标的顺序进行。

第二节　现地用图

一、方位判定

方位判定，就是在现地辨明站立点的东、西、南、北方向。它是现地用图和遂行作战任务的前提。它便于明确周围地形和敌我关系位置，实施正确的指挥和行动。

（一）利用指北针判定

指北针（又叫指南针），是现地判定方位的基本工具。判定方位时，先将指北针平放，待磁针静止后，磁针涂有夜光剂的一端（或黑色尖端）所指的方向，就是北方。此时若面向北，则背后是南，右边是东，左边是西。

使用指北针前，应检查磁针是否灵敏。使用时应避免靠近高压线和钢铁物体，在磁铁矿区和磁力异常地区不能使用。

（二）利用太阳和时表判定

一般说来，在当地时间 6 时左右，太阳位于东方，12 时左右位于正南方，18 时左右位于西方。根据这一规律，便可概略地判定方位。如戴有手表，可利用太阳和手表判定方位。判定的要领是：时数折半对太阳，12 指的是现地的概略北方。如在杭州（杭州的经度为东经 120 度 10 分）上午 9 时判定方位时，先将手表放平，以时针所指时数（每日以 24 小时计算）折半的位置，即以 4 时 30 分对太阳，12 所指的方向就是北方。为便于判定，可在时数折半的位置上竖一细针或草棍，使针影通过表盘中心。

对于北回归线（北纬 23 度 26 分）以南地区，夏季中午时间太阳位于天顶甚至天顶以北照射，故不宜采用上述方法。

（三）利用太阳阴影判定

晴朗的白天，选择一个平坦的地面，在地面上竖一根细直的长杆，在太阳的照射下就会出现一个影子 *OA*，先在地面上标示影子端点 *A*，等待会儿（约 10～20 分钟），又出现新的影子 *OB*，再将影子的端点 *B* 标在地上，然后通过两个影子的端点 *A* 和 *B* 连一直线，此直线就是概略的东西方向线，第一个影子端点 *A* 是西，第二个影子端点 *B* 是东，在东西方向线上作一条垂线，此垂线就是大体的南北方向线。

为什么第一个端点 *A* 是西呢，如何判定东西？道理很简单：由于太阳东出西落，其影子则沿相反方向移动，所以第一个影子的端点就是向西，第二个端点则为东，垂线的上端则为南，下端则为北。

（四）利用北极星判定

北极星是正北方天空的一颗恒星，夜间找到北极星，就找到了北方。北极星的位置可根据大熊星座或仙后星座（又叫 W 星座）的关系位置来寻找，如图 8-9。大熊星座主要由 7 颗明亮的星组成，形状像一把勺子（又叫北斗星，俗称勺子星）。将勺端甲、乙两星的边线向勺口方向延长，约在两星间隔的五倍处，有一颗较亮的星就是北极星。仙后星座主要由 5 颗明亮的星组成，在缺口方向约为缺口宽度的两倍处，就可找到北极星。判准北极星后，面对北极星，前面是正北，后面是南，左边是西，右边是东。

判定要诀如下：北极星是向导，用它定向非常好，见北斗用斗口，不见北斗找仙后星座。

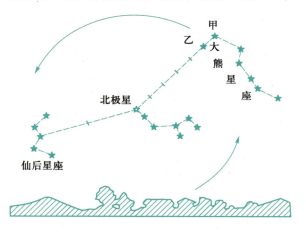

图 8-9　利用北极星判定方位

（五）利用地物特征判定

有些地物、地貌受阳光、气候等自然条件的影响，形成了某种特征，利用这些特征有时也可概略判定方位。

（1）独立大树，通常南面的枝叶较茂密，树皮较光滑，北面的枝叶较稀疏，树皮较粗糙。

（2）独立大树的树桩年轮，通常北面的间隔小，南面的间隔大。

（3）突出地面的物体，如土堆、土堤、田埂和建筑物等，通常南面干燥，青草茂密，冬季雪融化较快；北面潮湿，易生青苔，冬季雪融化较慢。凹陷物体如土坑、沟渠，以及林中空地的特征则相反。

（4）我国北方较大庙宇的正门、农村房屋的门窗多向南开。

（5）我国北方草原、沙漠等地区，因受西北风的作用，在灌木、草棵附近形成的沙垄，其头部大尾部小，头部指向西北方向；在有新月形沙丘的地区，其迎风面坡缓，朝向西北，背风面坡陡，朝向东南。

（6）在城市中也有一些比较明显的可以判定方位的地物。太阳能热水器的斜面是朝南的；马路上的路牌和街道名称上标有马路的方向；城市里一般楼房都是沿东西方向建筑的。

二、地图与现地对照

（一）标定地图

标定地图，就是使地图的方位和现地的方位一致，标定的方法有：

1. 概略标定

在已明确实地方位的基础上，将地图上方对准现地的北方，则地图的方位即已概略标定。

2. 利用指北针标定

用指北针标定地图，一般按磁子午线标定。地图的南、北内图廓线，分别绘有一小圆圈，分别注记"磁北"和"磁南"，用虚线连接，这两点的连线就是磁子午线。标定时，使指北针的准星朝向地图上方，直尺边切于图上的磁子午线，转动地图，使磁针北端指零，则地图即已标定。

3. 利用直长地物标定

当位于直长地物（如道路、土堤、河渠等）上或旁边时，可先在图上找到这段地物符号，将图平放，转动地图，并对照两侧地形，使图和现地直长地物的方位一致，地图即已标定。

4. 利用明显地形点标定

先确定站立点在图上的位置，再选定图上和现地都有的远方明显地形点（如山顶、独立地物等），平放地图，并将直尺边切于图上站立点和该地形点上，转动地图，使远方地物符号在前，通过直尺边瞄准现地明显地形点，地图即已标定。

5. 利用北极星标定

夜间可利用北极星标定地图。面向北极星，使地图的上方概略朝北，然后转动地图，使东（西）图廓线（即真子午线）对准北极星，地图即已标定。

以上标定地图方位的方法，应根据不同条件灵活选用。以指北针标定地图方位较为方便、准确。行进中用图，由于地图与现地地形对照是持续进行的，故以利用直长地物或明显地形点标定地图方位较为迅速。当既无指北针、又无明显地形点可以利用时，白天可以利用太阳、夜间可以利用北极星或月亮判定方位，概略标定地图的方位。

（二）确定站立点

确定站立点就是确定站立点在地图上的位置，以达到正确使用地图，实施战斗行动的目的。确定站立点的主要方法有：

1. 利用明显地形点确定

当站立点在明显的地形点（如山顶、鞍部、桥梁、独立房等）上时，从图上找出该地形点的符号，即是站立点在图上的位置。

当站立点在明显地形点的近旁时，可先标定地图，根据站立点与明显地形点的关系位置（方向、距离、高差等），即可判定站立点的图上位置。

2. 截线法

在直长地物（如直长的路段、土堤、河渠等）上用图时，可采用截线法。方法是先标定地图，在直长地物的一侧选定图上和现地都有的一个明显地形点，将直尺边紧靠地形符号定位点（最好在符号定位点上插一细针），转动直尺向现地明显地形点瞄准，并绘方向线。该方向线与直长地物符号的交点，即为站立点在图上的位置。

3. 后方交会法

当站立点附近无明显地形点，而在远方能看到现地与图上都有的两个以上的明显地形点时，可采用后方交会法确定站立点的图上位置。其作业步骤是：

（1）标定地图。

（2）选择离站立点较远的图上和现地都有的两个以上的明显地形点。

（3）绘方向线：先将直尺边切于图上一个远方地形点符号的定位点（可插细针），转动直尺向现地相应的地形点瞄准，并在图上绘方向线；不动地图，再用同样方法向另一远方地形点描绘方向线，两条方向线的交点，就是站立点在图上的位置。

4. 磁方位角交会法

在丛林地区使用地图，四周不能通视，可采用磁方位角交会法确定站立点的图上位置，其作业步骤是：

（1）先攀登到便于向远方通视的大树上，选定图上和现地都有的两个远方明显地形点，用指北针分别测出到这两个地形点的磁方位角。

（2）在树下近旁标定地图，将指北针的直尺分别切于图上被瞄准的两个地形点符号定位点上，转动指北针，使磁针北端指向所测的相应磁方位角分划，并描绘方向线，两方向线的交点，就是站立点的图上位置。

5. 极距法

当便于测量站立点到已知点的距离时，根据站立点到已知点的方向和距离，即可判定站立点的图上位置，其方法是：

（1）标定地图。

（2）选择一个距离较近，在图上和现地都有的明显地形点。

（3）描画方向线。描画时，先将指北针直尺（三棱尺）边切于图上该地形点符号的定位点上（可插一细针）；然后向现地明显地形点瞄准，并沿直尺边画方向线（也可测角图解出方向线）。

（4）估测出从站立点到明显地形点的距离，并按比例尺在方向线上定出一点。该点即为站立点在图上的位置。

（三）确定目标点

1. 利用明显地形点确定

当目标点在明显地形点上时，从图上找出该明显地形点，即为目标点在图上的位置。当目标点在明显地形点附近时，应先标定地图，在图上找出该明显地形点，再根据目标与明显地形点的方位、距离和高差等关系，目估判定目标点在图上的位置。

2. 光线法

当目标较多，其附近没有明显地形点时，多采用光线法确定目标点的图上位置，其方法是：

（1）标定地图。

（2）确定站立点在图上的位置。

（3）向各目标瞄画方向线。方法是，先将指北针直尺（三棱尺）边切于图上的站立点（可插细针），再向现地各目标瞄准，并向前画方向线。

（4）分别目测站立点至各目标点的距离，并根据距离按地图比例尺在各个方向线上截取相应目标的图上位置。

3. 前方交会法

当目标点较远且明显地形点较少时，可采用前方交会法确定目标点在图上的位置。其方法是：

（1）选定现地与图上都有的二至三个明显地形点作为测站点。

（2）在第一个点上先标定地图，确定该点图上位置并插一细针；再以指北针直尺（三棱尺）边紧靠细针向现地目标点瞄准，并向前画方向线。

（3）以同样方法在第二个点上瞄画方向线，两方向线的交点就是目标点的图上位置。

三、按地图行进

按地图行进，就是利用地图选定行军路线，通过地图与现地对照，以保持沿选定的路线，到达预定地点的行进方法。按地图行进，是保障部队行动自如，夺取有利战机的一个重要方法。

（一）行进前的准备

无论在任何条件下以何种方式行进，均应做好行进前的各项准备工作。这里主要介绍地图上的准备工作，其内容包括：

1. 选择行进路线

行进路线，通常由部（分）队指挥员选定或上级指定，有时也可自己选定。自己选定时，应根据任务、敌情、地形及部队装备等情况选择最佳路线。

2. 标绘行进路线

标绘行进路线和方位物，就是将选定的行进路线（起点、转折点和终点）和方位物，用彩色笔醒目地标绘于图上，并按行进方向顺序进行编号，以便行进中对照检查。必要时也可专门调制行军路线略图。

3. 量取里程计算行进时间

就是在图上量取行进路线上各段里程和计算行进时间，并注记在图上或工作手册上，如行进路线上地貌起伏较大时，还应当将图上量得的水平距离，按不同的坡度改正为实地距离。为了便于掌握行进速度和时间，需要时可将改正后的各段距离，根据预定行进速度换算为行进时间。

4. 记忆行进路线

记忆行进路线，就是按行进的顺序，将行进路线上的有关特征尽量记忆在脑子里，做到胸中有图，未到先知。记忆行进路线的内容主要是：行进路线每段的里程、行进时间、经过的居民地、道路两侧的方位物和地貌特征。特别是道路的转弯处、岔路口和居民地进出口附近的方位物及地形特征更应熟记。

总之，图上准备就是：一选、二标、三量算、四熟记。在行进之前一定要认真准备好，行动起来就自如了。

（二）行进要领

无论是沿道路行进或越野行进，都要先在出发点上标定地图，确定站立点，对照周围地形，明确行进的方向和路线，明确到下一点的距离和时间，然后计时出发。行进过程中，要随时标定地图，对照地形，做到人在地上走，心在图中移，随时明确站立点的图上位置。

到达转弯点时，要标定地图，对照现地。确定就是图上预定的转弯点后，再按出发点的动作，判明下一段应走的方向、路线，研究沿途地形，选好方位物，继续前进。

在遇到现地地形变化与地图不一致时，应采用多种方法，仔细对照地貌，全面分析地形的变化和关系位置，然后准确地判定站立点的位置和行进方向。做到有疑不走，有矛盾不走，方向不明不走。搞准方向，消除疑虑和矛盾后再继续走。

乘车行进时，速度快，颠簸大，方向转换多，视界、观察时间受限，地图与现地对照较徒步行进困难。因此，精力要高度集中，要抓大的、明显突出的目标，如大的居民地、河流、桥梁、高地等，迅速地对照。同时，还要预知前方即将出现的地形情况，对即将到达的岔路口和转弯处应特别注意，并提前给司机打招呼，以免走错；在出发点和各转弯点，应根据道路里程表随时记下各段所走里程和时间，以作为判定车辆到达位置的参考。行进中如遇地形变化，继续行进无把握时，应停车标定地图，进行现地对照，把情况弄清楚后再继续前进。

夜间行进时，由于视度不良，地形重叠，远近难分，高低难辨，方向难认，地图和现地对照困难，容易迷失方向。因此，行进前，应认真分析和熟记沿途地形的特征。尽量选择道路近旁的高大地物、透空可见的山顶、鞍部作为方位物。行进中，可用指北针或北极星标定地图，根据预先对沿途各段经过地形的记忆，多找点，勤对照。采用走近观察，由低处向高处观察，由暗处向明处观察的方法，及时确定站立点的位置，明确行进的方向。还可以根据流水声、狗叫声、灯光等判断溪流和居民地的位置，及时确定站立点的位置，判明行进的方向。

如果发现走错了路线，应首先回忆走过路线的方向、距离和经过的地形特征，检查走错的原因；然后标定地图，对照现地，判明当时到达点的图上位置，及其与预定路线的关系；然后，可选择就近道路，插到预定路线上来；当没有就近道路，或已查明错误起点位置时，也可以按原路返回，再继续按预定路线行进。

（三）按方位角行进

部队在沙漠、草原、山林地等地形上，或夜间、浓雾、大风雪等不良天候条件下行进时，常需按方位角行进。

1. 行进资料的准备

（1）选择行进路线。根据任务、敌情和地形情况选定，一般应选择在地貌起伏较小，障碍较小，特征明显的地段。路线的各转折点应有明显的方位物。为防止行进时方位偏差过大，要求各转折点间的距离在一千米左右，平原地区可远一些，山区和夜间则应近些。

（2）量测方位角和距离。测定图上各段的磁方位角，同时量出各段距离，并换算成复步数或行进时间，换算公式为：

$$复步数 = 实地距离（米数）÷复步长$$

$$行进时间 = 实地距离（米数）÷行进速度$$

（3）绘制行进路线图。绘制略图时，先将出发点、转弯点、终点等附近的主要地形与方位物标绘出来，再把各转弯点，按行进顺序依次编号，最后注记各段磁方位角和行进距离或行进时间。

2. 行进要领

（1）在出发点上。首先依据行进资料在现地找到出发点的准确位置，查明到达下一点的磁方位角、距离和时间，并记住沿途经过的重要地形和下一点的地形特征；然后手持指北针，转动身体，使磁针北端指向下一点的方位角密度数，这时，由照门至准星的方向，就是行进的方向。并在该方向线上寻找第二点方位物（如看不见时，可在该方向线上选一辅助方位物）。最后即按此方向行进。

（2）在行进中。要随时根据地图或记忆，对照地形，用指北针检查行进方向，记清走过的复步数或行进时间。到辅助方位物后，如仍看不到第二点方位物时，则按原磁方位角再选一辅助方位物，继续前进，直至到达第二点为止。

（3）在转弯点上。当快到第二点时，应特别注意附近的地形特征，当走完预定距离，未见到第二点方位物时，可在这段距离十分之一为半径的范围内寻找。到达第二点方位物后，仍按出发点的要领，再向下一点前进，依此要领逐段前进，直到终点。

第九章

综合训练

学习指导：通过本章的学习，使学生了解行军、宿营的基本程序、方法，培养野外生存能力。

第一节　行军和宿营

行军是指部（分）队按上级要求徒步或乘车沿指定路线行进的有组织的移动。目的是为了争取主动，转移兵力，造成有利态势。宿营是部（分）队在行军或战斗后的住宿。目的在于使部（分）队得到休息和整顿，以便继续行军或做好战斗准备。搞好行军与宿营对于部（分）队完成作战任务具有极其重要的作用和意义。

一、行军

行军，按行军方式可分为徒步行军、摩托化行军及徒步与摩托化两者相结合的行军；按行程和速度可分为常行军、急行军和强行军；按行军时间可分为昼间行军和夜间行军；按行军方向可分为向敌行军、背敌行军和侧敌行军。

现代条件下，由于各种高、精、尖武器的广泛运用，行军受敌火力威胁增大；先进侦察器材对高、中、低空各种空域的侦察，使隐蔽行军企图困难；而且行军参加兵种多，组织指挥、保障复杂。因此，行军时必须充分做好准备，周密组织，实施坚决灵活的指挥，确保部（分）队迅速、隐蔽、安全、准时地到达指定位置。

（一）行军准备

1. 做好思想准备

行军是对军人的意志和体能的一个考验。无论是刮风、下雨，无论是山地、沼泽，无论是酷暑、严寒，均要行军。行军前，指挥员应明确行军的目的和意义，根据本单位所担负的任务，结合思想情况，进行深入的思想动员。要教育人员模范遵守行军纪律，服从命令听指挥，以保障顺利完成行军任务。

2. 做好物资器材准备

物资器材准备，主要包括武器、弹药、装具、给养、饮水和药品等。应根据行程、道路和天候情况而定，以既能保证战斗、生活，又不过多增加负荷量为原则。通常携行军粮 3 日份（其中熟食 1 日份）和必要的饮水，并准备好必备的药品，根据季节变换做好防寒、防雨雪、防蚊虫的准备。乘车行军时，应根据敌情、任务和行程确定给养物资的携行量和保障方法，并明确随车携行规定的油料基数和加油方法。

3. 组织好行军保障

行军保障主要包括行军警戒，警备调整，运动保障，对空防御和对核、化学、生物武器的防护，以及组织先遣队、设营队、收容队等。指挥员为保障部（分）队安全、顺畅、按时到达预定地域，应根据敌情、地形，周密地组织行军的各种保障。具体内容是：调查行军路线，尤其在夜间或其他能见度不良的条件下行军，要注重研究、熟悉地形特征，做好利用地图按方位角行进的准备；指定 1~2 名士兵为观察员，负责对地面、对空中观察；指定值班分队及火器，负责对空防御；明确遭敌核、化学武器，以及敌航空兵、炮兵火力袭击时的行军方法，规定伪装方法及伪装纪律；组织以简易通信、徒步通信、无线电通信相结合的多种通信手段，确保通信联络畅通。

4. 确定行军部署

行军部署是行军时对兵力所作的区分和配属，应根据敌情、任务、地形和行军方式确定。要便于指挥，便于迅速隐蔽行进和展开，便于对抗敌人地面和空中的袭击，便于实施技术和物资保障。确定行军部署，通常应明确尖兵、前卫、本队和后卫。

尖兵是指担负行军警戒任务的连以下分队。派出的方向和兵力依情况而定，通常有前方尖兵、侧方尖兵、后方尖兵，兵力由一个班至一个连担任。

前卫是行军时担负前方警戒任务的部（分）队。担任前方警戒任务的部（分）队，应根据情况向前方、侧方派出。

本队是行军纵队的主力。由一至数个梯队组成，在敌情顾虑较大情况下，本队往往是敌袭击的重点。因此，行军本队要特别注意隐蔽防护。

后卫是行军时担负后方警戒任务的部（分）队，后卫部（分）队应视情况向后方、侧方派出尖兵，加强警戒。

行军队形的编成，应保障能迅速展开成战斗队形，通常成一路或两路纵队。单独行军时，应根据敌军的方向派出尖兵班。向敌军行军时，指挥员应率领必要的反坦克火器、机枪手位于本队先头。背向敌军时，行军序列与向敌行军时相反。

5. 下达行军命令

行军命令通常是在行军前向所属和配属分队指挥员或全体人员下达。下达行军命令时，要简明扼要，重点传达与本单位有关的内容，其内容是：敌人的位置和行动企图；本分队的任务，出发（通过出发点）时间、行军路线、行程、大休息地点、到达时间和地点；友邻的行军路线；行军编组和序列；行军警戒，通信联络信（记）号或口令，着装规定；集合地点，完成行军准备的时限；指挥员在行军中的位置。乘车行军时，还应明确车辆情况、车辆分配、各车的车长及观察（联络）员、登车时间和地点等。

（二）行军的管理与指挥

1. 掌握好行军速度和行军方向

行军的速度，应根据任务、道路状况、天候季节而定。常行军，是按正常的每日行程和时速实施的行军，通常徒步每小时 4 ~ 5 千米，每日行程为 30 ~ 40 千米。乘车行军时，夜间每小时 15 ~ 20 千米，昼间每小时 20 ~ 25 千米。每日行程为 150 ~ 250 千米。

行军前，指挥员应在图上认真研究行军路线、出发点、大休息地区及到达地区，分析沿途的地形特点和熟记明显地形、标志，还可利用地图和按方位角行进，也就是通过使用行军路线图，识别路标、信号等方法掌握行军路线。

在行军途中，指挥员应根据情况适当掌握行军速度，通过渡口、桥梁、岔路口时指挥员应亲自指挥，应判明站立点，控制速度并保持规定的距离，防止拥挤、堵塞而耽误时间。当发现迷失方向或走错路时，应待判明后再前进。通过后，先头分队应适当减速，以便保持队形间距。掉队时，应大步跟进，不宜跑步。乘车行军，应保持规定的车速、车距，不得随意超车和停车，主动给指挥车和特种车让路。如车辆发生故障，应停靠道路右侧，必要时离开道路停车抢修，修好后要根据上级指示归队。徒步行军的部（分）队应主动给车辆、执行特别任务的部（分）队和人员让路。夜间行军，要严格管制灯火。

2. 适时组织休息

为保持部队的体力和持续行军能力并及时检查车辆，在行军途中，应适时组织部队大、小休息。小休息，通常开始行军 30 分钟后进行，其时间为 15 分钟，而后每行进 50 分钟休息一次，每次约 10 分钟。休息时，应靠路边，面向路外侧，保持原来队形，督促战士整理鞋袜和装具。休息地点一般选择在地形隐蔽、向阳的地方，尽量避开居民地、桥梁、隘路、道路交叉点等。大休息，通常在完成当日行程一半以上时进行，应离开道路进入指定地区，休息时间为 2 小时左右。休息时，应明确出发时间，派出警戒。必要时，可占领附近有利地形，加强对空观察，并做好战斗准备。组织野炊，安排好伤病员，督促驾驶员检查车辆，组织部（分）队在规定地区休息。夜间休息时，人员不准随意离队，武器、装具要随身携带。出发前，应清点人数，检查装备，补充饮（用）水。

3. 对各种情况的处置预案

遭敌核、化学武器袭击时，应指挥车辆就近利用地形防护，人员迅速穿戴防护衣罩，下车就近隐蔽防护。

遇敌炮兵火力封锁时，应迅速查明封锁的范围，报告上级，并设法寻找迂回路线绕过，或利用敌火力间隙迅速通过；通过后，应查明损失情况，整顿组织，继续前进。

遇敌空袭时，指挥员应指挥部（分）队迅速向道路的一侧或两侧疏散隐蔽（乘车时要下车），并指定火器射击低飞敌机。如果空袭情况不严重或行军任务紧迫时，部（分）队则应疏散队形，增大距离，加快速度前进。

通过受染地段时，指挥部（分）队尽量绕过受染区。当时间紧迫而又无法迂回时，应增大距离，以最快的速度通过，通过时人员除穿戴好防护衣罩外，还应对武器和携带物品进行防护。通过后，车辆应及时洗消检查，人员口服抗辐射药物，喝足开水，排除大小便。

与敌遭遇时，指挥员应根据情况，果断定下决心，按遭遇战斗原则灵活处置。并迅速查明情况，报告上级，而后根据上级指示行动。

（三）特殊条件下行军的特点及要求

1. 山地行军的特点与要求

山地行军，应加强侦察警戒，防止敌人袭击。要注意防山洪、防林火、防塌方。山地地形复杂，山高林密，路窄坡陡，道路崎岖，弯道多，转弯急，而且多为土石路面，雨天泥泞难行，有时还会出现塌方；山洪暴发时，道路、桥梁易被毁坏；气候多变，常有低云浓雾，视界受限，视度不良，观察判定方位困难，易迷失方向，对指挥、观察、联络和驾驶均有一定影响；徒步行军体力消耗大，使行军速度下降，队形延长，造成通信联络和指挥困难。在组织行军时，指挥员要充分考虑到道路的起伏状况和对行军的影响，预先备制绳索、刀、斧、锯等克服障碍的工具，特别要加强侦察、通信、警戒和道路保障等安全措施。车辆在上下坡和通过隘路时，应增大车距，降低车速，时速一般不超过 20 千米。在泥泞或冰雪路面上行驶，必要时应上防滑链，车速控制在每小时 5 ~ 15 千米，并加强前后联络，注意检查车辆的技术状况，特别是制动状况。在狭窄的地方、急转弯处和山垭口派出调整哨。为保证翼侧的安全，应向翼侧的制高点派出侧方停留警戒，以控制通向行进路线的山间道路、谷地和小径。

2. 高寒地区行军的特点与要求

高寒地区行军，空气稀薄，人员易疲劳，易出现高山反应；天气寒冷，容易冻伤；雪盖地面，容易迷路；积雪厚时，通行困难；气温过低，车辆不易发动，耗油量增加；行军速度慢，观察困难，通信装备性能下降；道路工程保障难度大。

行军前，应准备好防冻的被服、装具和物品。调查好行军路线，做好雪地按图和按方位角行进的准备。制定雪地行军防滑和伪装措施，准备好克服冰雪障碍的工具，驾驶员给车轮安装防滑链，并搞好伪装，根据出发时间及时发动车辆，必要时提前给发动机加温。

行军中，要注意掌握方向，适当减慢速度。应缩短小休息时间，增加小休息次数，每次小休息的时间以约 5 分钟为宜，每行进 1 小时左右小休息一次，人员下车活动，切忌睡觉。通常不进行大休息，如有必要，大休息应选择在有水源并避开风口的地点，力争吃熟食、饮热开水。车辆通过封冻的江河前，应调查冰层厚度，根据冰层负重决定通过方法。通过隘路、山腰及在暴风雪中行军应特别加强行军指挥和安全保障，防摔、防雪崩、防翻车，采取前拉后推或以绳索相助等办法克服强逆风和险情。

3. 热带山岳丛林地行军的特点及要求

热带山岳丛林地行军，地形复杂，多陡山深谷，草深林密，河多流急，道路少而崎岖，天气多变，炎热潮湿，多雨多雾，毒虫多，疫病宜流行，对行军的影响较大。因此，应尽可能利用日出前和日落后的凉爽时间实施。

行军前，应准备好防暑、防毒虫（蛇）咬伤的药品，携带开路的工具。应加强对道路的侦察和保障，加强车辆技术保障，采取防暑和防虫害的措施。行军中指挥员应有明确分工：做到尖兵有军官带领，本队有军官指挥，后卫有军官收容。注意控制饮水，饮水缺乏时，应寻找清洁的泉水补充，并使用净水片消毒，严禁饮用未经消毒的生水。炎热天气行军，应减慢行军速度，增加小休息次数和延长大休息时间。穿越密林、高草地要督促人员戴好帽子，捆扎好领口、袖口和裤口，以防蚊虫叮咬。

行军途中，严禁采摘食用不认识的野生植物和果实。雨天行军，要采取防雷击、防滑措施，通过山涧、溪流、桥梁，应查看上游有无洪水，检查桥梁有无损坏。遇台风、龙卷风时应暂停行军，利用有利地形规避。

二、宿营

宿营，是部（分）队在行军或战斗后的住宿。分露营、舍营或两者结合宿营。其目的是为了使部队得到适当的休息和整理，为继续行军或战斗做好充分准备。宿营通常由上级指定，单独宿营时，由本级确定。宿营时要提高警惕，加强通信联络和侦察警戒，注意隐蔽伪装，要制定新三防袭击的措施，做好抗袭击准备，保障部队安全休息和迅速投入战斗。

宿营地的选择与管理

1. 宿营地区的选择

部（分）队宿营地区的选择，应根据敌情、地形、任务和行军编制而定。既要能保证部（分）队的安全休息，又要便于迅速投入战斗。平时组织宿营训练应以能够达到训练目的为标准。通常应符合下列条件：有一定的地幅和良好的地形，通畅的进出道路，便于疏散、隐蔽，便于机动和迅速投入战斗，通常师为600平方千米、团为60平方千米、营为6平方千米的宿营面积。应避开大的集镇，交通枢纽等明显目标，避开疫区、传染病流行村落，要方便生活，尽量靠近水源的地方。

选择露营地域时应根据不同的季节或地区。雨季应考虑防雷击、防洪水及泥石流，沿海地区要考虑防台风；沙漠、戈壁地区要考虑防沙尘暴。夏季应该选择在干燥、地势较高，通风良好、蚊虫较少的地方，尽量避开谷地、低地、油库、高压电源和易于坍塌的地方，通常林间空地、湖泊附近、山顶、山脊是夏季较理想的设营地点。冬季宿营地域应选在向阳、避风、土质较黏，便于搭设简易遮棚或挖掘的地方，一般说来，森林、灌木丛、山洞和山坡背风处是理想的设营地点。

选择宿营地区时，通常还要考虑以下因素：一是要着眼于训练科目需要，有利于达到训练目的；二是要符合战术要求，从具体位置到配置方式都应以预想的战术背景为基本前提；三是要方便生活，尽量靠近水源，并有进出道路；四是要选择在群众基础较好，或影响群众利益较小的地区。

2. 宿营报告

部（分）队在组织宿营的同时，应迅速收集行军和宿营情况，及时向上级报告。报告的方式有文字、口述等。宿营报告的主要内容是：

（1）当日行军出发时间、地点、行军路线、到达宿营地的时间、地点、人数和行程。

（2）宿营部署和紧急集合场。

（3）驻地情况。

（4）武器弹药、装备和给养损耗情况。

（5）部（分）队军官、士兵的思想情况。

（6）存在的问题和请示事项。

3. 组织休息，搞好管理

宿营部署完毕后，要搞好宿营中的管理工作，这是保证宿营顺利实施不可忽视的问题，是宿营训练的内容之一。

（1）坚持一日生活制度。

宿营训练期间，部队通常应自觉坚持《中国人民解放军内务条令》规定的一日生活制度，注重一日生活制度管理的落实，并从实际出发，根据宿营地区的地理环境、风俗民情、季节特点、部队实际训练情况、课题难易程度、居住范围等制定相应的具体规定。

（2）搞好生活管理。

宿营训练中，应注意饮食卫生，从客观条件出发改善伙食，保证部队吃饱、吃好，有水喝。部（分）队要组织好野炊工作，指挥员应明确野炊的位置、方式、隐蔽伪装的措施、时间、要求及注意事项。部（分）队离开宿营地区时，要清扫驻地掩埋厕所，应检查群众纪律，征求群众意见，并向人民群众道谢。

4. 对各种情况的处置

接到空袭警报时，应立即发出信号，指挥员应指挥部（分）队人员疏散隐蔽；当敌机轰炸、扫射宿营地域时，应指挥对空值班火器或组织部（分）队集中火力射击低飞敌机。空袭后，视情况继续宿营或根据上级的指示转移。

当接到敌核、化学武器袭击的警报时，指挥员应立即组织人员进入疏散地区，迅速利用地形和工事进行隐蔽，用制式或就便器材进行防护。遭敌袭击后，应迅速组织抢救伤员、灭火、消除沾染，并将情况报告上级，根据上级指示，撤出受染地区。

发现敌向我宿营地附近空降时，指挥员应立即报告上级，并指挥部（分）队迅速奔赴空降地区，抢占有利地形，乘敌临空或着陆混乱之际，将其歼灭。

与敌遭遇时，指挥员应迅速指挥部（分）队抢占有利地形，顽强抗击敌人，并迅速查明情况。如敌兵力较小，应将其歼灭；如敌兵力较大，视情况配合主力歼灭敌人，或交替掩护撤退。

第二节 野外生存

野外生存是指野外条件下人员食宿无着的情况下求得生存。现代战争的残酷性、复杂性和作战环境多样性的特点，决定了每个士兵必须学会在复杂条件下生存的基本技能，以保证在恶劣环境中隐蔽、安全、有效地恢复体能，保持持久的战斗能力。

一、寻找水源的方法

在所有的生存物资中，水是最重要的，没有水就没有生命，水是生命之源，所有的生物都离不开水。俗话说人可一日无餐，不可一日无水，可见水对人的生存有多么重要。因此，寻找水源是野外生存中重要的行动之一。

（一）寻找地下水

俗话说，人往高处走，水往低处流。寻找水源首选之地是山谷底部地区。如谷底见不着明显的溪流或积水地，要注意绿色植物的分布带。一般植物茂盛、动物经常出现的地方，也是容易找到浅表层水源的地方。茂盛的芦苇表示地下水位于地表下 1 米左右；而在喜湿的金戴戴、马兰花等植物下面，半米或 1 米左右就能找到水；在南方雨水充沛、根深叶茂的竹林中通常在浅层地表下就有水。另外，蚂蚁、蜗牛、青蛙、蛇等动物喜欢在泥土潮湿的地方做窝栖身，在这些地方向下深挖通常可以找到水。

（二）寻找植物中的储水

山野中有许多植物可用解渴，如北方的黑桦、白桦的树汁，山葡萄的嫩汁，酸浆子的根茎；南方的芭蕉茎、扁担藤等。在北方的初春，只要在桦树上钻一个深3~4厘米的小孔，插入一根细管(可用白桦树皮制作)就可通过细管流出汁液，要立即饮用(因白桦树汁液在空气中很快就会发酵)。西南边疆密林中的扁担藤，长5~6米，缠绕在树干上，藤面呈灰白色，叶色深绿，呈椭圆形，砍断藤干后，就会流出可供饮用的清水。在热带丛林中有一种储水竹子，生长在山沟的两旁，直径10厘米左右，竹节长约50厘米，砍时应先摇摇竹竿，无水响的竹不必砍，有虫眼的竹节也不能用，竹节里的水既卫生还带有一股淡淡的竹香。

（三）采集地表水或雨水

在清晨可采集植物枝叶上的露珠。方法是将塑料布或雨布铺在草丛下面，摇晃草叶，使露水一滴滴落下，积少成多，可解干渴之急。下雨时，可在地面上挖坑，铺上塑料布或雨布收集雨水，也可用其他容器接雨水。

在找不到其他可饮用水的情况下，也可利用火焰蒸馏的方法，从海水及尿液中提取饮用水。例如，把一只管子连接至一个密封容器的顶端，里面盛满海水或者尿液，再把该管子的另一端连接至一只经过密封的空置容器。把盛满液体的那只容器放置在火源上面持续加热，于是，该容器内部就会产生水蒸气，这种水蒸气自然而然就会通过管道，经过冷却以后，滴入那只空置的容器，成为一种饮用水。还可以用太阳能蒸馏的方法制水。首先，在土地上挖一个直径为0.9米、深度为0.6米的土坑，在该坑的中心部位再挖一个类似于漏斗那样的小坑，把一只盛水容器放在里面。然后，用一张塑料布把整个坑口覆盖起来，再用沙石土块把这一张塑料布牢牢地固定起来。最后，还要在该塑料布的中间压上一块石头。太阳升起来以后，土坑内的空气与土壤的温度也会随之升高，由此就可以产生出一些水蒸气。待这些水蒸气在上述塑料布的下面凝结以后，它们就会顺着斜坡流入安置在下面的那只盛水容器里。这也是获得饮用水的一种好方法。

注意：无论采取什么样的方法获得的水，在饮用前，最好用净化药片进行处理后再饮用。或者进行简单的过滤，其方法是用裤腿或其他布料做一个简单的盛水容器，吊在三脚架上，然后里面装上木炭注水过滤就行了。

二、寻找食物的方法

人体需要食物提供热能和营养。在恶劣的环境条件下，要节约使用所带食物，当已消耗完随身携带的食物后，就要积极主动地去寻找各种各样的食物。地球上几乎所有的无毒性动植物我们都可以食用。

（一）识别和采集野生植物

我国地域广大，寒、温、热三带气候俱全，而大部分属于温暖地带，适合各种植物生长，其中能食用的就有2 000种左右。南北方常见的野生可食植物通常分为淀粉类、野果类、野菜类、蘑菇类和海藻类。野生植物的营养价值很高，含有多种维生素。在各种野生植物里，大部分均可食用。有毒的植物种类不多，数量有限，其鉴别方法：一是根据可食野生植物的图谱认真鉴别；二是仔细观察动物采食的情况，一般情况下，动物吃过的植物对人体无害，但是鸟类可食用的植物，人不一定能食用。

1. 淀粉类

淀粉类植物数量多，分布广，安全易辨认易采摘，淀粉存在于植物块根、块茎和谷物类种子之中，是充饥果腹的佳品。

（1）白蔹（山地瓜）：产于我国北部、中部和东部，生长在荒山坡小树林下、草地及田埂旁。形态像葡萄藤，有纺锤形根块，叶掌状，3～5厘米长，全裂，裂片形状颇多变化，叶轴有两翅；夏季开小花，呈黄绿色，聚伞花序；浆果大如豌豆，初蓝色，后变白色，其根部含淀粉和葡萄糖，可采集食用。

（2）芦苇（石根草、芦嘴子、苇子）：分布遍及我国温带地区，生长在沟边、河沿、道旁及比较阴湿的地方。地下有粗壮的根茎，叶片广披针形，排列成两行，夏秋开圆锥花，絮长10～40厘米。分枝稍伸展，小穗含4～7朵小花。其根部和嫩芽可食用。

（3）稗（败子草、野败）：生长在田边沼泽地和水稻田中，一年生草本。秆直立光滑，叶片线状披针形，圆锥花直立开展，颖果小，椭圆，干滑光亮，尖端为小尖头，夏季可采种子，碾去外皮煮粥吃。

2. 野果类

在我国各地的灌木丛中都生长有许多可食的野果。如无识别野果的经验，可观察鸟和猴子都选择哪些野果、干果为食，一般来说这些野果都可以食用。

（1）山葡萄：主要分布于我国东北各地，生长在山地的林缘地带。蔓性灌木形态，树皮常成片状剥离，叶互生，有很长的叶柄，叶片圆形，宽8～14厘米，圆锥花序，花小而密，浆果呈球形，直径约8毫米，成熟后变黑色。九月间果实成熟，采集果实生食，其嫩条可解渴。

（2）火把果（红籽、救军粮）：主要分布我国华东、华中及西南地区。多生长在山坡、路边、灌木丛中。常绿灌木形态，高约3米，茎有刺，嫩条有锈褐色的柔毛，侧枝短，叶多为倒卵状长圆形，花小、白色，梨果近球形，橘红或深红色。9—10月果实成熟，采摘可食。

（3）茅莓：广布于全国各地，生长在山坡灌木丛中或路旁向阳处。攀援状灌木形态，在枝叶和叶柄上生有毛和钩状小刺，叶为羽状复叶。小叶3～5片，近圆形，边缘有不整齐的深齿缺，密生短毛。花瓣粉红色。倒卵形，小核红色，果球形，核有深窝孔。可食用果实及嫩叶，7—8月果实成熟，味酸。

（4）沙棘：分布于华北、西北、西南地区，常成丛生长在河边的沙地或沙滩上。有刺灌木形态，果实为核果，卵形或近圆形，多汁，金黄色或橙黄色，多个密生在一起，紧贴在树梢上。9—10月果实成熟可生食，味酸而甜。

（5）野栗子、椰子、木瓜

野栗子、椰子、木瓜都易于识别，是应急求生的上好食物。

野栗子树（茅栗）生长在山野灌木丛中，可将成熟或未成熟的栗子放在火堆的余烬中烤着吃，也可捣碎煮食。

椰子树主要靠海岸生长，在椰子果成熟时，椰子汁可饮用，果肉可煮食。生于树顶端上雪白的嫩心椰菜也可以生食或煮食。

木瓜树生长在所有热带地区，特别是湖沼地区。成熟的木瓜为黄色或带绿色，可生食。未成熟的木瓜果含有乳状汁液，涂在兽肉上可使肉软化（切勿弄入眼内，它可引起强烈的刺痛甚至失明）。木瓜的嫩叶、花、茎均可煮食，但必须换水煮两次以上。

另外，有些野果如野山梨、榛子、松子、山核桃等，也是比较容易识别的。

3. 野菜类

野菜的加工方法很重要，加工的目的主要在于去毒和去味。关于野菜的食法有生食、直接炒食或蒸食，还可煮、浸食。

（1）苦菜：生于山野和路边，茎高 0.6～1 米，叶互生，周围有小刺，近根处叶窄，色绿，表面呈灰白色，断面有白浆，茎叶平滑柔软，夏季开黄色头状花。3～8 月可采其嫩茎叶洗净生食。

（2）蒲公英：生长于田野中，高 10～20 厘米，叶缘为规则的羽状分裂，色鲜绿，花茎从基部生出比叶稍长，上部密生白色丝状毛。3～5 月可采食嫩叶，5～8 月可采花煮汤。

（3）荠菜：全国各地均有，生于田野、路边、沟旁，易于采集。嫩苗可食，3～4 月采全草，炒食、做汤均可。2 年生草木，高 15～40 厘米。根生叶有柄，叶片呈羽状深裂，有时浅裂或不裂。春天抽出花茎，花穗挺立，花小，白色。

另外，野菜中苋菜、扫帚菜、灰灰菜等，遍布全国，容易识别。

4. 蘑菇、海藻类

蘑菇在我国分布很广，是人们喜爱的一种食品。通常食用的有：香菇、草菇、口蘑、猴头菌等。蘑菇一般的吃法是炒食或做汤，也可火烤食用，别具风味。采食蘑菇要特别注意识别毒蘑，由于目前还没有完全可靠的方法鉴别有毒与无毒的蘑菇。因此，采食蘑菇时一定要慎重。可以参照有关的蘑菇图谱先鉴别蘑菇，或仔细观察蘑菇上被野兽或昆虫啃咬过的痕迹，记住这种蘑菇的形状，供以后采摘时参考。采蘑菇可在雨后的林中或草地上进行。

海藻生长在海边礁石上或漂浮在海水中，海藻一般无毒。常见的有紫菜、红毛菜、角叉菜、鸡冠菜、裙带菜等。采食海藻应选用海水中新鲜的海藻，海滩上的海藻常常因为脱离海水而腐败变质，不宜食用。

（二）捕获野生动物

野生动物经过加工处理后都可以食用，但是某些鱼类，如河豚内脏器官含有剧毒物质，野战条件下不具备精细加工的条件，不能食用。

1. 猎兽

猎兽前应当向有经验的士兵或当地居民了解动物的习性和捕获的方法，对大型动物通常采用枪杀猎获和陷阱捕获的方法，对小型动物可采取压猎、套猎和竹筒诱猎方法捕获。

2. 捕蛇

捕蛇时应特别注意防蛇咬伤。因为，毒蛇会对人体造成严重伤害。因此，有条件的情况下，最好穿戴较厚的高腰鞋及长筒手套。捕蛇的方法可采用叉捕法、泥压法和索套法。

索套法就是取一竹竿在一端打通一个洞，穿过一条细韧的绳子，做成一个活动套圈，用手拿住竹竿和绳子的另一端，将活套从蛇的背后迅速套住其头部，随即拉紧活套，缚住蛇颈。

3. 捕鱼

捕鱼可使用钩钓、针钓、脚踩、手摸、拦坝戽水等方法。而所谓拦坝戽水，就是先在水塘的一角，或河渠的一段筑起泥坝，而后用水桶或盆将水戽到坝外，待见泥底后，即可在泥中捉鱼。

4. 捕获昆虫

可食用的昆虫种类很多，如蜗牛、蚂蚁、蚯蚓、知了、蚱蜢等。对昆虫的捕获主要可采用手捕、网罩、挖洞掏等方法。

第三节 露　营

在野外的客观环境条件下，必须寻找一个避难场所，或者为自己搭建一个能够防风、防寒、防潮的多功能庇护所。因为，充足的睡眠和休息是人的基本生理需求，生存者只有通过休息来保存和恢复体力、精力，才能更好地生存和战斗。

一、露营地的选择

要想休息好，露宿位置的选择就显得尤为重要。

山地露宿时，通常选择在避风、防汛、无山崩、无塌方的山坡地段或者谷地、峡谷的高坡上，并且要尽量靠近水源，并注意保持环境卫生和防止水源污染。冬季要避开有雪崩危险地段，夏季要注意防洪和山体滑坡。露宿时，通常用制式器材和就地器材架设帐篷或搭草棚，但不得成片砍伐树木，破坏天然伪装。帐篷、草棚周围要挖排水沟。对不宜搭设帐篷的高山区，可构筑地窖式简易掩蔽部。

在沙漠、戈壁、草原地露宿时，应尽量选择在绿洲或具有水源的地区。搭设帐篷时，应避开风口，避开沙丘的迎风面，帐篷应尽量低下，多设固定桩和拉索，用沙土或雪尽量将帐篷布压紧，预防被风吹跑。根据不同的地形和季节，注意防洪水、暴风沙(雪)、泥石流等。

酷暑条件下露宿时，应选择在干燥、通风的缓坡上，避开大树、陡崖峭壁，以防雷击塌方。搭遮棚或帐篷时，周围要挖排水沟，铲除杂草，必要时，撒些草木灰，以防毒蛇、毒虫。注意不要成片砍伐草、木，以保护天然伪装。

高寒地区露宿时，应选择在背风的地方。为防止冻伤，通常采用搭帐篷、草棚、挖雪洞、堆雪墙、堆雪房等方法。有条件时还可在棚舍中燃火取暖，但必须防火灾和一氧化碳中毒。睡觉前应用雨布(衣)、干草等隔潮材料铺设地铺。睡觉时，应注意避风和保暖。

在选择避难所时，应注意以下几种位置是不能建造的。山顶迎风面，多风而又寒冷；谷底或者深谷，这些地方不但潮湿，而且夜晚易于结霜；山坡的背阴面，永远非常潮湿；通向水源地的路径，往往也是一些动物觅水的必由之路；在有大黄蜂一类的蜂巢或者腐朽树枝的大树下面，在下一次刮大风的过程中，树上的朽木就有可能落下；独立的树木，可能遭受雷击。总之，避难所既要坚固耐用，又要具备防寒、防风、防雪、防潮、防止太阳暴晒、防止昆虫侵袭的实用功能。

二、搭设简易帐篷和构筑雪洞

(一) 屋顶型帐篷

将绳子拴在两棵树之间拉紧形成脊线。或者用锹柄、木棍等物做支柱，用背包带连接两个支柱顶端，两端延长斜拉固定在地桩上形成屋脊样式，将雨衣等搭在脊线上形成两个屋顶坡面，坡面底边用石块压牢即成。

（二）单坡面帐篷

利用断墙、棱坎等，将雨布的一边固定在墙或坎上，雨布的另一边固定在地面上，即可形成单坡面帐篷。

（三）单坡面遮棚

在林中过夜，可以就地取材搭制临时遮棚。单坡面遮棚：先挑选和制作 3 根直径 4 厘米，长 2 米的木棍做檩杆，选用 5 根直径 3 厘米，长 1.5 米的树棍做椽子。各横杆之间间隔取 0.5 米，椽子之间取等间隔用绳子绑牢。将脊檩靠在两棵树上成为单坡面框架。然后将带叶的小树枝扎成把，像铺瓦一样一把一把重叠着挂在檩杆上，挂满后即成单坡面遮棚。

（四）吊床

夏季丛林中，露宿时间短可采用吊床。吊床制作很简便，帆布、伪装网都可以用于制作。吊床两端拴在两棵树上，上面再拉一根绳子，搭上块雨布，四角用绳子系牢，便成为一个防水遮阳的帐篷。

（五）猫耳洞、雪洞

一般在土质较好的沟壑或土坡的侧壁上挖掘，似猫耳形状，洞口开设在向阳背风的方向。

在积雪较厚的寒区，还可以挖掘雪洞。雪洞应选在积雪较厚的地方，通常积雪 1.5 米以上即可直接开口构筑，积雪较薄的地方，可以将雪堆积起来开口构筑。雪洞一般不宜过大，以防坍塌。洞口呈拱形，开在避风之处，进出通道可根据情况掘成水平式或倾斜式。洞掘好后，可用雨布封闭洞口保温，但须留一通气孔防止窒息。洞内要留一把铁锹或刀，用于雪洞坍塌或风雪封堵洞口时自救。

第四节　野　　炊

在野外为了生存和保持体力，必须想尽办法将采集到的动、植物做熟食用。但由于受野外较艰苦的环境条件限制，只能通过一些简便的野炊方法实施。

一、野炊方法

（一）用罐头盒、钢盔等烹煮

在野外可以用石头做架或用铁丝吊挂铁盒、钢盔等物，用火加热，烹煮食物，烧开水等。

（二）用铁丝、木棍烧烤

烧烤是野外生存常见的一种取食方法，可将食物穿插缠裹在铁丝或木棍上，放在火中或火边烧烤熟化。

（三）用黄泥裹烧

用和好的黄泥在地上摊成一个 3 厘米厚的泥饼，上面铺一层树叶，将野鸡或野兔、鱼等食物除去内脏，不脱毛不褪鳞，放在泥饼上，用泥饼将食物包裹成团，放在火中烧两个小时即可食用。食用时，兽毛或鱼鳞将会被沾在泥块上而随之脱离。

（四）用小铁锹、石板或石块烫烙

用火在小铁锹底部加热，将切成薄片的食物在上面烙热。也可用火将石板烧烫以后，将食物切成薄片放在上面烙热食用。

将若干拳头大小的石块放在火中烧热，用棍拨到一个 40 厘米深的土坑里铺成一层，石块上铺大树叶，放上食物，上面再铺一层树叶，将剩下的热石头块铺在树叶上，然后再铺上厚厚的树叶压住，三四个小时之后即可取食。

（五）用竹节煮饭

选粗壮的竹子砍倒，每 2～3 节竹筒砍成一段，将竹节的一端打通，将米和水灌入竹节里，米约占三分之二，然后将竹节放在火中烘烤，约 40 分钟可做成熟饭。

二、取火方法

火对于生存至关重要，它可以提供热量、用来防卫、作为信号、将水煮沸、煮熟和保存食物。所以必须学会在任何条件下、任何地方生火。在没有火柴或其他火源的情况下，可采取以下几种简易方法取火。但要注意，在取火前要准备好引火媒，如干燥的棉絮、纱线、草屑或撕成薄片的干树皮、干木屑等。

（一）击石取火

找两块质地坚硬的石头，互相击打，将其迸发出的火花落到引火媒上，当引火媒开始冒烟时，缓缓地吹或扇，使其燃起明火。如果两块石头打不出火，可以另外寻找两块石头再试。用小刀的背面或小片钢铁，在石头上敲打，也能很容易地产生火花，引燃引火媒。

（二）藤条取火

找一段干燥的树干，将一头劈开，并用东西将裂缝撑开，塞上引火媒，用一根长约两尺的藤条穿在引火媒的后面，双膝夹紧树干，迅速地左右抽动藤条，使之摩擦发热而将引火媒点燃。

（三）弓钻取火

用强韧的树枝或竹片绑上绳子或鞋带做成一个弓，将弓弦在一根 20 厘米长的干燥木棍上缠绕 2 圈，将木棍抵在一小块硬木上，来回拉动弓使木棍迅速转动。这样会钻出一些黑粉末，然后轻吹或轻扇这些黑粉末，使其冒烟而发出火花，点燃引火媒。

（四）透镜利用太阳取火

用透镜将太阳光聚焦成一点，光点上的温度可以将棉絮、纸张、干树叶、受潮的火柴等引火媒引燃。夏季雾气较大或者冬季阳光较弱时，可以等到正午阳光强烈时取火，然后保存火种以备使用。

野外生存者利用这些非常简单的方法，就可以在野外环境里迅速取得火种并且有效地保持火源。但要注意的是：

（1）不要随便用火柴来点燃香烟或者用于其他非重要用途，而是应当把它节省下来，留作引火媒以备急需。

（2）始终携带一些引火媒，而且一定要把它们安全地存放在一只防水容器之内。

（3）如果在泥煤层或者腐质土壤地带生火，必须事先搭建一个高于地面的平台，这是因为在低温闷烧条件下，泥煤层可以持续燃烧若干年。

（4）在树林中取火时，一定要把火源周围的堆积物打扫干净，以防发生意外火灾。

第五节　野外生存的其他问题

一、野外生存准备

野外生存者应尽可能对所去的地区环境进行全面了解，尤其是有关地形、植被、气候等情况。应该预先设想一下可能会遭遇到哪些危险情况，尽可能地准备好各种设备与器材，以便将来能够顺利地克服各种困难。

在物资的准备上，应携带：一是刀具（包括手术刀片）。一把锋利的刀具是野外生存时的无价之宝，特别是带有锯齿的多功能刀具，用途更大；二是火柴或打火石。火柴是生存中取暖和野炊时的火源，但在携带时要注意防潮和安全，不需多带，要节约使用。打火石可以确保用锯片摩擦打火石，利用这种方式可以打火数百次，即使火柴用完以后仍然可以采用这种取火方式；三是小型手电筒。它是夜间行动的照明设备，也可当信号灯使用，用途极其广泛；四是绳索（尤其是细而结实的绳索）。无论是攀登，还是通过一些复杂的地形和障碍，或者捆绑物品时都少不了它；五是药品。它是保证身体健康的必需品。可携带止痛药、肠胃药、抗生素（用于细菌感染），抗组胺类药（用于过敏症和蚊虫叮咬）、抗疟疾药、漂白粉、高锰酸钾、伤口贴等，千万别忘了个人急救包。

除此之外，根据需要还可带一些如针线、放大镜这样的物品。这些物品（除刀具和绳索）最好用一个特制的小盒或袋子装在一起，以利于保管和使用。

二、求生方法

求生是人的本能。要想求生就不能只等他人或组织来救援，而是要靠自身的力量主动走出恶劣而危险的地带。

在出发前，首先要判定好方向，仔细研究附近的地形（有地图时，要认真地研究地图），并选好行进的路线。而后根据行进路线准备必需的物资装备。如准备穿越无水区，就应多准备饮水；准备通过丛林地，就要准备好砍刀；同时还应准备好鞋子、衣物和食品，以及携带装备的包裹。如道路比较艰难，还应准备木棍、绳索等，以备使用。

另外，在出发前，还应对露营地留下明显的信（记）号，表明自己曾经到过这里，现在已走了，并在前进道路的沿途做好标记，一旦救援者发现了自己已经放弃的露营地，就可沿途跟随而来，最终使自己获救。地面信（记）号使营救者能了解你的位置或者过去的位置，方向指示标有助于他们寻找你的行动路径。一路上要不断留下指示标，这样做不仅可以让救援人员追寻而至，在自己希望返回时，也不致迷路。如果迷失了方向，找不着想走的路线，它就可以成为一个向导。具体指示方向的方法包括：将岩石或碎石片摆成箭形；将棍棒放置在树杈间，顶部指着行动的方向；在一卷草束的中上部系上一结，使其顶端弯曲指示行动方向；在地上放置一根分叉的树枝，用分叉点指向行动方向；用小石块叠成一个大石堆，在边上再放一小石块指向行动方向；用一个深刻于树干的箭头形凹槽表示行动方向。

三、救援

在野外，生存环境非常恶劣，各种灾难会不期而至。对野外生存者来说，及时了解自己所面临的困境，通知别人，求得救援，是非常重要的。遇险求救时，要通过各种方式与别人取得联系。想让他人知道，唯一的办法就是发信号。要想获得援助，发出的信号要足以引起人们的注意，首要的前提就是让他人知道自己的处境和位置。应根据自身的情况和周围的环境条件，发出不同的求救信号，发信号的方式有很多。如昼间的施放烟雾、打枪、镜子反光、在开阔地面上写字等；夜间采用灯光、火光、音响等。国际上通用的求救信号是英文字母 SOS(Save Our Soul：救救我们的缩写)，可以写在地上，也可以用无线电台发出，还可以用旗语表示。

无论采取什么方式发信号，只要是重复三次的行动都象征着寻求援助。如三堆火、三股浓烟、三声音响或枪声、三次光亮闪耀。每组发送信号后间隔一分钟时间再重复发出。

四、野外环境意外事故及预防

（一）感到身体不适时

（1）应尽快解去身上束缚。

（2）依脸色判断，呼吸急促，脸色发红，但不出汗，很可能是中暑，这时应将不适者抬到树阴下休息并将头部垫高，身体躺开，保持安静。

（3）有呕吐症状时，应俯卧，右手放在下巴下方，当做枕头，放松身体，安静休息。

（二）遇到落石

有时自己不小心踏落石头，要立刻发声，通知由下而上的人。通常易浮动的石头，我们称浮石，多石头的地方，浮石的颜色比周围石头新，仔细观察即可分辨，走路时要避免踩踏浮石。

（三）迷路时

（1）回到认识的地方。野外行走，一旦迷失方向，赶快回到自己所认识的地方，用指北针和地图确定所处方位和目的地方位。休息时多注意周围环境与标志，不要只走下坡路，因为下坡路视野范围小，方向不易确认。

（2）要用树枝或石头做记号。走在前方领头的人，遇到情况，要做标志通知后面跟来的人，标志要放在易见又安全的地方，不要随便做些无意义的记号，混淆其记号。

（四）预知打雷和雷击

首先看到乱云变大，不久即变成雷云，要赶紧想办法到安全的地方躲一躲。如用小型收音机收听广播时，有刺耳的杂音，即表示附近有雷云，忽然下大粒雨滴，这也是打雷的预兆。避免雷击的方法是：快速跑向低地；离开高树或密叶树林；离开铁塔，去除身上金属物；在河中游泳的，要赶快上岸；不要许多人集中在一起，要分散开；附近有小屋，躲入屋内，汽车也可以，但不要靠墙，雷击时，会经过墙壁传电到地面。

（五）植物刺伤和虫蛇咬伤

（1）用水冷却或涂软膏，穿长袖衬衫和长裤，可避免受伤。

（2）野外露营带蚊香、花露水或风油精，涂擦暴露在外的表皮，尽量不要用手抓痒。

（3）避免被蛇咬，蛇属夜间活动的动物，白天多在洞里休息。因此，在野外行走时，要避免夜晚出行，更不要把手放在自己看不到的地方。

（4）若被毒蛇咬，未送医院前，先用绳子绑紧伤口上方靠近心脏的地方，避免毒液随血液循环到人体内，然后把伤口切开，用口吸毒，口腔必须没有破口。在安定患者情绪的情况下，赶快送医院或用蛇药急救。

五、野外活动常备药物

野外生存由于环境恶劣，气候异常，意外情况较多，配备一定的药物是很必要的。但要视个人情况而定，不然既占地方，又不方便。下面是野外常用药物及其说明。

（一）消炎类

（1）复方新诺明：抗菌，用于呼吸道、胃肠道、泌尿感染及皮肤化脓感染。副作用有胃肠不适，皮疹。服用时要多喝水，对磺胺类药过敏者禁用。

（2）氟哌酸（诺氟沙星）胶囊：抗菌消炎药。用于泌尿感染、胃肠道感染及上呼吸道、皮肤、外科、妇产科感染。

（3）黄连素（小檗碱）：片剂 0.1 毫克，抗菌。主要用于肠炎、痢疾等肠道感染。

（4）氯霉素滴眼液：用于沙眼，结膜炎，角膜炎等眼部疾病。每 2 小时滴眼 1 次，每次 1～2 滴。

（5）碘酒：杀菌消毒，用于小外伤和皮肤消毒，局部皮肤涂擦。

（6）风油精：祛风除湿，止痛消肿。主治伤风头痛、风湿性关节炎、神经痛、中暑、晕船、晕车、蛇虫叮咬。外用，涂于患处。

（二）感冒类

（1）银翘解毒片：辛凉解表，清热解毒。主要治疗风热感冒，发热头痛，咳嗽口干，咽喉肿痛。

（2）复方阿司匹林：解热镇痛，用于发热、头痛。服药后偶有恶心、呕吐，个别人有过敏反应。

（三）止血类

（1）外用止血粉：局部止血，用于皮肤小外伤止血。敷于患处，纱布包扎。

（2）创可贴：消炎止血，愈合伤口，用于皮肤小外伤，贴在伤口处。既方便又实用，是理想的止血药。

（四）其他

（1）茶苯海明（乘晕宁、晕海宁）：片剂 50 毫克，镇静止晕。用于防治晕车、晕船、晕飞机及内耳眩晕症发作引起的恶心、呕吐与眩晕，多服易引起嗜睡。乘飞机、车船前服 1～2 片。

（2）氯苯那敏（扑尔敏）：片剂 4 毫克，抗过敏。用于各种过敏性疾病及妊娠呕吐、晕船、晕车。多服会引起口干、嗜睡。

（3）复方丹参片：活血化淤，芳香开窍，理气止痛。主治冠心病、胸闷、心绞痛。

第十章

军事知识

学习指导： 本章通过学习古今中外军事思想、军事高科技知识、现代国防建设状况及国内外战略环境等，认清国防与国家安危存亡、民族兴衰的密切关系，进一步提高对国防地位、作用的认识，增强自身对国防建设的责任感和使命感。

第一节 军 事 思 想

军事思想是关于战争和国防基本问题的理性认识。不同的时代、阶级、国家和人物，有着不同的军事思想。按时代划分，可分为古代、近代、现代军事思想；按阶级划分，可分为奴隶主阶级、封建地主阶级、资产阶级、无产阶级军事思想；按各个历史时期主导兵器的特征划分，可分为冷兵器、热兵器、热核兵器、高技术兵器时代军事思想等。

一、中国古代军事思想

中国古代军事思想的内容极为丰富，大致涉及战争的起源、性质和作用，战争与政治，战争与经济，战争与主观指导，治军，战略战术及战争保障等方面。

（一）战争的起源、性质和作用

1. 战争的起因

《吴子》兵法认为："一曰争名，二曰争利，三曰积恶，四曰内乱，五曰因饥。"就是说引起战争的原因有五个方面：一是争夺霸主地位；二是争夺土地、财产和人口；三是积恨很深；四是国家发生了内乱；五是国家发生了饥荒。

2. 战争的性质

《吴子》兵法指出："一曰义兵，二曰强兵，三曰刚兵，四曰暴兵，五曰逆兵。"即禁暴除乱，拯救危难的军队叫义兵；仗恃兵强，征伐别国的军队叫强兵；因怒兴兵叫刚兵；背理贪利的军队叫暴兵；不顾国乱民疲，兴师兴众的叫逆兵。

3. 战争的作用

《尉缭子》认为战争的作用是镇压暴乱，制止不义行为。"故兵者，所以诛乱禁不义也"。《司马法》提出了以战止战的口号，指出："是故杀人安人，杀之可也；攻其国爱其民，攻之可也；以战止战，虽战可也。”即杀掉坏人，保护好人，杀人是可以的；进攻其国，解放其民，进攻是可以的；用战争制止战争，即使开战，也是可以的。

（二）战争与政治

我国古代兵法中虽然没有明确指出战争是政治的继续，但其已经深刻地认识到战争与政治的密切关系，并且提出了军事从属于政治，政治是战争胜利的首要因素，文事武备不可偏废等基本观点。《孙子兵法》最早提出："善用兵者，修道而保法，故能为胜败之政。"修道，即修明政治。《司马法》指出："以义治之谓正，正不获意，则权，权出于战，不出于仁也。"意思是说采用合乎正义的措施治理国家，这是正常的方法；用正常的方法达不到目的就采取特殊的手段，特殊手段是以战争方式表达出来的，而不是以和平方式表现出来。《尉缭子》指出："兵者，以武为植，以文为种；武为表，文为里。"他以种子和株苗来比喻军事（武）与政治（文）的关系，形象地说明了政治是根本，战争是从政治中派生的一种现象，是实现政治目的的手段；把二者有机地统一起来，就能取得胜利；否则，就会失败。

（三）战争与经济

关于战争与经济的关系，我国古代军事家提出了战争的经济根源、经济是战争的物质基础、富国才能强兵等基本思想和原则。孙武在《作战篇》中指出："不尽知用兵之害者，则不能尽知用兵之利也。"意为不完全懂得出兵作战害处的人，也就不能真正明白出兵作战的好处。因此他提出对待战争要极其理智，要"非利不动，非得不用，非危不战"，"合于利而动，不合于利而止"这些慎战思想。另外，战争的胜利是以它拥有的经济实力为基础的，任何战争都要以巨大的物质消耗为代价。孙子又把战争对经济的依赖关系形象地表达为"兴师十万，日费千金"。

（四）战争与主观指导

战争的胜负，除了决定于军事、政治、经济等基本因素外，更重要的还决定于战争组织者的主观指导。中国古代军事家不但非常清楚地认识到主观指导的重要作用，而且还将其分为战前和战中指导。《孙子兵法》明确指出："故兵无常势，水无常形，能因敌变化而取胜者，谓之神。"因为"兵无常势"，指挥者必须不断根据敌情、我情的变化修正主观指导，采取克敌制胜的有效手段；掌握客观规律，充分发挥主观指导作用，就能赢得战争的胜利。所谓"运筹帷幄，决胜千里"指的就是这个意思。

（五）治军理论

治军理论是中国古代军事思想的重要内容。重点包括三个方面：

1. 将帅修养

古人很早就认识到将帅的重要地位和作用，把选将的标准，作为治军的主要着眼点。孙武不仅把贤能的将帅看做是战争胜利的重要因素，而且还说成"知兵之将，民之司命，国安危之主也"（《作战》）。他提出的选将标准是："智"，多谋善断；"信"，赏罚有信；"仁"，爱护士卒；"勇"，勇敢坚定；"严"，明法审令；认为贤将要具备十二能：能清（廉洁）、能静（镇静）、能平（公平）、能整（严整）、能受谏（接受批评）、能听讼（明断是非）、能纳人（任用人才）、能采言（采纳意见）、能知国俗（知敌国的风俗）、能图山川（研究山川的形势）、能表险难（明了地形的险阻）、能制军权（掌握军队的指挥权）（《三略》）。要求具备"五谨"，即"理"，调度有方，指挥若定；"备"，居安思危，常备不懈；"果"，果敢、果断；"戒"，胜不骄，持身严谨；"约"，军令简明易懂，不搞繁文缛节（《武经总要》）。

2. 以治为胜

古代军事思想，把严明军纪作为治军的重要原则。魏武侯曾问吴起："兵何以为胜？"吴起回答："以治为胜。"并指出："若法令不明，赏罚不信，金之不止，鼓之不进，虽有百万，何益于用。"要严明纪律，就必须赏罚严明。《司马法》指出："从命为士上赏，犯命为士上戮，故勇力不相犯"。《商君书·错法》指出："功赏明，则民竞于功。为国而能使其尽力以竞于功，则兵必强矣。"

3. 教戒为先

古人还把加强军队训练，作为治军的一个重要方面。《吴子》指出："夫人常死其所不能，败其所不便，故用兵之法，教戒为先。"《司马法》指出："士不先教，不可用也。"荀子对教育训练的重要性有过精辟的论述，他说："不教诲，不调一，则入不可以守，出不可以战。教诲之，调一之，则兵劲城固，敌国不敢婴也。"是说军队不教育训练，步调就不统一，这样退不能守，进不能攻。教育训练了，步调统一了，就有坚强的军队和巩固的国防，敌国就不敢轻易进犯了。

（六）战略战术

古代兵书中关于战争谋略与战术的论述，有许多是很有见地的。如"上兵伐谋"，"以全争于天下"的全胜论；"不战而屈人之兵"的威慑论；"先人有夺人之心"和"兵贵先声"的先发制胜论；"后人发，先人至"的后发制胜论；"致人而不致于人"的掌握战争主动权论；"善用兵者，无不正，无不奇，使敌莫测"的奇正相变论；"避其锐气，击其惰归"，"以治待乱，以静待哗"，"以近待远，以逸待劳，以饱待饥"，"无邀正正之旗，勿击堂堂之阵"的"治气""治心""治力""治变"的四治论等，都蕴涵着丰富的战争谋略思想和战略战术思想。

二、《孙子兵法》

《孙子兵法》作者孙武，全书共13篇，82卷，6 076字，篇次有序，立论有体，总结了春秋及其以前的战争经验，具有深刻的谋略思想，在一定程度上反映了战争的一般规律；无论是对战争本质的认识、军队的建设及战略战术和哲学方面，都取得了巨大的成就，被誉为古今中外现存古书中最有价值、最有影响的古代第一兵书。《孙子兵法》的问世，标志着独立的军事理论著作从此诞生，在世界军事史上具有划时代的意义。下面，从六个方面介绍《孙子兵法》军事思想的内涵。

（一）重战、慎战、备战思想

1. 重战思想

《孙子兵法》开篇就指出："兵者，国之大事，死生之地，存亡之道，不可不察也。"这段关于战争的精辟概括，是孙武军事思想的基本出发点。春秋末期，诸侯兼并，战乱频繁。战争不仅是各国维持其政治统治，向外扩张发展的主要手段，而且关系到国家的存亡。孙武总结了一些国家强盛，一些国家灭亡的经验和教训，提出"兵者，国之大事"的著名论断，这对于人类认识战争的实质，无疑是一个巨大的贡献。

2. 慎战思想

"亡国不可以复存，死者不可以复生，故明君慎之，良将警之"。从这点出发，孙武主张

"非利不动，非得不用，非危不战"。

3．备战思想

"用兵之法，无恃其不来，恃吾有以待也；无恃其不攻，恃吾有所不可攻也"。战争的立足点要放在事先做好充分准备，严阵以待，使敌人不敢轻易向我发动进攻的基点上。

（二）"知彼知己，百战不殆"的战争指导思想

"知彼知己，百战不殆；不知彼而知己，一胜一负；不知彼，不知己，每战必殆。"孙武用简明扼要的语言，指明了战争指导者了解敌我双方情况与战争胜负的关系，从而揭示了指导战争的普遍规律。这条规律，从哲学意义上讲，是实事求是的朴素的唯物主义思想；从战争理论上讲，是分析判断情况的根本规律；从指导战争的意义上讲，是先求可胜的条件，再求必胜之机的重要抉择。

（三）以谋略制胜为核心的用兵思想

《孙子兵法》军事思想的核心是谋略制胜。它认为军事斗争不仅仅是军事力量的竞赛，而且是敌我双方政治、经济、军事和外交等方面的综合斗争，也是双方军事指导艺术的较量，即斗智。孙武谋略制胜思想突出体现在以下几个方面：

1．"庙算"制胜

"多算胜，少算不胜，而况于无算乎！"庙算制胜，主要是指战前要从战争全局上，对战争诸因素进行分析对比，决定打不打？怎么打？用什么部队打？在什么时间、地点打？打到什么程度？如何进行战争准备和后方保障？做到有预见、有计划、有保障，心中有数，打则必胜。也就是说战前要统揽全局，多思考、分析对比，做到"知己知彼，方可取胜"。

2．诡道制胜

"兵者，诡道也"，"兵以诈立"。军事上的诡道是指异于常规的一些做法。"兵不厌诈"，古今常理。在战争的舞台上，如果对敌人讲"君子"之道，就必然被敌所制；如果能较好地运用诡道，造成敌人的过失，创造战机，那就会陷敌于被动。这种战例，举不胜举，如马陵道之战，诸葛亮的"空城计"。

3．"不战而屈人之兵"

"故百战百胜，非善之善者也；不战而屈人之兵，善之善者也。"所以，孙武主张"上兵伐谋；其次伐交；其次伐兵；其下攻城"。最好的是以谋制胜，使敌人屈服。其次是通过外交途径，分化瓦解敌人的同盟，迫使敌人陷入孤立，最后不得不屈服。再次是伐兵，即用武力战胜敌人。最下策是攻城，硬碰硬地攻坚战。孙武指出："善用兵者，屈人之兵而非战也，拔人之城而非攻也，毁人之国而非久也，必以全争于天下。故兵不顿而利可全，此谋攻之法也。"这就是以计谋攻敌的原则和孙武全胜的思想。

（四）"文武兼施，恩威并用"的治军思想

"卒未亲附而罚之，则不服，不服，则难用；卒已亲附而罚不行，则不可用。故令之以文，齐之以武，是谓必取。""令素行者，与众相得也"。因此，一方面要用体贴和爱护使他们心悦诚服；另一方面要用严格的纪律使他们行动整齐，这样才能战必胜。并且指出，平素命令之所以能贯彻执行，都是由于将帅与士卒相互信赖的缘故。

（五）朴素唯物论和原始辩证法思想

《孙子兵法》之所以具有极大的时空跨度，经久而不衰，与它反映的朴素唯物论和原始辩

证法思想是分不开的。

（1）唯物论主要包括三个方面：一是对战争的认识，冲破了鬼神论和天命论；二是把客观因素作为决定战争胜负的基础；三是注意时间和空间在军事上的作用。

（2）原始辩证法思想主要表现在能够正确认识战争中各种矛盾的对立统一及相互转化的关系。《孙子兵法》中的辩证概念要领有 85 对，使用 260 次之多。如敌我、攻守、胜负、迂直、强弱、勇怯、奇正、虚实、分合、久速等，并充分论述了在一定条件下是可以转化的。

三、毛泽东军事思想

毛泽东军事思想，是"毛泽东关于中国革命战争、人民军队和国防建设以及军事领域一般规律问题的科学理论体系。它是毛泽东思想的重要组成部分，是马克思列宁主义普遍原理与中国革命战争和国防建设实际相结合的产物，是中国革命战争和国防建设历史经验的升华，是中国共产党领导中国人民及其军队长期军事实践经验的科学总结和集体智慧的结晶，同时也多方面汲取了古今中外军事思想的精华，是中国共产党领导中国革命战争、军队建设、国防建设和反侵略战争的指导思想"。

（一）战争观

毛泽东军事思想明确指出，战争是从有私有财产和有阶级以来就开始了的。私有制和阶级的存在，是发生战争的根本原因。只要私有制和阶级存在，战争就不可避免。帝国主义、霸权主义的存在，是现代战争的根源。深刻地阐明了战争的本质，指出战争是用以解决阶级和阶级、民族和民族、国家和国家、政治集团和政治集团之间发展阶段上矛盾的一种最高的斗争形式。战争是一定政治的继续，是流血的政治，是政治性质的行动，用以扫除政治道路上的障碍。阐明了战争的目的，指出战争有它的政治目的和军事目的。明确区分了战争的性质，指出历史上的战争，只有正义的和非正义两类。一切反革命战争、掠夺战争、阻碍进步的战争，都是非正义的；一切革命战争、进步的战争、谋求解放的战争，都是正义的。揭示了革命战争的历史作用，指出革命战争是一种抗毒素。在阶级社会中，离开革命战争就不能完成社会发展的飞跃。正义战争的旗帜是拯救人类的旗帜，是把全世界历史转到新时代的桥梁。战争依赖经济，经济实力与潜力是进行战争的物质基础。战争是军事、政治、经济的竞赛。经济落后，受欺负、挨打是不可避免的。全面、深刻、透彻地阐明了战争的制胜因素：首先要依靠人民军队与人民的密切合作，兵民是胜利之本；政治上、军事上的正确路线和战略、策略，是取胜的决定因素；建立根据地和发展经济是战胜敌人的重要条件；政治工作、政治动员是战胜敌人的重要保证；人是战争胜负的决定因素，武器是重要因素；统一纪律，是战胜敌人的必要条件和保证；党的领导和主观能力对战争的胜利有决定性的意义，进一步阐明了战争与和平的关系，指出战争是和平的继续。战争与和平在一定条件下可以互相转化，和平时期酝酿着战争，战争时期酝酿着和平。只有消灭了阶级，消灭了国家，才能进入永久和平的时代。

（二）农村包围城市

农村包围城市，最后夺取全国胜利的革命道路，是以毛泽东为代表的中国共产党人在领导中国革命实践中逐步摸索出来的一条具有中国特色的革命道路和总战略。其基本内容是，中国民主革命首先在敌人统治力量比较薄弱的农村，发动农民武装暴动，建立人民军队，建立革命根据地，把武装斗争、土地革命、建立政权结合起来，使之建成支持长期革命战争的战略基地。依托根据地发展革命力量，随着革命战争、人民武装和根据地的发展，逐步形成农村包围城市的战略态势，最后夺取全国胜利。以毛泽东为代表的中国共产党人创立的这条革命道路，是世界无产阶级革命战争史上仅有的，发展了马克思列宁主义暴力革命的学说。

（三）人民军队理论

人民军队理论，是毛泽东军事思想体系的一个重要组成部分。其核心内容是，建立一支由中国共产党领导的、执行革命政治任务的、全心全意为人民服务的新型人民军队，保证完成党交给的一切任务。

毛泽东极为重视和强调人民军队的重要性。1927 年 8 月 7 日他在中央紧急会议上的发言中，建议新政治局常委"以后要非常注意军事。须知政权是由枪杆子中取得的[1]"。继后又指出，"没有一个人民的军队，便没有人民的一切[2]"，"我们要战胜敌人，首先要依靠手里拿枪的军队[3]"。毛泽东在长期的斗争实践中，创立了一整套建军理论与原则，其中主要的有：①把全心全意为人民服务，作为人民军队的唯一宗旨，要求军队一切行动都要符合这一宗旨。②把人民武装置于中国共产党的绝对领导下。③明确规定了人民军队的性质和任务。④在人民军队中建立强有力的政治工作制度。⑤重视军队纪律、作风建设。⑥重视开展军事学术研究，严格训练部队。⑦提出了加强军队现代化、正规化建设的历史任务。

（四）人民战争思想

毛泽东认为，革命战争是群众的战争，必须依靠人民、组织人民、武装人民、解放人民、保卫人民，为人民利益而战，才能打赢人民革命战争[4]。他创立的人民战争理论包括：①中国革命要取得胜利，必须由中国共产党领导进行真正的人民战争。②向人民群众申明进行人民战争的政治目的和方针、政策。③建立一支人民军队，作为进行人民战争的骨干力量。④建立与发展根据地，作为进行人民战争的根本支持因素。⑤把武装斗争这个主要斗争形式同其他的斗争形式配合起来。⑥尽一切可能地建立和扩大自己的同盟军。⑦战略上要藐视敌人，战术上要重视敌人。

（五）人民战争的战略战术

毛泽东的人民战争的战略战术，是以毛泽东为代表的中国共产党人在长期的革命战争的实践中创立的一整套战争指导原则和作战方法。它是毛泽东军事思想的重要组成部分，包括战略、战役、战术作战的指导原则和作战方法。它为党的纲领、路线服务，具有高度的灵活性，就是你打你的，我打我的。我打你时，就能吃掉你；你打我时，叫你看不见，打不着。有什么武器打什么仗，对什么敌人打什么仗，在什么时间地点打什么时间地点的仗。在运用谋略、兵力和作战方法上，高出敌筹，趋利避害，扬长避短，以我之长，击敌之短。主要有十二个方面内容：①以保存自己、消灭敌人为战争的军事目的和基本原则。②知己知彼，百战百胜。③承认积极防御，反对消极防御。④慎重初战，首战必胜。⑤力争主动，力避被动，夺取和掌握战略主动权。⑥依据战略形势运用战争形式，游击战、运动战、阵地战紧密结合。⑦战场作战的

①　毛泽东. 毛泽东选集（第一卷）[M]. 北京：人民出版社，1991.
②　毛泽东. 毛泽东选集（第三卷）[M]. 北京：人民出版社，1991.
③　毛泽东. 毛泽东选集（第二卷）[M]. 北京：人民出版社，1991.
④　毛泽东. 毛泽东选集（第一卷）[M]. 北京：人民出版社，1991.

基本方针是歼灭战。⑧正确选择主要作战方向，实施重点打击。⑨照顾战争全局，把握战略重心，实施集中统一指挥。⑩把战略防御导向战略进攻，以战略决战解决战争命运。⑪发挥政治优势，武装头脑，战胜敌人。⑫进行战争动员，充分发挥战略后方的作用，保障战争胜利。

（六）国防理论

毛泽东极为重视保卫和建设社会主义祖国的国防。在保卫和建设国防的实践中，毛泽东的国防理论逐步形成和发展，成为毛泽东军事思想的一个重要的组成部分。其主要内容是：①明确了保卫和建设国防的目标与任务。②实行积极防御的战略方针。③建设强大的国防军。④建立独立完整的国防工业体系。⑤发展现代军事科学，促进国防现代化建设。⑥建立强大的国防防御体系。⑦建立强大的战略后方体系。

（七）十六字诀

1928 年 1 月，毛泽东在江西省遂川县主持召开了工农革命军前委和遂川、万安两县县委的联席会议。他根据三个多月的作战经验，在这次会议上提出了游击战争的作战原则。1928年 5 月，毛泽东、朱德等领导人提出了"十六字诀"的作战原则。它是中国工农红军在土地革命战争时期进行游击战争的作战指导原则，即"敌进我退，敌驻我扰，敌疲我打，敌退我追"，简称"十六字诀"。

（八）十大军事原则

著名的十大军事原则，是毛泽东在中共中央 1947 年 12 月 25 日至 28 日在陕北米脂县杨家沟召开的会议上所作的《目前形势和我们的任务》的报告中提出来的。其内容是：①先打分散和孤立之敌，后打集中和强大之敌。②先取小城市、中等城市和广大乡村，后取大城市。③以歼灭敌人有生力量为主要目标，不以保守或夺取城市和地方为主要目标。保守或夺取城市和地方，是歼灭敌人有生力量的结果，往往需要反复多次才能最后地保守或夺取之。④每战集中绝对优势兵力（两倍、三倍、四倍，有时甚至是五倍或六倍于敌之兵力），四面包围敌人，力求全歼，不使漏网。在特殊情况下，则采用给敌以歼灭性打击的方法，即集中全力打敌正面及其一翼或两翼，求达歼灭其一部、击溃其另一部的目的，以便我军能够迅速转移兵力歼击他部敌军。力求避免打那种得不偿失的、或得失相当的消耗战。这样，在全体上，我们是劣势（就数量来说），但在每一个局部上，在每一个具体战役上，我们是绝对的优势，这就保证了战役的胜利。随着时间的推移，我们就将在全体上转变为优势，直到歼灭一切敌人。⑤不打无准备之仗，不打无把握之仗，每战都应力求有准备，力求在敌我条件对比下有胜利的把握。⑥发扬勇敢战斗、不怕牺牲、不怕疲劳和连续作战（即在短期内不休息地接连打几仗）的作风。⑦力求在运动中歼灭敌人。同时，注重阵地攻击战术，夺取敌人的据点和城市。⑧在攻城问题上，一切敌人守备薄弱的据点和城市，坚决夺取之。一切敌人有中等程度的守备、而环境又许可加以夺取的据点和城市，相机夺取之。一切敌人守备强固的据点和城市，则等候条件成熟时然后夺取之。⑨以俘获敌人的全部武器和大部人员，补充自己。我军人力物力的来源，主要在前线。⑩善于利用两个战役之间的间隙，休息和整训部队。休整的时间，一般不要过长，尽可能不使敌人获得喘息的时间①②。

---

① 毛泽东. 毛泽东选集（第四卷）[M]. 北京：人民出版社，1991.
② 刘继贤. 论毛泽东军事思想[M]. 北京：中共中央党校出版社，2003.

四、邓小平新时期军队建设思想

邓小平新时期的军队建设思想，是邓小平为代表的中国共产党人关于当代中国军事的科学理论体系。它是邓小平理论的重要组成部分，是毛泽东军事思想在新的历史条件下的继承和发展，是当代中国的马克思主义军事理论。

（一）军队建设指导思想实行战略性转变

1. 军队建设指导思想实行战略性转变

这是小平同志新时期军队建设思想的一个重大理论问题，其科学含义是指把军队建设从过去立足于"早打、大打、打核战争"的临战状态，真正转到和平时期的发展轨道上来。这一转变的主要依据是：一是对国际形势的科学判断，不再认为战争迫在眉睫；一是相应调整我国对外政策，不再坚持"一条线"的战略。

2. 军队要服从整个国家建设大局

邓小平提出："军队要服从整个国家建设大局。"这绝不单纯是个经济问题，也是一个政治问题。坚持以经济建设为中心的国家和社会发展战略，是巩固和发展社会主义的根本所在，也是面对国际竞争压力和霸权主义做出的正确选择。在整个国家建设的这盘棋上，经济建设必须优先获得发展，这对于整个国家和民族无疑具有深远意义。从军队和国防建设来说，经济建设从来就是国防建设的依托，现代国防建设的发展趋势表明，国家经济实力本身就是国防强大与否的决定性因素和根本标志。邓小平指出：服从国家建设这个大局，我们军队有自己的责任，不能妨碍这个大局，要紧密配合这个大局，而且要在这个大局下行动。军队要时时、事事、处处以国家建设大局为重。把"服从"和"服务"统一起来，既为大局让路，又为大局服务[①]。

3. 军队要担当起维护国家主权和安全的历史责任

这是新时期我军的神圣职责和历史使命。邓小平指出，国家的主权、国家的安全要始终放在第一位[②]，军队作为国家利益的捍卫者，要以维护国家利益为最高职责；我国现代化建设是在十分复杂的国际环境中进行的，最重要最紧迫的任务是要寻求一个和平的环境来实现四个现代化，中国的问题压倒一切的是需要稳定；我军是人民民主专政的坚强柱石，是捍卫社会主义祖国的钢铁长城，是建设有中国特色社会主义的重要力量，无论过去、现在和将来都是执行党的政治任务的武装集团，必须保持高度的警惕，扎扎实实地做好反侵略战争的准备，为保卫世界和平，为保卫祖国领土的安全，做出新的贡献。

4. 实行积极防御的军事战略方针

军事战略方针是党和国家的军事政策，是武装力量建设和运用的基本依据。这一方针是指战略态势上的防御同军事指导上的积极性统一；积极防御，不是单纯防御，而是攻势防御，是防御与进攻的统一；是在和平时期遏制战争同战争时期赢得战争的统一。最根本的是要从政治上考虑处理军事问题，善于把握一些大的战略关系，军事斗争要严守自卫立场，积极配合政治、外交和经济斗争。

（二）建设一支强大的现代化、正规化的革命军队

根据新的历史条件，小平同志明确提出，中国人民解放军必须建设一支强大的现代化、正

---

①② 邓小平. 邓小平文选(第三卷)[M]. 北京：人民出版社，1993.

规化的革命军队①。这一要求具有深刻的科学含义：一是革命化问题。要求军队坚持党的绝对领导，坚持全心全意为人民服务的宗旨，坚持老红军的优良传统和作风，坚持党的基本理论、基本路线、基本方针和政策，始终不渝地保持人民军队的革命性质。二是现代化问题。要求军队适应未来战争的需要，全面提高官兵的素质，逐步改进武器装备，正确解决整个部队的科学编成问题，不断提高军队的科学技术含量，提高现代化条件下的总体作战能力和水平。三是正规化问题。要求军队坚持依法治军、从严治军的根本方针，建立健全规章制度，提高科学管理水平。归根到一点，就是要把军队建设强大。

（三）坚定不移地走有中国特色的精兵之路

1. 要把教育训练提高到战略地位

这是新时期军队建设的重要方针。邓小平指出，在不打仗的条件下军队素质的提高靠教育训练，战略要研究的问题，不仅是作战问题，还包括教育训练，要把教育训练放在战略问题的一个重要位置上；搞好教育训练，一个方面是部队本身要提倡勤学苦练，军队的好传统、好作风，也要从苦练中恢复和培养起来，另一个方面是通过办学校来解决干部问题，把更多的干部放到学校去训练；要加强诸军兵种的合成训练，特别是要训练干部学会指挥现代战争，使干部战士经过训练后既能打仗，又能搞社会主义建设②。

2. 坚定不移地走有中国特色的精兵之路

这是新时期军队建设的总方针。邓小平指出，军队就是要提高战斗力，必须把提高战斗力作为新时期军队建设和改革的出发点和落脚点，作为检验军队各项工作的根本标准；新时期军队建设要讲质量，军队要整顿，要精简整编，要讲真正的战斗力，讲实战能力，搞少而精的真正顶用的、真正是现代化的东西。中国是一个大国，没有必要的武装是不行的，没有足够的武装力量不能保证安全的，要贯彻精兵、利器、合成、高效的原则；新时期军队建设必须贯彻改革精神，改革是社会主义制度的自我完善，不仅指经济还包括各行各业，我军改革应该首先搞好体制、编制改革，并以此为重点，带动其他方面的改革，军队改革必须积极而又稳妥地进行，成熟一件做一件③。

3. 军队和国防建设是全党和全国人民的事业

这是邓小平关于新时期国防建设的重要思想。邓小平指出，在新的历史条件下，国防建设仍然要沿着毛泽东开创的道路前进，仍然要坚持全民办国防的指导思想，把建设精干的常备军与建设强大的后备力量结合起来，在继承野战军、地方军和民兵三结合武装力量体制的基础上，组建人民武装警察部队，组建预备役部队，加强民兵建设，建立起人民解放军现役部队与预备役部队、人民武装警察部队和民兵组成的武装力量；要深入持久地开展全民国防教育，要用历史教育青年、教育人民，在新的历史条件下爱国爱社会主义都是为了一个总的目标，即把中国发展起来，把民族振兴起来；要建立有效的国防动员体制，解决这个问题的关键是要坚持平战结合、军民兼容的原则，必须把战争动员纳入国民经济和社会发展的总体规划，纳入整个国防建设包括军队建设和后备力量建设之中；坚持军民一致、军政一致，要恢复和发扬军政、

① 邓小平. 邓小平文选(第二卷)[M]. 北京：人民出版社，2001.
② 邓小平. 邓小平文选(第二卷)[M]. 北京：人民出版社，2001.
③ 邓小平. 邓小平文选(第二卷)[M]. 北京：人民出版社，2001.

军民之间紧密团结的优良传统，要广泛深入持久地开展拥政爱民、拥军优属活动，要根据新的情况，开拓新的视野，创造新的形式，坚持从各个方面正确解决军民关系问题①②。

五、江泽民国防和军队建设思想

江泽民在领导我国国防和军队建设的实践中，创造性地运用毛泽东军事思想、邓小平新时期军队建设思想，思考新的历史条件下建设什么样的军队、怎样建设军队，未来打什么样的仗、怎样打仗的问题，围绕解决打得赢、不变质两个历史性课题，进行了不懈的探索，做出了一系列的重大决策和重要论述，形成了完整系统的国防和军队建设思想。

（一）推动国际格局多级化，营造安全稳定的周边环境

江泽民认为，中国社会的发展，离不开良好的国际环境，因此推动国际格局多级化，营造安全稳定的周边环境，是江泽民军队与国防建设思想的重要内容。

首先，推动建立多极化世界格局的国际新秩序。当前世界格局向多极化发展，充满着多极与单极的矛盾，是曲折发展的多极化。它的显著特点是"一超多强"，"一超更超，多强不强"，因此，在和平与发展作为时代主题条件下的世界多极化，可用三个一来表示：它是一种发展趋势，它是一个正在推进的过程，它是一个由多数国家表达出来的愿望。由此可见，推动建立一个真正多极化的世界，有利于世界和平和中国的发展。为此江泽民多次强调，在多极化格局的发展过程中，要注意准确判断多极化发展的方向及特点，把握多极化发展的大趋势，坚决反对霸权主义，同其他国家建立战略伙伴关系，推动国际政治民主化。

其次，营造安全稳定的周边环境。周边环境是国家的重要因素，为防止相邻的大国、强国对我国安全形成现实威胁，阻止一些国家利用我国相邻国家对我国形成威胁和包围，我们必须与周边国家建立和发展友好关系，营造一种有利于我国安全和发展的周边环境。为此江泽民指出，要在和平共处五项原则的基础上发展睦邻友好关系；积极稳妥地解决同周边国家的历史遗留问题；建立军事互信和交流机制；建立有效的亚太安全合作机制；强边固防是发展睦邻友好关系的基础工程。

（二）重科技强军，走精兵之路，推进中国特色军事变革

随着科学技术的迅猛发展和世界新军事变革的兴起，以江泽民为核心的党的第三代领导集体提出了重科技强军，走精兵之路，推进中国特色军事变革的思想。新时期我军仍然实行积极防御的战略方针。1993年初，江泽民主持制定了新时期战略方针，在战略上实行重大调整，把军事斗争准备的基点，由应付一般条件下的局部战争，转移到打赢现代技术特别是高技术条件下的局部战争上来。为此必须注重质量建设，实施科技强军战略，坚定不移地走中国特色的精兵之路，推进中国特色军事变革，实现我军由数量规模型向质量效能型、由人力密集型向科技密集型转变。

提出了实现我军现代化建设的跨越式发展，努力完成机械化和信息化建设的双重历史任务，坚持信息化为主导，机械化为基础，以信息化带动机械化，以机械化促进信息化，推进机械化和信息化的复合式发展。

坚持有针对性的发展，是中国特色军事变革的重要原则。按照战时牵引平时、需求拉动发

---

① 寿晓松. 邓小平军事思想新论[M]. 北京：军事科学出版社，2007.
② 中国人民解放军总政治部. 邓小平新时期军队建设思想学习纲要[M]. 北京：解放军出版社，1997.

展的原则，明确针对性，把有限的财力物力用到最需要的地方。一是针对急需。根据未来可能的作战样式和采取的作战手段，充分估计困难和不足，最急需什么就发展什么。二是针对弱点。一方面要瞄准敌方弱点，有针对性地发展反制武器与战法；另一方面是针对自身弱点，按照"木桶理论"，把"短板"补齐。

注重协调性发展，是中国特色军事变革实现的基本要求。推进我军军事变革既要顺应世界军事发展大势，同时也要着眼国家和军队整体建设大局，做到系统筹划、协调发展。中国特色军事变革，是实现民族伟大复兴和国家发展战略的重要组成部分，应把军事变革纳入国家总体发展规划，实现军事变革与国家战略的协调发展。

（三）打赢高技术条件下的局部战争

江泽民提出把军事斗争准备的基点转移到打赢现代技术特别是高技术条件下的局部战争上来，是根据我国所面临的国际形势、我国所面临的主要威胁特别是根据对台军事斗争准备而提出来的。

（四）加强军队全面建设

江泽民根据军队建设新的实践，在1990年12月的全军军事工作会议上提出，全军部队要做到"政治合格、军事过硬、作风优良、纪律严明、保障有力①"。"五句话总要求"涵盖了新形势下部队建设的基本内容，把部队建设各个方面的工作纳入革命化、现代化、正规化建设的轨道，是军队建设总目标的具体化和规范化。

"五句话总要求"为我军履行打得赢、不变质的历史使命指明了方向。对于新时期的军队建设，江泽民同志最关注的是两个历史性课题：一个是能否跟上世界军事发展的趋势，打赢未来可能发生的高技术局部战争；一个是能否保持人民军队的性质、本色和作风，始终成为党绝对领导下的革命军队。

落实"五句话总要求"，要牢固树立全面建设、协调发展的思想。军队建设是一个整体，革命化、现代化、正规化相互联系，密不可分，各方面的工作只有相互配合、相互促进，才能保证部队建设的胜利进行；只有各个方面共同进步、共同提高，才能保证军队总体水平的提升。"五句话总要求"，抓住政治、军事、作风、纪律和保障这五个直接关乎我军战斗力生成的基本要素，揭示了军队建设各个方面紧密联系、相辅相成的辩证统一关系。

江泽民的国防和军队建设思想，是新的历史条件下的强军治军之道，新的战争形态下的克敌制胜之策。它处处体现着与时俱进、开拓创新的精神，标志着我们党对国防和军队建设规律的认识达到了一个新的高度②。

六、外军近现代军事思想

（一）总体战

德国军事家、陆军上将鲁登道夫提出了总体战理论。鲁登道夫认为无论对于敌人还是本国人民，总体战都应该是突然的不宣而战；总体战必须在决定性的地点造成必要的兵力和兵器优势，并最大限度地利用这种优势突然打击敌人；必须将主力用于歼灭敌人的武装力量；同时必须无情地打击敌国的工业目标和居民；总体战应当是闪电式的速战速决。总体战是一种全面战

①　江泽民. 江泽民文选（第一卷）[M]. 北京：人民出版社，2006.
②　于化民. 江泽民国防和军队建设思想述要[M]. 北京：中央文献出版社，2006.

争的理论，消灭敌人的武装力量让敌人丧失战斗力，摧毁敌人的经济基础让敌人丧失战斗力持续能力，打击敌国居民瓦解其战争意志。未来的局部战争无论输赢都必须是短暂的，打一场旷日持久或断断续续的局部战争不如直接打一场速战速决的全面战争。未来的全面战争，消灭敌国的武装力量让敌人丧失战斗力，变更敌国的政权让其承认战败结束战争。战争对经济的依赖性在第一次世界大战中表现得非常明显。

（二）空军制胜

意大利军事理论家杜黑提出了空军制胜论。杜黑认为以能够夺取制空权并利用它来击破敌人物质上和精神上抵抗的空军，可以不依赖于地面上所发生的一切而保证取得胜利；空军的主要作用是夺取制空权，主要力量是轰炸机部队；空军是一支无法防御的进攻性力量，在未来战争中将起决定性的作用，而陆军和海军将退居次要地位；必须建立与陆军和海军并列的独立空军，建设民用航空作为空军后备；空军夺取制空权后，对敌国重要的政治和经济目标进行集中轰炸，摧毁敌国物质和精神的抵抗，即可赢得战争的胜利。夺取制空权是一种不需要建立大规模的武装力量和不需要进行持久战争就能获得最大胜利的斗争方法。

（三）坦克制胜

英国军事家富勒提出了坦克制胜论。富勒认为大批集中使用坦克和航空兵，实施突然有力的突击，可迅速突破对方主要集团的防线，深入敌纵深，摧毁一个战备不足的国家；坦克是决定性的力量，必须改革军队，建设少而精的机械化部队。坦克制胜论是一种不需要广大人民参加，仅靠少量精锐的职业军队最大限度地使用新式武器就能取得战争胜利的理论。

（四）闪击战

德国将领古德里安在总体战、空军制胜论和坦克制胜论的基础上提出了闪击战理论。闪击战的精髓就是最大限度地集中使用最新的高技术兵器以最小的损失，突然而迅速地达成战争目的。集中、突然和速度是闪击战的三个关键要素。闪击战把奇袭、迅速和集中融为一体，像闪电一样打击敌人。闪击战让敌人猝不及防，在突如其来和势不可当的打击之下丧失士气，在第一次巨大的打击之下立即崩溃。闪击战做到了"出其不意，攻其不备"、"集中兵力"和"速战速决"，也做到了"以石击卵"。

闪击战的精髓有以下三点：

1. 折叠时间和空间

争取时间和夺取空间是军事对抗的重要内容。采用欺骗手段在出敌意料的时间、出人意料的地点，利用坦克集群的快速突击，飞机的空中火力和纵深机降、伞降的高速配合，形成威力巨大的现代撞城锤。闪击战是时空关系的改变创造的新作战理论，产生了让人难以想象的作战效能。

2. 用机动性产生冲击力

速度是让敌人猝不及防和意想不到的关键性因素。进攻冲量＝攻方战斗力×进攻时间＝进攻动量＝战场上的攻方实力×进攻速度，集中兵力形成强大的实力，机动性获得很快的速度，从而产生极大的进攻冲量，让敌人在第一次巨大的打击之下立即崩溃。

3. 震惊和震慑

攻其无备，出其不意。作战的突然性和意外性，可以弥补兵力的不足。用突如其来和势不可当的巨大打击震慑敌人，使之丧失作战意志。法国的一次战役中，大量法国军队被震慑住，丧失了作战意志，被俘人员竟多达 150 万。

（五）顶点论

德国军事理论家克劳塞维茨认为胜利常常而且在大多数情况下都有一个顶点。这个顶点，主要是指作战强度和作战限度。由于顶点的存在，发起进攻的强者，到达顶点后，便会逐渐由强变弱，防御的弱者，如果注意积聚力量就可能逐渐由弱变强。闪击战依靠集中兵力、突然性和高速度产生了前所未有的进攻冲量，但是这个进攻冲量始终是有限的，始终有个顶点。防守冲量＝守方战斗力×防守时间＝防守动量＝战场上的守方实力×迟滞速度。

（六）海权论

19 世纪美国军事家马汉提出了海权论。马汉认为必须建立并运用强大的海军和其他海上力量，去夺取制海权，控制海洋，进而实现国家的战略目标。占领土地就可以控制与这块土地有关的一切：政权、人口、文化、领空、水系、森林、矿产资源、耕地或牧场等。由于人生活在陆地上，所以领土是最重要的。世界上不存在没有主人的陆地，但存在大量的公海。

（七）物资和谋略

18 世纪英国劳埃德将军认为必须把战争分为军事学术所利用的物资材料和无穷的千变万化的战争情况中对原则的正确而迅速的应用两部分。"兵马未动，粮草先行"和速战速决都有处于后勤物资方面的考虑。后勤物资是进行战争的必要条件，战略战术才是赢得战争的充分条件。

（八）国家意志与战争意志

18 世纪英国劳埃德将军认为一个国家的政治结构及其政体对人们性格的影响不亚于地理因素。同时他认为必须把精神因素作为进行战争的重要因素。军心士气是最直接的精神因素。领导人的战争意志、政府的战争意志和人民的战争意志都是精神因素。心理战、震慑作战和舆论战都是对精神因素作战。电子邮件劝降、广播电视宣传、纸片轰炸和斩首等都是旨在瓦解敌人的心理防线。攻心为上，攻城为下，心战为上，兵战为下。攻心攻言，伐谋伐交，不战而胜。

（九）纵队战术

拿破仑摒弃了线式战术，运用纵队战术，赢得了 35 次会战的胜利。战术创新是非常重要的。二战初期，德国依靠少量的装甲师采用闪电战术迅速击溃了波兰和法国的百万大军。一颗小石头可以击破无数个鸡蛋，而再多的鸡蛋也不能击碎一颗小石头。战争的胜负往往由最精锐的战斗力决定而不由平均战斗力决定。军队的结构可以是大棉花加小石头，绝不能是鸡蛋加鸭蛋。

（十）政治战略，军事战术

普鲁士军事家比洛认为战略从属于政治，战术从属于战略。人类谋略、政治战略、军事战术中最重要的是人的谋略，人的谋略智慧决定政治战略，人的谋略智慧决定军事战术。

（十一）保留预备队

奥地利元帅卡尔大公认为无论进攻还是防御都必须在决定性的地点集中优势兵力，并保留预备队。由于战争瞬息万变，谁也不能在事实上稳操胜券，所以没有预备队的战争就是孤注一掷的赌博。

第二节　军事科技

现代军事技术主要是指军事高技术，它是高技术的重要组成部分。军事高技术是指建立在现代科学技术成就基础上，处于当代科学技术前沿，以信息技术为核心，在军事领域发展和应用的，对国防科技和武器装备发展起巨大推动作用的那部分高技术的总称。与一般技术相比，有明显的七大特点，即高智力、高投资、高竞争、高风险、高效益、高渗透、高速度。

从宏观层次上来分，目前军事高技术主要可分为六大新技术，即信息技术、新材料技术、航天技术、生物技术、新能源技术和海洋技术。从军事高技术与武器装备的关系出发，军事高技术还可分为两个层次或两种类型：一是支撑高技术武器装备发展的共性基础技术，主要包括微电子技术、光电子技术、电子计算机技术、新材料技术、高性能推进与动力技术、先进制造技术和仿真技术；二是直接应用于武器装备并使之具有某种特定功能的应用技术，主要包括侦察监视技术、伪装与隐身技术、精确制导技术、电子对抗技术、指挥自动化系统技术、军事航天技术、核生化武器技术、新概念武器技术等。本节主要介绍后者。

一、精确制导技术

（一）精确制导技术及其分类

1. 制导的含义

制导是指由制导系统按一定规律对制导武器进行导引和控制，并调整其运动轨迹，直至以允许的误差命中目标；制导系统用于探测或测定制导武器相对于目标的飞行情况，计算制导武器实际位置与预定位置的飞行偏差，形成引导指令，并操纵制导武器改变飞行方向，使其沿着预定的弹道飞向目标。制导系统又分为引导和控制两个系统。

制导武器理想的飞行弹道有五种：比例导航轨道、直线轨道、瞄准线轨道、巡航轨道和弹道式轨道。

2. 制导技术分类

制导技术主要有以下几种制导方式：一是寻的制导。寻的制导又称自寻的制导，它是通过弹上的导引系统感受目标辐射或反射的能量，自动跟踪目标，并且控制制导武器飞向目标的技术。二是遥控制导。它是由制导站在远距离向制导武器发出引导信息，将导弹引向目标或预定区域的技术，分为指令制导和波束制导（或驾束制导）。三是惯性制导。惯性制导是利用制导武器上的惯性测量设备，测量制导武器运动参数的制导技术。四是地形匹配与景象匹配制导。地形匹配制导是利用地形信息进行制导的技术，也可叫成地形等高线匹配制导；景象匹配制导是利用景象信息进行制导的技术，又可叫成景象匹配区域相关制导，主要包括雷达图像匹配制导、可见光电视图像匹配制导、激光雷达图像匹配制导和红外热成像匹配制导等方式。五是全球定位系统（GPS）制导。GPS 制导是利用全球定位系统的导航功能，为制导武器提供的精确制导方式。六是复合制导（或组合制导）。复合制导是指导弹在空中飞行的各个阶段分别采用不同制导方式的技术。

（二）精确制导技术在军事上的应用

1. 精确制导武器

精确制导武器一般是指直接命中概率超过 50% 的制导武器。直接命中则是指制导武器的圆概率误差小于该武器弹头的杀伤半径，用英文符号 CEP（圆概率误差）表示。CEP 值越小，制导武器的命中精度越高；CEP 值越大，制导武器的命中精度就越低。

精确制导武器通常包括导弹和制导弹药两大类。导弹的种类很多，可以从多种角度分类。

一是按导弹发射点和目标位置分类，包括地对地导弹、地对空导弹、空对地导弹和空对空导弹。二是按导弹的射程分类，包括短程导弹、近程导弹、中程导弹、远程导弹、洲际导弹。三是按作战使命分类，包括战略进攻、防御型导弹，战术进攻、防御型导弹。四是按攻击的目标分类，包括反坦克、反舰、反雷达（反辐射）、反飞机、反卫星、反导弹导弹等。五是按飞行弹道分类，主要有巡航导弹和弹道导弹。

精确制导弹药有末制导弹药和末敏弹药两类。末制导弹药主要有制导炮弹、制导炸弹、制导地雷和制导鱼雷等；末敏弹药主要有反装甲子弹药。

导弹是依靠火箭和自身动力装置推进，由制导系统导引和控制飞向目标的，制导弹药发射的初段和中段需要借助火箭、火炮、飞机等投掷，而无其他动力装置。

2. 精确制导武器的作战应用

自从制导武器问世以后，各种类型和各种作用的导弹层出不穷，制导技术也是千变万化，经历了数十场战争的检验，不乏各种制导武器成功应用的战例。1962年9月至1969年10月期间，中国防空部队使用SA－1、HQ－2等地空导弹，击落美、蒋U－2高空侦察机5架和无人驾驶高空侦察机3架，取得了辉煌的战绩。近年来，精确制导武器应用的范围越来越广，使用的精确制导武器品种越来越多，发射数量越来越大。在海湾战争中，美军和多国部队使用了防空导弹、反坦克导弹、空空导弹、空地（舰）导弹、地地战术弹道导弹、巡航导弹等20多个品种，共发射21 000多枚各型导弹，投掷各种制导弹药15 500多枚，7 400多吨。其中，激光制导炸弹就有10 300枚。

（三）精确制导技术的发展趋势

精确制导技术的发展趋势，一是制导技术向智能化转变。随着信息技术和电子计算机技术的发展，在制导武器上使用大型电子计算机的可能性大增，利用成像传感器替代人眼，用微处理器和各种软件模拟人的分析、判断、决策过程，在一定范围内实现制导武器自动搜索、发现、识别目标并定位，自动采用适合的方式攻击目标。二是制导技术向高精度方向发展。在制导武器上广泛使用高精度制导技术的范围迅速扩大，激光制导、GPS制导、毫米波制导、红外寻的制导等技术被运用到各种制导武器上。三是制导技术向复合制导方式发展。由于单一制导方式易被干扰，命中精度低，因此，许多国家都致力于发展复合制导的导弹，以提高导弹的抗干扰能力和直接命中精度。

制导武器的发展将主要体现在提高制导武器的机动灵活性能；提高导弹飞行速度和采用隐身技术加强突防能力；发展射程远、载荷大的导弹，以提高毁伤能力。

二、隐身伪装技术

（一）伪装技术的发展与应用

1. 伪装技术的基本内容

什么是伪装？伪装就是进行隐真示假。为欺骗和迷惑敌方所采取的各种隐蔽措施，通过隐蔽真目标、设置假目标、实施佯动、散布假情报和封锁消息等措施，以降低敌方侦察的效果，提高目标的生存能力，为己方获得战争胜利创造有利条件。伪装的基本原理是采用减小目标与背景在光学、热红外、微波波段等电磁波的散射或辐射特性的差别，以隐蔽目标或降低目标的可探测特征；模拟或扩大目标与背景的这些差别，以构成假目标，欺骗敌方。目标的可探测特征包括目标的形状、尺寸、色泽、位置、阴影、声音、痕迹、电磁波辐射、热辐射等。军事伪装就是采用电子、电磁、光学、热学和声学的技术手段，改变目标本身的特征信息，实现对周围背景的复拟复制，降低或消除这些目标特征，实现隐真示假。

伪装的分类有两种基本的方法。一是按军事伪装的运用范围分类，可分为战略伪装、战役伪装、战术伪装；二是按伪装所对付的侦察器材分类，可以分为雷达波段伪装、可见光及红外波段伪装、防声测伪装。伪装的技术措施主要包括天然伪装、迷彩伪装、植物伪装、人工遮障伪装、烟雾伪装、假目标伪装、灯火与音响伪装等。

2. 伪装在高技术战争中的应用

在现代高技术战争中，伪装被用来对付各种雷达设备、光学相机、电视摄像机、红外扫描仪、热像仪等光电设备的侦察，以及对付制导武器的攻击。尽管现代侦察手段和攻击性武器性能非常优越，但伪装仍是对付敌方侦察、进行防御、实施己方作战保障的重要手段，它能有效地降低敌方侦察器材的侦察效果和武器攻击的命中率，减少损失。

3. 伪装技术的发展趋势

未来伪装技术的发展趋势主要表现在伪装技术与武器装备的一体化、发展新的伪装技术和研制新型的伪装器材。伪装技术将与各种具有高军事价值的目标融为一体，使其本身就具有伪装能力。新型伪装技术和伪装器材主要包括超级植物毯、高技术迷彩、高技术涂料、新型多功能伪装网、新型气溶胶发生剂等。

（二）隐身技术的发展与应用

1. 隐身技术的基本内容

隐身技术，又称"隐形技术"、"低可探测技术"。它是通过降低武器装备等目标的信号特征，使其难以被发现、识别、跟踪和攻击的技术。

隐身技术综合应用了流体动力学、材料科学、电子学、光学、声学等众多学科领域的技术，是将传统的伪装技术向高技术化的发展和延伸，是第二次世界大战后军事技术的重大突破之一。

隐身技术起源于第二次世界大战时期的德国，德军首先应用隐身外形技术设计飞翼式喷气试验机，并首先把吸波材料作为隐身材料喷涂在潜艇上。二战以后主要以美国为主开展隐身技术研究，经历了探索时期（20 世纪 60 年代以前）、技术全面发展时期（20 世纪 60—70 年代）、应用时期（20 世纪 80—90 年代）和深化研究广泛应用时期（20 世纪 90 年代至今）等四个阶段。由于现代战场上的侦察探测系统主要有雷达、红外、电子、可见光及声波等探测系统，因此，隐身技术对应地被称为"雷达隐身技术"、"红外隐身技术"、"电子隐身技术"、"可见光隐身技术"、"声波隐身技术"等。

2. 隐身技术的军事应用

20 世纪 80 年代以后，由于隐身技术的发展取得了重大进步，战场对武器装备的隐身要求又非常迫切，隐身技术和隐身武器装备受到世界各国的高度重视，武器装备的隐形化成为现代军事高技术一个重要领域，也是武器装备发展的重要趋势。各种隐身技术的综合运用，产生了一系列新型的隐身武器装备。目前，在战争中已多次运用的隐身武器装备主要有美国的隐身作战机，如 F－117A 隐身战斗机、B－2 隐身战略轰炸机和 F－22 隐身作战机等，都采用了雷达、红外、电子、可见光和声波隐身技术。隐身技术除在作战飞机上广泛应用之外，还有导弹、火炮、舰艇、坦克等武器装备也应用了隐身技术。

3. 隐身技术的发展趋势

在 20 世纪 90 年代发生的几起局部战争中，由于隐身技术和隐身武器装备的使用，在隐蔽突防能力、抑制各种侦察探测能力、进攻能力和电子对抗能力上都对现代战争产生了重大影响。为此，世界上有越来越多的国家重视和发展隐身技术，特别是美国一直把隐身技术列入国防关键技术计划。并提供大量经费予以支持。随着现代高技术战争的需要和反隐身技术的提高，必将促使隐身技术的进一步发展。主要发展趋势可以概括为发展宽频段、全方位，多功能和低成本的隐身技术装备。

三、侦察监视技术

（一）侦察监视技术的基本内容

侦察是军队为获得军事斗争特别是战争所需要的敌方或有关战场的情况而采取的措施，是"知己知彼"，实施正确指挥、获得战争胜利的重要保障。侦察的直接目的是探测目标。现代侦察监视技术就是指发现、识别、监视、跟踪目标并对目标进行定位所采用的技术。发现，就是将目标与目标背景作比较，或依据周围背景的某些不连续性，将潜在的目标提取出来，确定目标在某个地方；识别，就是确定目标的真假和区分真目标的类型；监视，就是严密注视目标的动静；跟踪，就是对目标的连续不断地监视；定位，是指按照一定的精度探测确定出目标的位置，包括目标的方位、高度、距离、运动方向和速度。

现代高技术的军事侦察，尤其是战场侦察，一般都要求解决上述几个问题。自然界中的任何实物目标都包含有与所处背景不同的特征信息，包括声、光、电、磁、热、力学等。现代侦察监视系统的工作过程就是利用目标的特征信息在向外传输时，被探测器接收、加工处理成能被人的感官接受的声音和视觉信号。

现代侦察技术可分为地(水)面、水下、空中和空间四个侦察系统。

1. 地(水)面侦察监视技术

地(水)面侦察监视是在陆地(水)上进行的侦察与监视。主要手段除传统的光学侦察外，还有无线电通信侦察、雷达侦察、地面传感器侦察等。

2. 水下侦察监视技术

水下侦察监视是利用水下侦察设备探测水下的各种目标。水下侦察设备分为水声探测设备和非声探测设备。水声探测设备有声呐和多种水声探测仪器；非声探测设备有磁探仪、红外线、低能见度电视等多种探测仪器。水下激光探测还处于探索阶段。

3. 空中侦察监视技术

空中侦察监视技术是指利用航空器在环绕地球的大气空间时，对敌方军队及其活动、阵地、地形等情况进行的侦察与监视，具有灵活、机动、准确和针对性强等特点。所以，即使有了侦察卫星，空中侦察仍然是获取战略情报和战术情报的基本手段。主要侦察设备有可见光照相机、多光谱照相机、激光扫描相机、红外扫描装置、电视摄像机、合成孔径雷达、机载预警雷达、无线电及其他侦察设备。

4. 空间侦察监视技术

空间侦察监视系统是利用航天器上的光电遥感器和无线电接收机等侦察设备获取情报的技

术。空间侦察与监视的主要特点，一是轨道高，发现目标快，侦察范围广，可在短时间内侦察广阔的地域；二是可长期、反复地监视全球，也可定期或连续地监视某一地区；三是可在短期内或实时地提供侦察情报；四是不受国界和地理条件的限制。空间侦察设备有照相侦察卫星、电子侦察卫星、导弹预警卫星、海洋监视卫星和核爆炸探测卫星。侦察卫星上使用的侦察设备与空中侦察监视设备基本相同。

（二）侦察监视技术在现代战争中的应用

现代侦察监视技术的发展及其在战场上的应用，使得现代战场侦察能力有了显著提高；其主要表现，一是侦察手段多样化。各种侦察手段的综合运用，大大提高了大面积监视能力。二是战场侦察立体化。遍布空间、空中、地面到水下的多层次、全方位的立体侦察监视网络，提高了侦察监视的精确度。三是情报传输网络化。在现代战争中，建立侦察监视系统的情报传输网，对于提高和改善实时侦察有很重要的作用。四是信息处理自动化。各种高技术侦察监视手段 24 小时全时域的工作，获得的情报数量惊人，若用人工传输、分析、处理，短时间极难办到，而利用计算机自动化处理系统，可以保证情报的及时分析，提高作战指挥的时效性。

（三）侦察监视技术的发展趋势

由于各种高技术手段的广泛应用，现代侦察技术正在进入一个崭新的发展阶段。主要发展趋势，一是空间上的立体化。由于现代武器的射程急剧增加，部队的机动能力迅速提高，现代战争已经向大纵深的立体战争发展，为了适应这种变化，侦察监视体制必须是由空间、空中、地（水）面、水下侦察监视设备组成的“四合一”立体系统。二是速度上的实时化。高技术武器装备快速多变，部队机动能力加强，要求侦察监视所用的时间尽量短，因此，必须采取措施提高信息的处理和传输速度。三是手段上的综合化。随着侦察监视技术的改进，各种反侦察设备和伪装干扰技术也得到了发展，为了识别伪装，要加强对地面目标特征的研究，加速研制新的红外、激光、微波遥感器，采取多种手段并用，提高侦察效果。四是侦察监视与攻击系统一体化。将部队的侦察监视系统与武器装备有机地结合起来，构成一个作战整体。以便发现目标时能及时摧毁目标。五是提高侦察监视系统的生存能力。侦察监视系统在侦察监视目标的同时，自身也将受到对方的侦察和监视，侦察监视系统易受反侦察武器和精确制导武器的攻击，因此，提高侦察监视系统自身的生存能力是刻不容缓的问题。

四、电子对抗技术

（一）电子对抗技术概述

1. 电子对抗的定义

电子对抗是指作战双方利用电子设备和器材所进行的电磁频谱斗争。美国在 1993 年给“电子对抗”下的定义是：利用电磁能和定向能以控制电磁频谱或用电磁频谱攻击敌方的任何军事行动。电子对抗包括电子进攻、电子防护、电子对抗支援三种作战样式。其主要目的是为了争夺电磁频谱的使用权和控制权。因此，所有使用电磁波的设备都是电子对抗攻击的目标。

2. 电子对抗的特点

电子对抗是一种崭新的作战样式，它具有与传统的作战方式截然不同的特点和规律。一是电子对抗范围广。它有许多技术分支，而且是一个多学科综合技术，包括射频对抗、光电对抗、声电对抗等。二是电子对抗贯穿战争的全过程。在战争开始前，开展电子侦察、了解敌情，为制订作战计划提供依据，利用电子欺骗和电子佯动等方法迷惑敌人。在战争开始时，开展电子干扰，压制敌方电子设备的使用，利用反辐射武器摧毁敌方电子设备，夺取制电磁权。在战争过程中，不间断地进行电子侦察，及时发现敌人电子设备的使用情况，以便组织干扰和摧毁。三是电子对抗具有软、硬杀伤的双重战斗力。软杀伤就是能有效地阻止敌方正常使用电子设备的作战效能，硬杀伤就是用反辐射武器摧毁敌方的电子设备。四是电子对抗组织实施相对复杂。战场空间电磁环境是十分复杂的，且电磁信号繁多、变化无常，因此快速搜索、跟踪和自动放干扰都是很复杂的。

3. 电子对抗的作用

电子对抗的作用首先是能获得重要军事情报。在现代战争中，能及时、准确、全面地截取敌方的重要情报，对指挥作战有重要意义。因此，利用电子侦察手段对敌方进行广泛的侦察，是获取重要情报最有效的途径。其次是破坏敌方的作战指挥系统。利用电子对抗的各种手段攻击敌方的通信设备和 C^3I 系统，可为夺取战争胜利创造有利条件。第三是破坏敌方电子防御系统，掩护己方突防武器的攻击行动。利用电子对抗攻击手段对敌方的预警、导航、侦察、制导雷达进行有效的干扰、欺骗及摧毁，使其难以发现目标。破坏敌方的导航、制导能力，就可以有效地掩护己方的飞机、舰艇、导弹顺利地突破电子防御体系，并对其进行有力的打击。第四是对重要目标进行防御。在战争中，指挥中心、机场、重武器阵地、导弹阵地等目标，是敌人重点攻击的对象。在这些目标附近，设置电子对抗防御设备，可以干扰、迷惑敌制导武器的攻击，而达到保卫重要目标的目的。第五是掩护己方作战任务的顺利进行。在现代高技术战争中，电子设备繁多，敌对双方都千方百计地攻击对方电子设备，使其不能正常发挥作用。因此，夺取制电磁权可以有效地防止敌方对己方的电子侦察、电子干扰、电子摧毁，确保己方电子设备的正常使用，就可以掩护己方作战任务的顺利完成。

4. 电子对抗的分类

电子对抗包括电子侦察与反侦察、干扰与反干扰、隐身与反隐身、制导与反制导、摧毁与反摧毁等基本内容。电子侦察是利用电子侦察设备对敌方使用的通信、雷达、制导等电子设备进行侦察，以获得敌方电子设备有关情报；电子反侦察是通过伪装、隐身、隐蔽、保密等方法，不使电子设备的信息被敌方侦察的技术，其作用是削弱、阻断敌方的侦察；电子干扰是采用专用设备发射电磁波信号干扰、破坏敌方电子系统正常工作的技术；电子反干扰是识别、阻止敌方干扰，以保护己方电子系统处于正常工作状态的技术；隐身技术是现代作战平台和攻击性武器，用以降低其信号探测特征，使其难以被探测、截获、识别的低可探测性技术；反隐身技术主要是加强雷达的探测能力和电子对抗能力，灵活运用各种探测能力、电子对抗能力对隐身目标进行探测的技术；制导装置是精确制导武器的核心控制器件，它是由电子器材构成的，制导武器的攻击精度高低与制导控制器件有很大的关系；反制导是对制导武器控制器件进行电子对抗攻击，可使80%的精确制导武器偏离瞄准目标；电子摧毁是对敌方的电子设施实施摧毁手段，使其不能使用；反摧毁技术是指雷达利用各种战术和技术措施防止遭到反辐射武器攻击的技术。

（二）电子对抗技术的军事应用

电子对抗按技术应用还可以分为通信电子对抗、雷达电子对抗、光电电子对抗、网络电子对抗、C^3I 系统电子对抗等。

1. 通信电子对抗

通信电子对抗通常是指无线电通信中的侦察与反侦察、干扰与反干扰。通信侦察是摸清敌方通信设备的信号频率、功率、调制方式等信号特征，以便对其实施干扰。通信干扰是干扰敌方正常通信状态，使其不能正常工作，达到破坏敌方指挥联络的目的。反侦察和反干扰是防止通信侦察和干扰而采取的技术措施和组织措施。目前，针对敌方的通信侦察和干扰，主要采取新体制通信手段与之对抗，如跳频通信、扩频通信、猝发通信和卫星通信等。

2. 雷达电子对抗

雷达是利用发射探测电磁波脉冲来搜索目标的设备。当雷达发射的电磁波脉冲信号遇到目标时会产生反射信号，利用接收反射信号可以测定目标的性质和空间位置。雷达电子对抗就是针对雷达的工作特点对其进行侦察、干扰和摧毁，破坏其对目标探测和获取目标信息的能力。雷达侦察和雷达干扰与通信电子对抗相似。摧毁是指运用反辐射武器对敌方雷达进行攻击，直至摧毁敌方的雷达。反辐射武器主要包括反辐射导弹和反辐射无人机两种。雷达为免遭摧毁可采取诱饵引偏技术或部署假雷达阵地，控制雷达发射而进行间歇工作，采用反辐射导弹逼近告警系统，以及采用低截获率雷达和毫米波雷达等措施。

3. 光电电子对抗

光电电子对抗主要包括激光、红外和可见光等电子对抗。由于光控武器在历次战争中的作用非常突出，而且武器种类越来越多，因此对光控武器的电子对抗已成为克敌制胜的重要任务。光电电子对抗与雷达电子对抗类同，包括侦察与反侦察、干扰与反干扰、制导与反制导、隐身与反隐身、摧毁与反摧毁等几个方面。

4. C^3I 系统的电子对抗

C^3I 系统是军事指挥自动化系统（目前，最新的一种提法是 C^4ISR），是战场情报、分析判断、决策指挥、执行系统连成一体的指挥体系。它可在战场上实施信息战，压制敌方信息系统，保护己方的指挥顺畅，因此，C^3I 系统电子对抗包括了电子对抗技术的各个方面。在战争中，C^3I 系统有不可替代的作用，而且是被攻击的首要目标。为此，应采用机动、隐蔽、伪装、反侦察、反干扰、反摧毁的技术，构筑整体电子防御的体系。C^3I 系统中的电子对抗分为雷达电子对抗系统、通信电子对抗系统、光电电子对抗系统、计算机病毒干扰系统、GPS 电子干扰系统、敌我识别干扰系统、引信干扰系统等。

（三）电子对抗的发展趋势

未来的高技术战争，没有"制电磁权"，就很难有"制天权"、"制空权"、"制海权"、"制陆权"。随着电子技术的飞速发展，电子对抗技术将主导战争的进程，并且将直接影响战争的结局。电子对抗的发展趋势，一是电子对抗装备将向一体化的综合系统发展，为了适应未来战场的需要，电子对抗装备将出现多种传感器组成的一体化告警系统，侦察、测向、干扰组成的一体化对抗系统，通信对抗和雷达对抗组成的一体化系统。通过电子设备一体化进程，达到电子对抗设备的通用化、宽频段，从而做到资源共享、一机多能、机动灵活。实现电子对抗设备从"软杀伤"向"硬杀伤"的转变。二是发展以 C^3I 系统为主要目标的电子对抗。C^3I 系统是战斗力的"倍增器"，是军队的"中枢神经"，它一旦被毁，军队就会处于混乱状态。由于 C^3I 系统是由大量电子设备组成，受电子攻击的威胁也就特别大，因此 C^3I 系统是电子对抗攻击的重点目标。三是发展网络攻击型电子对抗。随着网络技术的高速发展，已经扩展到全社会的各个领域，特别是军队的指挥自动化系统，网络是 C^3I 系统的命脉。网络战是以电子计算机和计算机网络为主要攻击目标，以先进的信息技术为基本手段，在整个网络内进行的电子对抗，包括"黑客渗透"袭击、计算机病毒感染袭击等。它可使敌 C^3I 系统无法发挥作用而失去控制信息的能力，因此受到各国的高度重视。四是加速发展空间电子对抗。空间技术在战争中的影响越来越大，针对空间电子设备的电子对抗，不可避免地将高速发展在太空中用于军事目的的电子设备，如通信卫星、侦察卫星、导航定位卫星、卫星雷达等。五是发展隐身技术。隐身技术在海湾战争和科索沃战争中已显示出强大的生命力，在未来战争中隐身技术也将成为电子对抗技术的一个重要方面。

五、航天技术

（一）航天技术基本内容

1. 航天运载器

航天运载器是用于克服地球引力和空气阻力将航天器送到外层空间的技术装备。它是航天技术的基础。目前常用的运载器是运载火箭，一般为多级火箭。未来还会使用空天飞机作为航天运载器。1957 年 10 月，苏联把世界上第一颗人造地球卫星送上了太空，标志着航天技术的诞生，揭开了太空时代的序幕。

2. 航天器

航天器是在宇宙空间执行航天任务的飞行器。航天器分为载人航天器和无人航天器。载人航天器有飞船、空间站、航天飞机；无人航天器有人造地球卫星和空间探测器两类，而人造地球卫星的数量最多，包括科学卫星、应用卫星、技术试验卫星。目前大量使用的军事卫星就属于应用卫星。

3. 航天器测控技术

它是指对航天器飞行状态进行跟踪测量并控制其运动和工作状态的专用技术。

（二）航天器的军事应用

1. 军用卫星

军用卫星是指完成各种军事任务的人造地球卫星。美国从 1959 年就开始发射军事用途的卫星。苏联于 20 世纪 60 年代初开始发展军事卫星。40 多年来，军用卫星技术性能有了很大提高。军用卫星按用途可以分为军用通信卫星、侦察卫星、海洋监视卫星、导航卫星、气象卫星、测地卫星等。侦察卫星是为获取军事情报而发射的人造地球卫星。军事导航卫星是通过卫星上发射无线电信号，为地面、海洋、空中和空间军事用户导航定位的人造地球卫星。利用卫星来导航或定位，具有高精度、全天候、能覆盖全球和用户设备简便等特点。美国全球导航定位系统（GPS 系统）能够为部队、装甲兵、飞机、舰船导航和定位，同时也可为精确制导武器提供精确的制导定位。测地卫星是用于测量地球的形状和大小、地球重力场的分布、城市和村庄的布局、军事目标的地理位置的卫星。测地卫星对军事侦察有重要的作用。气象卫星是从空间获取气象情报的重要装备，对全球天气监视和天气预报业务有重要用途。

2. 天基武器系统

天基武器主要指部署在外层空间用于攻击敌方航天器、拦截战略弹道导弹的空间武器。主要包括反卫星卫星、动能武器和定向能武器等。

3. 军用载人航天器

载人航天器包括载人飞船、空间站、航天飞机和空天飞机，它们都可执行军事任务。载人飞船是指能保障宇航员在空间轨道上生活和工作，并能安全返回地面的航天器；空间站是大型、绕地球轨道作长时间航行的载人航天器，是多用途的太空基地，有广阔的军事应用前景。航天飞机是部分可重复使用的，往返于地面和近地轨道之间，载人和运货兼用的航天器，在军事上有重要的应用价值；空天飞机是能在普通跑道上水平起降，并在大气层内、外飞行的完全可重复使用的航天器。目前，这种航天器正处于试验阶段，在军事上的应用前景广阔。

（三） 军事航天技术的发展趋势

1. 研究直接支援部队作战为主的战术卫星系统

美、俄等军事航天大国发射的各种军事卫星，均属战略层次的航天器，海湾战争和科索沃战争的实践表明，这些卫星在对高技术局部战争的适应性上，还不能满足战术应用的要求。为支援部队作战，军事卫星应从战略型向战术型转变。

2. 军用卫星系统与 C^3I 系统实现联网运行

目前使用的大部分军用航天系统都是分立结构或为独立系统，彼此互通互联性差，信息不能及时共享和综合利用。未来的军用航天器将朝网络化方向发展，部署在不同轨道、执行不同任务的航天器和相应的地面系统将连接组网，实现空间侦察监视与陆、海、空的相关设备组成一体化的 C^4ISR 系统，从而夺取太空信息优势。

3. 微小型卫星和超大型卫星将各显身手

现代卫星系统技术的发展产生了两个极端。一是小型化。微小型卫星具有质量轻、体积小、研制和发射成本低、研制周期短、发射方法灵活、不易被摧毁等一系列优点，受到世界各国航天界的高度重视。二是巨型化。大型卫星将进一步发展，朝着超大型、综合型、多功能、可维修和长寿命的方向发展。

4. 加速发展天基武器系统

太空已成为继陆、海、空之后的第四战场，各国对太空的争夺不可避免。美国为独霸太空正在加紧发展空间攻防武器系统，其地基动能与激光反卫星武器已具备实战能力，机载与天基反导和反卫星激光武器均已取得重大进展。

六、指挥控制技术

（一） 指挥控制技术的含义、分类及任务

（1） 指挥控制技术的含义

指挥控制技术，是指在军事指挥体系中，综合运用以电子计算机为主体的技术设备，把指挥、控制、通信、情报与电子对抗有机地结合成一体，能够实现信息收集、传递、处理、显示自动化和决策方法科学化，保障对部队和武器实施高效指挥与控制的人－机系统。指挥自动化系统可以用英文缩写 C^3I 来表示；C^3I 系统表示指挥、控制、通信、计算机和情报；C^4ISR 系统表示在 C^4I 基础上增加了监视和侦察功能；C^3IEW 则表示 C^3I 电子对抗系统。

（2） 指挥自动化系统的分类

按系统执行任务划分，包括战略 C^3I 系统、战役 C^3I 系统和战术 C^3I 系统；按使用 C^3I 系

统的军兵种，可分为陆军、海军、空军、海军陆战队和其他兵种 C^3I 系统等。

（3）指挥自动化系统的任务

军队指挥自动化系统的基本任务。一是综合运用各种侦察监视手段，搜集获取各方面的情报和信息，并进行必要的和适当的处理，经过分析、筛选、判断，将重要信息上报指挥机关和通报各作战部队；二是对各种重要信息数据进行作战模拟和预测，及时拟订作战计划和行动方案，实时显示战场态势和有关信息，辅助指挥人员做出正确的作战决策；三是将司令部的命令、指示，迅速、准确、及时、保密地下达给作战部队和部门，并对其进行指挥与控制；四是进行战场管理，监督部队执行任务，及时了解战场情况，反馈战场变化和发展趋势。从指挥自动化系统所担负的任务来看，它是部队的神经中枢，将军队各要素和各部门联结在一起，使军队的整体作战能力倍增。

（二）指挥自动化系统的组成、结构及功能

（1）指挥自动化系统的组成

从装备角度看，C^3I 系统主要由电子计算机、外部设备、通信设备和各种终端设备组成。从系统要素的角度看，C^3I 系统主要由人、机、网络三部分组成。C^3I 系统是一种综合性的电子信息系统，依据信息系统的特点，从信息流程和信息业务角度分析，C^3I 系统应由信息获取、信息传递、信息处理、信息显示、决策指挥和执行分系统组成。信息获取分系统的主要任务是综合利用部署在空间、空中、陆地、海洋的各种侦察探测设备，及时、准确、大量地收集战略情报和战场情报。主要设备包括各种遥感、传感设备和利用遥感技术进行情报收集的侦察卫星、侦察飞机、侦察雷达、声呐等，侦察的信息为电讯信息、视觉信息、光学信息、声响信息、文电信息、图形信息、图像信息和化学辐射信息等。

信息传递分系统，也称为通信分系统，主要任务是迅速、准确、保密、不间断地传输各种指挥控制情报信息，将指挥自动化系统连接为一个有机的整体，主要由各种通信信道、交换设备、通信终端设备组成。

信息处理分系统的主要任务是对输入计算机内的各种格式化信息进行综合分类存储、更新、检索、复制和计算等，并能进行军事运筹，协助指挥员拟定各种作战方案或计划，对各种方案进行模拟、比较、评估和优选等，由计算机硬件、软件和各种外部设备组成。电子计算机是指挥自动化系统各种技术设备的核心，主要用于文字、图形、图像和数据处理。各种外部设备主要用于各类信息输入、存储和输出。

信息显示分系统的主要作用是以文字、符号、数字、表格、图形、图像等多种方式为指挥员、参谋人员、系统工作人员提供形象、直观、清晰的战场态势、计划、方案、结果、运动轨迹和现场实况等，以便指挥人员迅速了解情况，迅速做出决策。信息显示系统主要由图形、图像处理设备和各种显示设备组成。

决策指挥分系统的主要作用是监视和控制整个系统的工作情况，辅助指挥员分析、判断并做出决策，拟定作战方案和下达作战命令。决策指挥分系统主要由一些具有各种监视和控制功能的设备组成，如指挥控制台、辅助决策计算机、作战模拟计算机、决策软件系统等。

执行分系统是 C^3I 系统的末端，是指对完成作战任务的部队人员和自动化武器装备实施指挥和控制的终端设备，主要任务是把作战命令信息或控制指令信息转变为具体的作战行动。

（2）指挥自动系统的结构

人们对 C^3I 系统的认识在不断发展变化，C^3I 系统的体系结构也在不断发生变化。有按军队编制体制建立起来的等级结构 C^3I 系统，也有适合协同作战的星形 C^3I 系统，近年又发展到适合陆、海、空、战略导弹部队联合作战应用的三维立体 C^3I 系统。各种结构的 C^3I 系统都具有组织指挥灵活、便于协同动作和适应性强等共同特点。

（3）指挥自动化系统的功能

不同层次、不同规模和不同军种的 C^3I 系统既有通用的功能，又有特殊的功能。通用的功能包括信息收集功能、信息交换功能、文电处理功能、图形处理功能、情报综合处理功能、辅助决策功能、信息显示功能、电子会议功能。军队指挥自动化系统是现代科学技术与军队指挥理论相结合的产物，随着 C^3I 系统概念的拓展，系统功能还会不断加强和完善。

（三）指挥自动化系统在军事领域的应用

（1）作战指挥

作战指挥是夺取战争胜利的关键。其首要任务是收集情报和处理情报。指挥人员和参谋人员可以通过 C^3I 系统获取大量情报信息，经分析、整理，为制订作战计划奠定基础，指挥人员和参谋人员可利用 C^3I 系统协助制订作战方案，并且根据实际情况对各种方案进行比较，选择最佳方案。在执行过程中将通过 C^3I 系统布置作战任务和下达作战命令。

（2）武器控制

武器控制是 C^3I 系统的重要应用。其作用是为了充分发挥武器的威力，削弱和破坏敌方的威胁。现代高技术武器具有威力大、速度快、威胁面广的特点。特别是导弹、核武器，破坏力非常巨大，操作复杂，发射前需要进行大量的参数计算，要在短时间内完成发射准备就必须使用自动化的操作系统。因此，C^3I 系统可以提高武器控制的速度与质量。它分为有人控制的自动化武器控制系统和无人控制的全自动武器控制系统两种。

（3）作战模拟

作战模拟是运用物理实体逻辑思维或数学方法模仿作战行动过程的技术。它可以根据已确定的优化指标，评价各种方案的优劣，预测策略和计划的效果，评估武器系统的效能，启发新的作战思想，提高指挥作战的水平，预测战争的结局。目前，国内外对作战模拟十分重视，建立了多种作战模拟系统，在军事领域已经得到广泛应用。

（4）人员训练

将 C^3I 系统或计算机用于军队的训练，可以提高训练质量，缩短训练时间，节省训练费用，还可提供通常训练不能支持的复杂训练科目。对飞行员和坦克驾驶员的训练可达到近似于实战的战场效果。

（5）后勤保障

C^3I 系统可以为后勤保障提供高效率、准确的物资统计、补充和指挥调度方面的支援，使后勤保障对用户的反应更加迅速，人力和资金消耗明显降低。

（6）军事办公自动化

军事办公自动化是指挥人员和军事机关管理人员利用办公自动化系统，处理日常事务以提高办公效率和质量的系统，是 C^3I 系统的重要分支。

军队指挥自动化系统的应用相当广泛，在现代战争中的地位也越来越重要，所起的作用也将越来越大，C^3I 系统可有效地解决高技术应用于军事使军队指挥难度空前增大的问题。同时，C^3I 系统还为军队提供了超常的指挥控制手段。目前，C^3I 系统已成为提高军队战斗力的关键因素。

（四）指挥自动化系统的发展趋势

指挥自动化系统通过战争的考验，表现出了很多超常的能力和作用。也存在着很多问题，仍然需要改进和发展。C^3I 系统的发展趋势是发展具有多层次、多手段、全方位、高精度、远距离的探测侦察系统，以提高情报侦察能力；发展具有抗毁、保密、抗干扰的通信系统，以提高电子对抗的能力；发展分布式、智能化的自动数据处理系统，以提高 C^3I 系统的生存能力；重视系统的互通性和兼容性，以提高 C^3I 系统一体化程度和整体效能。

七、新概念武器

（一）新概念武器基本定义

新概念武器是指在工作原理和杀伤机理上有别于传统武器、能大幅度提高作战效能的一类新型武器。这种新型武器在设计思想、系统结构、总体优化、材料应用、工艺制造、部署方式、作战样式、毁伤效果等方面都不同于传统武器。新概念武器的研究和应用，将为未来高科技战争带来革命性的影响和变化。

目前，正在探索和发展中的典型新概念武器，主要有定向能武器、动能武器、高超声速武器和非致命武器等。这些新概念武器为武器装备的发展开辟了崭新的领域，在一定程度上代表了未来武器装备的发展方向。

（二）定向能武器

定向能武器技术是指与产生和发射束能集中的电磁能或原子/亚原子粒子有关的高新技术。定向能武器发出的能束，可对目标的结构或材料及电子设备等特殊分系统、系统进行硬破坏，也可以通过调节功率的大小，对目标进行软破坏。目前，发展中的定向能武器主要包括激光武器、高功率微波武器和粒子束武器等。

1. 激光武器

根据激光功率的大小和武器用途的不同，激光武器可分为激光干扰与致盲武器、战术激光武器、战区激光武器和战略激光武器，其中后三者为高能激光武器。

（1）激光致盲武器。使用可见激光，可使数千米至 1 万多米外的人眼暂时或永久失明。如果照射到正在使用的望远镜、瞄准镜等光学仪器，则眼底承受的激光功率密度将呈平方倍增长，造成更严重的伤害。这类武器也可以破坏光电侦察、光电制导和火控系统中的光电探测器。

（2）车载战术反导激光武器。1995 年美国陆军和以色列国防部开始合作研制车载鹦鹉螺激光武器系统。2000 年 6 月 6 日，美国在试验中利用鹦鹉螺激光武器成功击落了喀秋莎火箭弹，并在 2000 年 8 月底又成功进行了同时击落 2 枚喀秋莎火箭弹的试验。美国陆军准备在 2010 年前用这种武器系统取代毒刺防空导弹系统。以色列国防军也即将开始部署这种高能激光武器。

（3）机载激光武器。是一种战区激光武器。美国于 19 世纪 90 年代初开始机载激光武器研制，其目的是研制能够拦截和击毁助推段的敌方战术弹道导弹。1998 年 6 月，美国空军成功地进行了正常飞行质量的高能激光器组件的首次发射试验。预计到 2010 年将生产 7 架。

（4）地基反卫星激光武器。属战略激光武器。可对在轨卫星等目标进行软、硬破坏，是未来空间攻防作战武器系统的重要发展方向。美国的试验表明：激光武器对抗卫星不仅是可行的，而且十分有效。

2. 高功率微波武器

高功率微波武器可通过高功率微波摧毁敌人的电子装备或使其暂时失效，从而瓦解敌方武器的作战能力，破坏敌方的通信、指挥与控制系统，并能造成人员的伤亡。这种武器分为单脉冲式微波弹和多脉冲重复发射装置两种类型。自从 1973 年第一台高功率微波源问世后，经过 30 多年的发展，高功率微波技术已逐渐走向成熟。微波功率从最初的 400 兆瓦发展到目前的 150 亿瓦，频率从 10 亿赫兹发展到 1 400 亿赫兹，提高了近两个数量级。

3. 粒子束武器

粒子束武器是用粒子加速器把粒子源产生的粒子（电子、质子或者离子）加速到接近（相对论速度）光速，并用磁场聚焦成密集的束流，直接地或去掉电荷后射向远距离目标，在极短时间内把极多的能量传给目标，以此摧毁目标或对目标造成软破坏。

粒子束武器是一种尚处在研究关键技术和论证可行性阶段的先进战略防御武器方案。如果可行，在未来的战争中，部署在空间轨道上的粒子束武器可起两方面的作用：一是作为反卫星和反导弹的武器。同天基激光武器相比，粒子束武器有以下优点：粒子束武器不需光学部件和反射镜，而用磁铁聚焦粒子束，设备坚固；加速与聚焦粒子束的加速器与磁铁等设备本身就产生强辐射，不会受空间辐射的影响，适合在空间工作；粒子束不仅能把能量沉积到目标表面上，而且能透入目标内部，至少在理论上可以通过几种不同的方式毁伤目标。

美国和苏联是世界上从事粒子束武器技术研究的主要国家。早在 20 世纪 60 年代，苏联就开始研究利用粒子束武器作为反卫星和反导弹武器的技术可行性，已在粒子源和加速器等关键技术方面做了大量基础性工作，并取得了一定的成果。美国也从 20 世纪 60 年代就开始研究粒子束武器技术，并在 20 世纪 80 年代初将其列为 SDI 计划的一个重要研究项目，在技术上也取得了一些重要进展。1989 年，美国利用小型的中性粒子束装置进行了空间试验，演示了中性粒子束设备在空间工作的能力，成为第一个在空间试验中性粒子束技术的国家。

鉴于技术问题，粒子束武器技术在美国 SDI 计划中的地位逐步降低，经费逐年减少，进度不断放缓，至少在 21 世纪初还无法作为防御武器或识别手段使用。

（三）动能武器

动能武器是指依靠自身足够的动能对要攻击的目标造成毁灭性破坏的武器。目前世界上采用新概念技术的动能武器主要有利用火箭推力的动能拦截器和靠电磁能推力的电磁发射武器。

1. 动能拦截器

动能拦截器是一种自主寻的，利用其与目标直接碰撞的巨大动能来杀伤目标的飞行器。它是在导弹技术的基础上迅速发展起来的一项新技术，高精度制导和快速响应控制是其关键技术，追求目标是零脱靶量。

目前，世界发达国家和地区都在竞相发展这项新技术，一些系统已经接近实战化水平，预计到 2010 年前后可能全面部署高性能的多层反导防御体系，并具备动能反卫星能力。

（1）导弹动能拦截弹。美国陆军战区战术弹道导弹防御体系由两层反导系统构成，即用于大气层高层和大气层外的战区高空区域防御系统和用于稠密大气层点防御的爱国者防空反导系统。

美国海军战区导弹防御系统，是美国海军用于高层导弹防御的海军全战区防御系统，采用小型 KKV 装在标准－2Ⅳ型导弹上，如果进展顺利，将在 2008 年后部署服役。

（2）美国国家导弹防御系统和反卫星系统。美国国家导弹防御系统旨在保护美国本土免遭少量战略导弹攻击，目前已纳入国防部部署准备计划，2005 年已经开始部署。美国还在 2002 年部署 20 枚用民兵导弹运载 KKV 的反卫星导弹，实现对空间的控制。

2. 电磁发射武器

电磁发射武器技术是一种全新原理的发射技术，主要包括电热化学炮、电磁轨道炮、电磁线圈炮等技术，其中电热化学炮和电磁轨道炮技术在最近 10 多年取得了重大进展。美国电磁发射技术的研究已从演示验证阶段进入武器型号研制阶段。

（1）电热化学炮。电热化学炮的炮弹由等离子体喷管、化学推进剂和弹丸组成。美国于 1993 年 6 月已研制出世界上第一门 60 毫米 ETC 炮，弹丸的炮口能量比固体发射药火炮提高了 35%。

（2）电磁轨道炮。它是完全依赖电能和电磁力加速弹丸的一种超高速发射装置，其出口速度远远高于其他类型的电磁发射器。电磁轨道炮被美国陆军看成是 2020 年后陆军战车主要武器的候选技术方案，未来应用对象包括美国未来战斗系统、英/美战术侦察装甲战车/未来侦察骑兵车等车辆，也可作为舰载武器。目前来看，电磁轨道炮还是一个远期发展计划，电磁发射技术尚未成熟，许多技术难题有待解决。其中包括电源技术、材料技术、超高速弹丸技术等。

（四）高超声速武器

目前国外正在研究的高超声速武器，主要有高超声速巡航导弹和高超声速飞机等，当飞行速度达到 5 马赫以上（$M \geq 5.0$）时，一般称之为高超声速。该技术的迅速发展，将使 21 世纪航空航天技术产生重大飞跃。

美国空军正在研制 $M = 8.0$、射程为 1 400 千米的空中发射高超声速巡航导弹，可望 2010 年前后投入使用。美国的高超声速飞机研制计划有 NASA 的高超声速 X 飞行器计划和乘波飞机计划。高超声速 X 飞行器，采用氢燃料、双模态（冲压/超燃冲压）发动机，速度可达 4～10 马赫，已于 1999 年进行第一次试验。乘波飞行器是第一个使用非火箭发动机和第一个利用神经网络计算机进行飞行控制的高超声速飞行器，近期内即将对飞行控制系统与发动机控制系统进行飞行试验。

俄罗斯从 20 世纪 70 年代就开始采用超燃冲压发动机的飞行器进行飞行试验研究，1991 年和 1992 年曾两次完成 $M = 5$ 的系留式超燃冲压发动机试验，目前正准备进行 $M = 10$ 的高超声速飞行试验。俄罗斯航天局（RSA）还准备用 SS－18 或 SS－19 火箭进行 M 数为 5～14 的超燃冲压发动机的飞行试验，以研究发动机和机体的一体化。

（五）非致命武器

非致命武器是指为达到使人员或装备失能，并使附带破坏最小化而专门设计的武器系统。按用途非致命武器可分为反装备（基础设施）和反人员两大类。目前，国外发展的用于反装备的非致命武器主要有超级润滑剂、材料脆化剂、超级腐蚀剂、超级黏胶及动力系统熄火弹等。

1. 反装备（基础设施）型非致命武器

以战场基础设施和武器装备为攻击目标，其基本杀伤机理是：通过对目标撒放、施放或者涂刷特种化学战剂，使武器装备失去作战效能，这类武器统称为反装备（基础设施）型非致命武器。

（1）超级润滑剂。是采用聚合物微球、表面改性技术、无机润滑剂等做原料复配而成的摩擦系数极小的化学物质。主要用于攻击机场跑道、航母甲板、铁轨、高速公路、桥梁等目标，可有效地阻止飞机起降和列车、军车前进。

（2）材料脆化剂。是一些能引起金属结构材料、高分子材料、光学视窗材料等迅速解体的特殊化学物质。这类物质可对敌方装备的结构造成严重损伤并使其瘫痪。可以用来破坏敌方的飞机、坦克、车辆、舰艇及铁轨、桥梁等基础设施。

（3）超级腐蚀剂。是一些对特定材料具有超强腐蚀作用的化学物质。美国正在研制一种代号为 C＋的超级腐蚀剂，其腐蚀性超过了氢氟酸。

（4）超级粘胶。是一些具有超级强黏结性能的化学物质。国外正在研究将它们用作破坏装备传感装置和使发动机熄火的武器，以及将它们与材料脆化剂、超级腐蚀剂等复配，以提高这些化学武器的作战效能。

（5）动力系统熄火弹。是利用阻燃剂来污染或改变燃料性能，使发动机不能正常工作而熄火的武器，美国在这方面已取得重大进展，研究开发了一批高性能阻燃器，这种新概念武器被视为遏制敌方坦克装甲车集群的有效手段之一。

2. 反人员非致命性武器

以战场人员为攻击目标，其基本杀伤机理是：通过对战场人员播撒化学失能战剂、照射低强度激光或播发次声波等方法，造成战场人员精神、视觉、听觉障碍，躯体功能失调和身体不良反应，并造成巨大的心理威胁，使作战人员失去执行正常任务和进行正常思维的能力，并最终使对方丧失战斗力。这类武器统称为反人员非致命武器。

这类武器可使敌方战斗减员，给敌方造成沉重的伤员负担。目前国外正在研究的反人员非致命武器主要有化学失能剂、刺激剂、黏性泡沫等。

（1）化学失能剂。分为精神失能剂、躯体失能剂，它能够造成人员的精神障碍、躯体功能失调，从而丧失作战能力。最近，国外还在研究强效镇痛剂与皮肤助渗剂合用，它能迅速渗透皮肤，使人员失能。

（2）刺激剂。以刺激眼、鼻、喉和皮肤为特征的一类非致命性的暂时失能性药剂。在野外浓度下，人员短时间暴露就会出现中毒症状，脱离接触后几分钟或几小时后症状会自动消失，不需要特殊治疗，不留后遗症。若长时间大量吸入可造成肺部损伤，严重的可导致死亡。

（3）黏性泡沫。属于一种化学试剂，喷射在人员身上会立刻凝固，束缚人员的行动。美军在索马里行动中使用了太妃糖枪，这种试剂可以将人员包裹起来并使其失去抵抗能力。它可以作为军警双用途武器使用，目前美国已开发出第二代肩挂式黏性泡沫发射器。

（六）其他新概念武器

1. 气象武器

气象武器就是按照一定的军事目的给大气施加某种能量，使天气向着有利于自己，不利于敌人的方向发展，以制造恶劣的天气和气候，直接攻击敌人，或为间接攻击敌人创造有利的战场环境。它具有巨大的作战能量，能给敌方造成意想不到的打击。目前，运用于战场的气象武器主要是战术气象武器。

（1）人工降雨及洪水武器。其基本方法，是根据云的性质，分别向云体内播撒制冷剂（如干冰、丙烷等）、结晶剂（如碘化银、碘化铅、间苯三酚、四聚乙醛、硫化亚铁等）、吸湿剂（如食盐、尿素、氯化钙）和水雾等，以改变云滴的大小、分布和性质，改变或加速其生长过程，达到降水或消云的目的。持久降雨可以引发洪水，给敌方带来严重损失。

人工降雨战最成功的战例的是美国在越南战场的人工降雨。越战时期，美军曾秘密进行了长达7年之久的人工降雨。越南地处热带丛林地区，美军利用西南季风期雨季的有利条件，在越南、老挝、柬埔寨等地进行人工降雨作业，目的是破坏交通运输线胡志明小道。在越南战场上，美军的人工降雨使作业地区降水量增加了30%以上，一次可造成每小时80多毫米的特大暴雨，使战场上洪水泛滥、桥断坝溃、道路泥泞。当时，地处北部的越南民主共和国为保证道路畅通，不得不从战斗部队抽调大批人力和物力进行抢修，军事运输受到了极大的影响。

由美国总统约翰逊批准的这项秘密气象作战计划，前后耗资2 160万美元，出动飞机2 600多架次，投放催雨弹4.74万枚，参加作战的人员为1 600余人。据美军统计，1971年4月初未进行人工降雨时，每周通过胡志明小道的物资运输车多达9 000辆；而1971年6月份美军投入了1 391枚人工降雨催化弹后，每周车流量锐减至900辆，其效果大大优于使用B–52轰炸机实施轰炸。

（2）人工引导飓风。据解密档案显示，19世纪70年代，美国除了在古巴制造干旱外，还在1974年用人工方法将飓风引向洪都拉斯，企图趁该国陷入混乱之际，扶持亲美政权上台。1974年9月，法夫飓风的气旋突然转向洪都拉斯。暴雨和时速超过177千米的飓风横扫大地，造成1.1万洪都拉斯人丧生，60万人无家可归。在一个名叫乔洛马的城镇里，由于堤坝决口，全镇6 000人被淹死了一半。洪都拉斯的支柱产业——香蕉种植园几乎完全被摧毁。成千上万的灾民被困在树上、房顶上和堤坝上。公路、铁路和港口都遭到了彻底的毁坏。这次飓风造成中美洲各国经济损失达数千万美元，数万人伤亡，美国人则顺利达到了目的。后来，美国在大西洋上又成功地进行过3次人工引导飓风实验，其人造飓风技术日臻完善。

19世纪90年代，高频有源极光研究计划（HAARP）正式成为美国国家导弹防御体系（NMD）的一个重要组成部分。1992年，美国在阿拉斯加建立了一个超大规模的无线电试验基地，即HAARP基地。在这个占地达13公顷的基地里，林立着180根天线，每根都有几十米高，构成一个巨大的金属方阵。这些天线其实是一个高频电磁波发射装置，发射功率达3.6兆瓦，可向大气电离层发射短波电磁波束，把大气粒子作为透镜或聚焦装备使用，从而改变地球上层大气的风向，改变大气的温度和密度，最终达到改变气候、控制气象的效果。

2. 地震武器

冷战期间，苏联曾秘密研制。当时，苏联在与美国的核军备竞赛中处于劣势，正为此大伤脑筋的赫鲁晓夫立刻批准了这项可以改变两国核竞争态势的计划。苏联科学家立即投入到这项研究中。他们进行了多次试验，充分证实了核爆炸产生的冲击波能引起环境变化，可以用于毁灭敌方。在此后的20多年里，苏联投入巨资进行代号为"墨尔库里斯–18"的环境武器研究计划，并在吉尔吉斯斯坦和乌兹别克斯坦等地进行了30多次试验。

3. 基因武器

基因武器是指利用基因工程技术而研制出的新型生物战剂。它是在基因工程的基础上，采用遗传的方法，通过基因重组，把特殊的致病基因移植到微生物体内而制造出的新一代生物武器。从生物武器的发展看，基因武器也可称为第三代生物战剂。

运用遗传工程或 DNA 重组技术可以制造基因武器。基因武器被称为世界末日武器。基因武器就是通过其特殊的性能，破坏遗传密码，使基因丢失、突变等，破坏人体的自身免疫系统，改变人体的正常发育，产生躯体或精神的疾病，从而改变一个种族的繁衍与发展。

根据基因武器的特殊性能可以预计，一旦基因武器运用于战争，将使未来战争发生巨大变化。基因武器使用者再也不用兴师动众，而只需在临战前将经过基因工程培养的病菌投入他国，或利用飞机、导弹等将带有致病基因的微生物投入他国交通要道或城市，让病毒自然扩散、繁殖，使敌方人畜在短时间患上一种无法治疗的疾病，从而丧失战斗能力。此外，基因武器可根据需要任意重组基因，可在一些生物中移入损伤人类智力的基因。当某一特定族群的人沾染上这种带有损伤智力基因的病菌时，就会丧失正常智力。另一方面，基因作为战术武器使用时，将使对方防不胜防，束手无策。基因武器的特有功能之一，就是从武器的使用到发生作用都没有明显的征候，即使发现了也难以破解遗传密码和实施控制。

（1）种族基因武器。人类不同种群的遗传基因是不同的，根据人类基因的这一特征选择某一人群作为杀伤对象是完全可行的。它们只对敌方具有残酷的杀伤力，而对己方毫无影响。通过识别敌对人种的独特基因，然后研制出一种遗传变异的细菌或病毒。这些生物通过空气及饮用水传播，可改造被袭击者细胞内的 DNA，从而造成某种遗传性的疾病在该种族内蔓延，甚至可能造成种族灭绝。

（2）病毒基因武器。在一些致病细菌或病毒中，接入能抗普通疫苗或药物的基因，产生具有显著抗药性的致病微生物；或者在一些本来不会致病的微生物体内接入致病基因，制造出新的生物制剂。俄罗斯也早就着手研究剧毒的眼镜蛇毒素基因与流感病毒基因拼接，试图培育出具有眼镜蛇毒素的新流感病毒，它能使人既出现流感症状，又出现蛇毒中毒症状，导致患者瘫痪和死亡。

基因武器成本低、杀伤力强、持续时间长，有时基因武器的杀伤效果甚至还大于核武器。这类武器如果投入实战，最终将导致人类的灭亡。

第三节　现代国防

国无防不立，民无兵不安。作为一个国家，一个民族，最重要的无非两件大事，一个是发展问题，一个是安全问题。国防，是人类社会发展与安全需要的产物，它是关系国家和民族生死存亡、荣辱兴衰的根本大计。据统计，从公元前 3200 年到公元 1964 年，在这 5 164 年的时间内，全世界共发生了 14 513 场战争，没有战争的年代断断续续加起来也只有 329 年。第二次世界大战结束后的 1945 年到 2011 年的 60 多年中，世界上又爆发了 500 多起局部战争和武装冲突，大约有 200 多万人死于战火，无战争的日子只有 26 天。所以，关注国防、建设国防、保卫国防，是我们每个中华民族儿女应尽的责任和义务。

一、现代国防的基本特征

（一）国防的含义

国防，是指为捍卫国家主权、领土完整，防备外来侵略和颠覆，所进行的军事及与军事有关的政治、外交、经济、文化等方面的建设和斗争。国防伴随国家的产生而产生，服务于国家利益。

现代国防又叫社会国防、大国防、全民国防，包括武装建设、国防体制、军事科技和工业、国防工程、军事交通通信、人力动员、国防教育、国防法规诸多方面，是一个庞大而复杂的系统。从最高元首到每个公民，从军事到政治、经济、文化、教育、科技和意识形态都与之密切相关。现代国防以军事力量为核心，还包括有关的非军事力量；它重视国家的战争潜力，特别是战时的动员效率；它还是以经济和科技为主的综合国力的竞争。现代军队是知识和科技密集的武装集团，强调质量建军。和平时期国防的作用是威慑，要求不战而胜；战时国防的责任是实战，目标是胜利。

（二）国防的主要手段

1. 军事

国防的主要手段是军事手段。对付武装入侵和武装暴乱最根本和最有效的手段莫过于采取军事手段。这是因为：一是军事手段是最具有威慑作用的手段；二是军事手段是唯一能够有效对付武装侵略的手段；三是军事手段是解决国家之间矛盾冲突的最后手段。

2. 政治

政治手段作为国防手段之一，指的是与军事有关的政治活动，而不是政治本身的全部含义。

3. 经济

经济是国防的基础，社会经济制度决定国防活动的性质，社会经济状况决定国防建设的水平。现代条件下，无论是国防建设还是国防斗争，都要广泛采用经济手段，这些手段主要有国防经济活动、经济动员、经济战、经济制裁等。

4. 外交

国防外交活动主要是指国家与国家之间为了国防目的而开展的外交活动。由于这种外交主要涉及军事领域，所以又称军事外交。它既有通常意义上外交的一般特征，又具有区别于其他外交工作的特殊规律，是集外交与军事于一体的活动。它的范围很广，领域很多，活动的内容也十分丰富。

除上述因素外，与军事有关的科技、教育等，也是国防的重要手段。

（三）国防的基本类型

1. 侵略扩张型

这些国家奉行侵略扩张的霸权主义政策，其最大的特点是把本国的所谓安全建立在别国的屈服与痛苦之上，经常高叫本国的国防安全受到了威胁，而侵犯他国主权和领土、干涉他国内政，赤裸裸地对他国进行侵略、颠覆和渗透。

2. 自卫防御型

依靠本国的国防力量防御别国的侵略，维护国家的安全和尊严。宗旨是决不要别国的一寸土地，不向别国派一兵一卒，但也决不容许别国侵犯其一寸土地。在国际上，实行和平共处，广泛争取各国的同情和支持，从而达到维护本国安全及周边地区和世界的和平与稳定。

3. 互助联盟型

以联盟的形式借助他国的力量进行防卫，以弥补自身力量的不足。这种类型的国防也有侵略扩张型和防御自卫型两种。有的联盟形式是以一个大国为主导地位，其余国家为从属地位；有的联盟形式是各国处于平等地位的伙伴关系，共同协商国防防卫大计。

4. 自主中立型

这些国家基本奉行和平、中立和自主的国防政策。其中，有的是采取完全不设防的方式，在世界事务中实行中立态度；有的采取全民保卫的武装中立，使侵略者感到得不偿失，从而放弃对该国的侵略。

二、我国国防发展简史

我国国防的历史源远流长。公元前21世纪，伴随着奴隶制国家夏朝的出现，作为抵御外来入侵和讨伐他国的工具——国防便产生了。在人类社会的历史长河中，神州大地先后经历了奴隶社会、封建社会、半殖民地半封建社会和社会主义社会。国防也经历了无数个强盛与衰落的交替，从而给我们留下了宝贵的国防遗产和深刻的历史教训。

（一）古代国防

我国古代的国防是指从公元前21世纪夏王朝的建立到1840年鸦片战争，共经历了近四千年的漫长历史。其间，中华民族经历了无数次战争的锤炼，形成了强大的民族凝聚力，培育出了自强不息、前仆后继、不畏强暴、卫国御敌的尚武精神，最终成为一个多民族的大疆域国家。

1. 古代的国防政策和国防理论

大约公元前21世纪，中国古代社会开始由原始氏族公社制社会进入奴隶制社会，出现了国家。从此，作为抵御外来侵犯和征伐别国的武备——国防的雏形便产生了。随后的几千年征战中，为保家卫国，逐渐形成了我国古代的国防政策和国防理论。

春秋战国时期，由于各诸侯国之间连年征战，使国防观念迅速得到强化，虽然当时的诸子百家在政治和哲学主张方面各放异彩，但在国防方面却甚为一致。形成了诸如"义战却不非战""非攻兼爱却不非诛""足食足兵""以正治国，以奇用兵""富国强兵""文武相济""尚战、善战、慎战""不战而屈人之兵"等思想，这表明了春秋战国时期对武备和国防的重视，而且国防思想已经上升到理论的高度，全面奠定了古代军事思想的基础，标志着我国古代军事思想在这个时期已经基本成熟。主要表现在：军事学术极为活跃。现存最早、影响最深的奠基之作《孙子兵法》，就是这个时期的杰出代表作。其他影响较大的还有《吴子》《孙膑兵法》《司马法》《尉缭子》《六韬》等十多部兵法。在几千年的军事历史中一直被视为兵学经典的7部著作中，就有5部产生在这个时期。诸子百家大量的军事论述，共同形成了我国军事学术史上的第一个高峰，为我国国防理论打下了坚实的基础。在此基础上也形成较为完整的战争观，并提出了普遍的战争指导原则。如孙子的"知彼知己，百战不殆""示战先算""伐谋伐交，不战而胜""以智使力"等指导原则。这些指导原则概括精辟，到现在仍具有极为重要的指导意义。总结出一整套治军方法，形成了比较合理的军队编制结构；重视改善武器装备，研制出种类繁多的兵器装备，明确提出把军队的教育训练当做治军的首要任务，以此来提高部队的素质。

历史进入秦、汉、隋、唐、五代时期，中国国防建设有了进一步的发展。

公元前230年至公元前221年，秦国经过10年的统一战争，先后兼并六国，结束了历史上的长期分裂局面，第一次建立起中央集权的封建国家，标志着中国封建社会进入一个新的历史阶段。随后的唐、汉两朝是中国封建社会的盛世，军事上也处于开疆拓土的鼎盛时期。至公元10世纪中叶的近1 300年间，中国古代国防政策和国防理论得到了进一步的丰富和发展。主要表现在：开始全面整理兵书，初步形成古代军事学术体系。通过三次大规模的整理，形成了研究军事战略的"兵权谋"，研究战役、战术的"兵形势"，研究军事天文、气象的"兵阴阳"，研究兵器、装备的制造和运用技巧的"兵技巧"，共四大类，构成一个较为完整的军事学术体系。另外，战略思想趋于成熟，战略防御思想得到进一步完善。

宋朝至清朝前期，是中国封建地主阶级的没落时期，但军事上进入冷、热兵器并用时代，因此，国防政策和国防理论上有了相当的发展。武学开始纳入国家教育体系。北宋初期采用了以文制武，将从中御，结果导致了重文轻武，国防衰落。宋仁宗时期，开办了"武学"，后又设武举，为军队培养、选拔了大批军事人才，同时也繁荣了军事学术。明清两朝将武举推向更深层次，甚至出现文人谈兵、武人弄文的局面，大量军事著作面世，军事思想研究向体系化发展。

从总体上说，我国古代国防理论主要有"以民为体""居安思危"的国防指导思想；"富国强兵""寓兵于农"的国防建设思想；"爱国教战""崇尚武德"的国防教育思想；"不战而胜""安国全军"的国防斗争策略等。在这些思想和策略的指导下，华夏大地消除了无数次外敌入侵带来的战祸，为中华民族的繁衍生息，国家的发展提供了基本的生存条件，甚至使国防曾出现过"中国既安，四夷自服"的辉煌。

2. 古代的兵制建设

兵制即我们常说的军事制度，也称军制。是国家或政治集团组织、管理、维持、储备和发展军事力量的制度。我国古代的兵制建设主要包括军事领导体制、武装力量体制和兵役制度等内容。

在军事领导体制上，夏、商、西周时期，一般由国王亲自掌握和指挥，没有形成专门的军事领导机构。春秋末期，实现将相分权治国，以将（将军）为主组成军事指挥机构。战国时期，将军开始独立统兵作战。秦国一统天下之后，设立了管理军事的专门机构，太尉为最高的军事行政长官。隋朝设立了三省六部制，设兵部专门主管军事。宋朝则设置枢密院作为军事领导的最高机构，主官用文官担任，主要目的是防止"权将"拥兵自重。枢密院有权调兵却无权指挥，将军有权指挥却无权调兵，形成枢密院和将军相互牵制的局面。各朝代在军事领导体制方面的做法虽各有千秋，但皇权至上，军队的最终调拨使用大权始终是掌握在皇帝手中的。

在武装力量体制上，秦朝之前武装力量结构单一，一个国家通常只有一支国家的军队。从秦朝开始，国家的政治制度逐渐完善，生产力不断发展，因而，各个朝代根据国家的状况和国防的需要及驻防地区和担负任务的具体情况，将军队区分为中央军、地方军和边防军三种，并对军队的编制体制、屯田戍边、兵役军赋、军队调动、军需补给、驿站通道、军械制造和配发等都做了具体的规定，并以法律的形式颁布执行，如唐代的《卫禁律》《军防令》等。

在兵役制度上，随着各个历史时期的政治、经济、人口状况和军事需要而发展变化。奴隶社会时期，生产力低下，人口稀少，战争规模小，主要实行兵民合一的民军制度。封建社会时期，民军制度逐渐演变为与当时历史条件相适应的兵役制度，如秦汉时期的征兵制、三国两晋南北朝时期的世兵制、隋唐时期的府兵制、宋朝的募兵制、明朝的卫所兵役制等。

3. 古代的国防工程建设

我国古代为抵御外敌的侵犯，巩固边海防，修筑了数量众多、规模庞大的国防工程，如城池、长城、京杭运河及海防要塞等。

我国古代国防工程建设中，城池的建设时间最早、数量最多。城池建筑最早始于商代，随后，城池建设规模不断扩大，结构日益完善，一直延续到近代。因此，在我国古代战争中，城池的攻守作战成为主要的样式之一。

长城是城池建设的延伸和发展。春秋战国时期长城的建筑已经开始，秦始皇统一六国之后，为了巩固国防，防御北方匈奴的南侵，于公元前214年开始将秦、赵、燕三国北部的长城连为一个整体，形成西起临洮（今甘肃岷县），北傍阴山，东至辽东的宏伟工程。后经各朝代多次修建连接，至明代形成了西起嘉峪关，东至山海关，全长12 700余里的万里长城。

京杭大运河是我国古代兴建的伟大水利工程。隋炀帝时期，征调大量人力物力，将原有的旧河道拓宽和连贯，形成北起通州（今北京通州区）、南至杭州，全长1 794千米的大运河，把南北许多州县连成一线，成为军事交通和"南粮北运"的大动脉，具有重大的军事和经济作用。

古代海防建设是从明朝开始的。14世纪，倭寇频繁袭扰我沿海地区，明朝在沿海重要地段陆续修建了以卫城、新城为骨干，与水陆寨、营堡、墩、台、烽堠等相结合的海防工程体系，为抗击倭寇的入侵起了重要作用。

4. 古代国防的兴衰

古代国防的兴衰是与各朝代的政治、经济、军事状况密切相关的。纵观我国几千年的国防史，我们不难发现，当统治阶级处于上升时期，政治开明，经济繁荣，军事强大，民族团结，国家统一的时候，国防就强盛；当统治阶级走下坡路，政治腐败，经济衰落，军事孱弱，民族分裂，国内混乱的时候，国防就削弱，就崩溃。

从整个历史来看，我国古代前期，即从春秋战国到秦汉、盛唐，国防日趋发展，不断强盛以至发展到鼎盛。其后期，即从中唐到两宋、到晚清，我国国防便日趋衰败，以至于一触即溃，不可收拾。其间，虽然盛唐之前有两晋的糜烂，中唐以后有明清中前期的振作，但从整体上来看，我国古代国防事业的基本趋势是由弱到强，再从强盛走向衰落。

从汉、唐、明、清等几个大的历史朝代看，国防事业也都是由兴而盛，由盛及衰。其间固然不乏极盛之前的短暂衰落，衰败之后的一时复兴，但终其一朝由盛及衰的基本趋势是没有改变的。

（二）近代国防

我国近代的国防是孱弱、衰败和屈辱的。1840年西方殖民主义者凭借船坚炮利的优势，攻破了清王朝紧锁的厚重国门，对中华民族实行残酷的殖民统治。在西方殖民主义者的侵略面前，腐朽的统治者奉行的国防指导思想却是"居安思奢""卖国求荣"；执行的国防建设思想乃是"以军压民""贫国赝兵"；倡导的国防教育思想是"愚兵牧民""莫谈国事"；制定的国防斗争策略甚至是"不战而败""攘外必先安内"。其结果是有国无防,国家沦为殖民地半殖民地,人民惨遭蹂躏和屠杀。

1. 清朝后期的国防

1644 年,清军大举入关,问鼎中原,最终建立大清王朝。从顺治开始,经康熙、雍正、乾隆和嘉庆五代,先后 177 年是清朝的兴盛时期。但是经过康乾盛世之后,政治日趋腐败,国防日益疲弱。1840 年鸦片战争爆发,西方殖民主义者大举入侵,从此清王朝一蹶不振,江河日下,有国无防,内乱丛生,外患不息,逐步沦为半殖民地半封建社会。

(1) 清朝的武备

清朝的武备包括军事领导体制、武装力量体制和兵役制度等方面。

在军事领导体制方面,1840 年以前,大清王朝先后设立了议政王大臣会议、兵部和军机处,作为高层军事决策和领率机构。鸦片战争后,开始实施洋务新政,成立了总理衙门。八国联军入侵中国后,清朝统治者深感军备落后,企图通过改革军制来强军安国,遂改总理衙门为外务部,撤销原有的兵部,成立陆军部。

在武装力量体制方面,清军入关之前,军队是八旗兵;入关后为弥补兵力的不足,将投降的明军和新招募的汉人单独编组,成立了绿营;1851 年以后,为镇压太平天国运动,咸丰号召各地乡绅编练乡勇,湘军和淮军逐渐成为清军的主力;中日甲午战争之后,开始编练新军。

在兵役制度方面,八旗兵实行的是兵民合一的民军制。清朝规定:所有十六岁以上的满族男子都是兵丁,不满十六岁的则编为养育兵,作为后备兵源。绿营兵虽是招募而来,但入伍后即编入兵籍,其家属随营居住,实际上绿营兵是职业兵,直到年满五十岁才解除兵籍。湘军和淮军是由地方乡勇逐渐发展起来的部队。太平天国运动被镇压后,湘、淮军取代八旗兵和绿营兵,成为清军的主力。甲午战争中,湘、淮军大部分溃散,清朝开始仿用西法,编练新兵。新军采用招募制,在入伍的年龄、体格及识字程度方面均有比较严格的要求。

(2) 清朝的疆域和边海防建设

清朝初期重视边海防建设。在同国内割据势力的斗争中,制止了分裂,促进了国内各民族的团结,维护了国家的统一;在与外部侵略势力的斗争中,捍卫了国家的领土主权。这一时期疆域西到今巴尔喀什湖,楚河、塔拉斯河流域、帕米尔高原;北到戈尔诺阿尔泰、萨彦岭;东北到外兴安岭、鄂霍茨克海;东面到东海,包括台湾及其附属岛屿;南到南海诸岛;西南到广西、云南、西藏,包括拉达克,建立了一个空前统一、疆域辽阔的多民族的封建专制国家。从道光年间开始,政治日益腐败,边海防逐渐废弛。清军的精华北洋水师"日久玩生,弁兵于操驾事宜,全不练习,遇放洋之时,雇佣舵工,名为舟师,不谙水务"。边防废弛,海防要塞火炮年久失修,技术性能落后,炮弹威力很小,而且射程相当近。西方殖民主义者乘虚而入,以坚船利炮打开了中国封闭的国门。19 世纪中叶以后,香港、澳门、台湾、澎湖被英、葡、日占领,东北乌苏里江以东、黑龙江以北及西北今国界以外的广大地域被沙俄侵占,帕米尔地区被俄、英瓜分,拉达克则被英国属克什米尔所吞并。

(3) "五次"对外战争

1840 年,英帝国主义以清王朝禁烟为由,对中国发动了战争,史称鸦片战争。1842 年,战败的清王朝被迫在英国的军舰上签订了我国历史上第一个丧权辱国的不平等条约——《中英南京条约》。中国的领土和主权遭到破坏,开始沦为半殖民地半封建社会。

1856 至 1860 年，英国不满足它已获得的利益，联合法国，分别以"亚罗艇事件"和"马神甫事件"为借口，对中国发动了第二次鸦片战争。战败的清王朝被迫与英国签订了中英《天津条约》，与法国签订了中法《北京条约》，此时的沙俄趁火打劫，强迫清政府签订了《瑷珲条约》。中国的领土主权进一步遭到破坏，半殖民地程度加深。

19 世纪 80 年代初，法国殖民主义者在完全占领越南后，开始觊觎我国西南地区。1884 年至 1885 年中法交战，爱国将领冯子材率领的清军奋勇杀敌，在刘永福黑旗军的配合下痛击法军，取得了镇南关大捷，由此导致法国茹费里内阁倒台。但是腐败的清政府却一味苟且偷安，李鸿章认为法国船坚炮利，强大无敌，中国即便一时而胜，难保终久不败，不如趁胜而和。因此，清政府和法国签订了《中法新约》，将广西和云南两省的部分权益出卖给了法国，使中国不败而败，法国不胜而胜。清政府的腐败无能暴露无遗。

1895 年，日本以清朝出兵朝鲜为由发动了甲午战争。北洋水师全军覆没，清政府被迫与日本签订了《马关条约》，中国被进一步肢解，中国半殖民地程度加深，民族危机加剧。

1900 年，英、美、德、法、俄、日、意、奥八国，以保护在华侨民"利益"为借口，组成联军，发动侵华战争。战败的清政府被迫与八国签订了《辛丑条约》。这个条约从政治、经济、军事各方面都扩大和加深了帝国主义对中国的统治，并表明清政府已完全成为帝国主义统治中国的工具，中国完全沦为半殖民地半封建社会。

从 1840 年鸦片战争到 1911 年辛亥革命这 70 多年间，清政府与列强签订了大大小小数百个不平等条约，割让领土近 160 万平方千米，共赔款 2 700 万元，白银 7 亿多两（不含利息）。如把利息计算进去，仅《辛丑条约》中规定的"庚子赔款"本息就达 9 亿 8 千多万两。当时，在 1.8 万多千米的海岸线上，大清帝国竟找不到自己享有主权的港口。国家有海无防，有边不固，绝大部分中国领土成了帝国主义的势力范围：俄国在长城以北；英国在长江流域；日本在台湾、福建；德国在山东；法国在云南。中华民族美丽富饶的国土被蹂躏得支离破碎。

2. 民国时期的国防

1911 年爆发的辛亥革命，虽然推翻了清朝的统治，彻底废除了封建专制制度，建立了"中华民国"，但并没有改变中国任人宰割的历史。帝国主义通过扶植各派军阀作为自己的代理人，加紧对中国的控制掠夺；各派军阀争权夺利，混战不已，中国依然是有边不固、有海无防，人民有家难安。

（1）军阀混战与中华民族的觉醒

1911 年的辛亥革命，终于推翻了几千年的封建统治，但由于革命的不彻底，仍没有使中国摆脱半殖民地半封建社会的状况，帝国主义依然在华夏大地上横行无忌，他们为维护其在华利益，纷纷扶植自己的代理人：先有袁世凯称帝，后是张勋复辟，各派军阀以帝国主义为靠山，割据称雄，混战不休。直、皖、奉三大派系军阀先后窃取中央政权，贿选国会议员和总统，出卖国家和民族利益。"二十一条"的签订和"巴黎和会"中国外交的失败，充分暴露出北洋政府的腐败无能，使中国面临被帝国主义进一步瓜分的命运，激起了中华民族同仇敌忾、共御外侮的决心和勇气。以五四运动为标志，中国反帝反封建的资产阶级民主革命发展到了新阶段。1921 年 7 月，中国共产党成立，把中国人民的救亡图存斗争推向新的阶段，中国工人阶级开始以自觉的姿态登上历史舞台。

（2）日本的入侵及中国人民的抗战

1931 年 9 月 18 日，日本发动了"九·一八事变"。面对日本帝国主义的野蛮侵略，蒋介石却奉行"攘外必先安内"的方针，一味奉行不抵抗政策，出卖民族利益，使东北大片国土迅速沦陷。1937 年 7 月 7 日，日本发动"卢沟桥事变"，进一步扩大了对中国的侵略，中华民族到了生死存亡的紧要关头。中国共产党高举团结抗日的旗帜，肩负起救民族于危难的神圣使命，团结全国各族人民进行了艰苦卓绝的抗战，终于取得了我国近代历史上第一次抗击外敌侵略的完全胜利。

（3）解放战争及新中国的成立

抗日战争胜利后，中国人民迫切需要一个和平安全的休养生息的环境，中国共产党顺民心，从民愿，不计前嫌，准备与国民党第三次携手，合作建国。但蒋介石背信弃义，妄图消灭中国共产党及其所领导的军队，经过四年的解放战争，中国人民终于推翻了蒋家王朝，结束了100 多年来中华民族有国无防的屈辱历史。

三、国防法规

国防法规是指国家为了加强防务，尤其是加强武装力量建设，用法律形式确定并以国家强制手段保证其实施的行为规范的总称。国防法规作为国防活动的基本法规规范，其主要任务是调整和规范国家在国防领域中的各种关系，把国防建设纳入到法律化轨道，确保革命化、现代化、正规化建设总目标的实现。

国防法规主要有《中华人民共和国国防法》《中华人民共和国兵役法》《中华人民共和国国防教育法》《中华人民共和国预备役军官法》《中华人民共和国军事设施保护法》《中华人民共和国人民防空法》《革命烈士褒扬条例》《军人抚恤优待条例》《反分裂国家法》等。下面重点介绍国防法、兵役法和国防教育法三种。

（一）《中华人民共和国国防法》

《中华人民共和国国防法》于 1997 年 3 月 14 日由中华人民共和国第八届全国人民代表大会第 5 次会议通过，同日中华人民共和国主席第 84 号令公布实施，这是中华人民共和国第一部国防方面的基本法，是指导、规范国防和军队建设的基本依据，在国家法律体系中占有重要的位置。主要包括总则，国家机构的国防职权，武装力量，边防、海防和空防，国防科研生产与军事订货，国防经费和国防资产，国防教育，国防动员和战争状态，公民、组织的国防义务和权利，军人的义务和权益，对外军事关系，附则，共 12 章 70 条。主要内容有：

1. 规定国防法的适用范围

凡是国家为防备和抵抗侵略、制止武装颠覆，保卫国家的主权、统一、领土完整和安全所进行的军事活动，以及与军事有关的政治、经济、外交、科技、教育等方面的活动，均适用本法。

2. 规定国防的地位、性质和原则

明确国防是国家生存与发展的安全保障。国家独立自主、自力更生地建设和巩固国防，实行积极防御战略，坚持全民自卫原则。国家对国防活动实行统一的领导。国家在集中力量进行经济建设的同时，加强国防建设，促进国防建设与经济建设的协调发展。

3. 规定国家机关的国防职权

主要是：全国人民代表大会依照宪法规定，决定战争和和平的问题。全国人民代表大会常务委员会依照宪法规定，决定战争状态的宣布，决定全国总动员或者局部动员。国家主席根据全国人民代表大会的决定和全国人民代表大会常务委员会的决定，宣布战争状态，发布动员令。国务院领导和管理国防建设事业，包括编制国防建设发展规划和计划；制定国防建设方面的方针、政策和行政法规；领导和管理国防科研生产；管理国防经费和国防资产；领导和管理国民经济动员工作和人民武装动员、人民防空、国防交通等方面的有关工作；领导和管理拥军优属工作和退出现役的军人的安置工作；领导国防教育工作；与中央军事委员会共同领导人民武装警察部队、民兵的建设和征兵、预备役工作及边防、海防、空防的管理工作等。中央军事委员会领导和统一指挥全国武装力量，包括决定军事战略和武装力量的作战方针；领导和管理中国人民解放军的建设，制订规划、计划并组织实施；向全国人民代表大会或者全国人民代表大会常务委员会提出议案；根据宪法和法律，制定军事法规，发布决定和命令；决定中国人民解放军的体制和编制，规定总部及军区、军种、兵种和其他军区级单位的任务和职责；依照法律、军事法规的规定，任免、培训、考核和奖惩武装力量成员；批准武装力量的武器装备体制和武器装备发展规划、计划，协同国务院领导和管理国防科研生产；会同国务院管理国防经费和国防资产等。还规定了地方各级人民代表大会和县级以上地方各级人民代表大会常务委员会及地方各级人民政府的国防职权。

4. 规定武装力量的组成、性质、任务和建设方针、原则及目标、要求

明确中华人民共和国的武装力量由中国人民解放军现役部队和预备役部队、中国人民武装警察部队、民兵组成。中华人民共和国武装力量属于人民，受中国共产党的领导。它的任务是巩固国防，抵抗侵略，保卫祖国，保卫人民的和平劳动，参加国家建设事业，全心全意为人民服务。它的规模应当与保卫国家安全和利益的需要相适应。它应当适应现代战争的要求，加强军事训练，开展政治工作，提高保障水平，全面提高战斗力。国家加强武装力量的革命化、现代化、正规化建设，增强国防力量。国家禁止任何组织或者个人非法建立武装组织，禁止非法武装活动，禁止冒充现役军人或者武装力量组织。

5. 规定公民、组织的国防义务和权利

指出中华人民共和国公民应当依法履行国防义务，保卫祖国、抵抗侵略是中华人民共和国每一个公民的神圣职责，依照法律服兵役和参加民兵组织是中华人民共和国公民的光荣义务。要求公民应当接受国防教育，公民和组织应当保护国防设施，遵守保密规定，支持国防建设。企业事业单位应当按照国家的要求承担国防科研生产任务，接受国家军事订货，提供符合质量标准的武器装备或者军用物资；应当按照国家规定，在交通建设中贯彻国防要求。明确公民和组织有对国防建设提出建议的权利，有对危害国防的行为进行制止或者检举的权利。公民和组织因国防建设和军事活动在经济上受到直接损失的，可以依照国家有关规定取得补偿。

6. 规定军人的义务和权益

要求现役军人必须忠于祖国，履行职责，英勇战斗，不怕牺牲，捍卫祖国的安全、荣誉和利益；必须模范地遵守宪法和法律，遵守军事法规，执行命令，严守纪律；应当发扬人民军队的优良传统，热爱人民，保护人民，积极参加社会主义物质文明、精神文明建设，完成抢险救灾任务。规定军人应当受到全社会的尊重。国家采取有效措施保护现役军人的荣誉、人格尊严，对现役军人的婚姻实行特别保护。现役军人依法履行职责的行为受法律保护。国家和社会优待现役军人，保障现役军人享有与其履行职责相适应的生活福利待遇，并实行军人保险制

度。国家妥善安置退出现役的军人，为转业军人提供必要的职业培训，保障离休退休军人生活待遇。国家和社会抚恤优待残疾军人，对残疾军人的生活和医疗依法给予特别保障。国家和社会优待现役军人家属，抚恤优待烈士家属和因公牺牲、病故军人的家属，在就业、住房、义务教育等方面给予照顾。

7. 规定对外军事关系

申明中华人民共和国在对外军事关系中，维护世界和平，反对侵略扩张行为。坚持互相尊重主权和领土完整、互不侵犯、互不干涉内政、平等互利、和平共处五项原则，独立自主地处理对外军事关系，开展军事交流与合作。支持国际社会采取的有利于维护世界和地区和平、安全、稳定的与军事有关的活动，支持国际社会为公正合理地解决国际争端、军备控制和裁军所做的努力。遵守同外国缔结或者加入、接受的有关条约和协定。

此外，国防法还对边防、海防和空防，国防科研生产与订货，国防经费和国防资产，国防教育，国防动员和战争状态等重大问题，做出了规定。

国防法的公布实施，为加强国防和军队建设提供了重要的法律保障，对于适应社会主义民主与法制建设的新形势，加快国防现代化建设的步伐，保障改革开放和经济建设的顺利进行，保证国家长治久安，具有重要的现实意义和深远的历史意义。

（二）《中华人民共和国兵役法》

兵役法是指调整国家兵役活动中所产生的各种社会关系的法律规范总称。其主要内容是：国家的兵役制度，武装力量的组成，公民服兵役的条件、形式和期限，兵员的征集、招收和动员，公民服兵役的权利与义务及奖惩等。

我国现行《中华人民共和国兵役法》于1984年5月31日第六届全国人民代表大会第二次会议通过，由1984年5月31日中华人民共和国主席令第十四号公布。根据1998年12月29日第九届全国人民代表大会常务委员会第六次会议《关于修改〈中华人民共和国兵役法〉的决定》进行第一次修正；根据2009年8月27日第十一届全国人民代表大会常务委员会第十次会议《关于修改部分法律的决定》进行第二次修正；根据2011年10月29日第十一届全国人民代表大会常务委员会第二十三次会议《关于修改〈中华人民共和国兵役法〉的决定》进行第三次修正。

1. 规定了中华人民共和国武装力量的组成

《中华人民共和国兵役法》第四条规定，中华人民共和国的武装力量由中国人民解放军、中国人民武装警察部队和民兵组成。第二条规定，中华人民共和国实行义务兵与志愿兵相结合、民兵与预备役相结合的兵役制度。中华人民共和国公民不分民族、种族、职业、家庭出身、宗教信仰和教育程度，都有义务依照兵役法的规定服兵役。

2. 规定了公民服兵役的法定年限

《中华人民共和国兵役法》第十二条规定，每年十二月三十一日以前年满十八周岁的男性公民，应当被征集服现役。当年未被征集的，在二十二周岁以前仍可以被征集服现役，普通高等学校毕业生的征集年龄可以放宽至二十四周岁。根据军队需要，可以按照前款规定征集女性公民服现役。根据军队需要和本人自愿，可以征集当年十二月三十一日以前年满十七周岁未满十八周岁的公民服现役。另外，法律还明确了服兵役的年限，义务兵服现役的期限为两年。义务兵服现役期满，根据军队需要和本人自愿，经团级以上单位批准，可以改为士官。根据军队需要，可以直接从非军事部门具有专业技能的公民中招收士官。士官实行分级服现役制度。士官服现役的期限一般不超过三十年，年龄不超过五十五周岁。士官分级服现役的办法和直接从非军事部门招收士官的办法，由国务院、中央军事委员会规定。

3. 规定现役军官的补充形式和途径

第二十六条详细地明确了现役军官由下列人员补充：①选拔优秀士兵和普通高中毕业生入军队院校学习毕业的学员；②选拔普通高等学校毕业的国防生和其他应届优秀毕业生；③直接提升具有普通高等学校本科以上学历表现优秀的士兵；④改任现役军官的文职干部；⑤招收军队以外的专业技术人员和其他人员。战时根据需要，可以从士兵、征召的预备役军官和非军事部门的人员中直接任命军官。

4. 规定民兵和预备役人员的组成与训练

民兵是不脱产的群众武装组织，是中国人民解放军的助手和后备力量。凡十八周岁至三十五周岁符合服兵役条件的男性公民，经所在地人民政府兵役机关确定编入民兵组织的，应当参加民兵组织。根据需要，可以吸收十八周岁以上的女性公民、三十五周岁以上的男性公民参加民兵组织。民兵组织分为基干民兵组织和普通民兵组织。基干民兵组织是民兵组织的骨干力量，主要由退出现役的士兵及经过军事训练和选定参加军事训练或者具有专业技术特长的未服过现役的人员组成，其余人员编为普通民兵。预备役军官包括下列人员，退出现役转入预备役的军官、确定服军官预备役的退出现役的士兵、确定服军官预备役的普通高等学校毕业学生、确定服军官预备役的专职人民武装干部和民兵干部、确定服军官预备役的非军事部门的干部和专业技术人员。预备役士兵的军事训练，在现役部队、预备役部队、民兵组织中进行，或者采取其他组织形式进行。

5. 规定战时兵员动员制度

在国家发布动员令以后，现役军人停止退出现役，休假、探亲的军人必须立即归队；预备役人员、国防生随时准备应召服现役，在接到通知后，必须准时到指定的地点报到；根据需要，国务院和中央军事委员会可以决定征召三十六周岁至四十五周岁的男性公民服现役，可以决定延长公民服现役的期限。

6. 规定对现役军人及其家属实行优待

军官实行职务军衔等级工资制，士官实行军衔级别工资制，义务兵享受供给制生活待遇。现役军人享受规定的津贴、补贴和奖励工资。国家建立军人工资的正常增长机制。现役军人享受规定的休假、疗养、医疗、住房等福利待遇。国家根据经济社会发展水平提高现役军人的福利待遇。尤其是对入伍前已被普通高等学校录取或者是正在普通高等学校就学的学生，服役期间保留入学资格或者学籍，退出现役后两年内允许入学或者复学，并按照国家有关规定享受奖学金、助学金和减免学费等优待；入学或者复学后参加国防生选拔、参加国家组织的农村基层服务项目人选选拔，以及毕业后参加军官人选选拔的，优先录取。对退出现役的士兵，实行自主就业、安排工作、退休、供养及继续完成学业等多种方式相结合的士兵退出现役安置制度。

7. 规定对拒绝、逃避兵役登记和征集的公民的处罚

《中华人民共和国兵役法》第六十六条规定，有服兵役义务的公民有①拒绝、逃避兵役登记和体格检查；②应征公民拒绝、逃避征集的；③预备役人员拒绝、逃避参加军事训练、执行军事勤务和征召的上述行为之一的，由县级人民政府责令限期改正；逾期不改的，由县级人民

政府强制其履行兵役义务，并可以处以罚款。同时有前款第二项行为，拒不改正的，不得录用为公务员或者参照公务员法管理的工作人员，两年内不得出国（境）或者升学。

（三）《中华人民共和国国防教育法》

《中华人民共和国国防教育法》是规范全国国防教育的基本法律。由九届全国人大常委会第二十一次会议审议通过，2001年4月28日国家主席签署主席令公布施行。

《中华人民共和国国防教育法》共6章38条，其主要内容是：

第一章，总则。明确了国防教育的领导体制，国防教育的目的、意义和实施方法。同时，明确了各级政府和各部门对国防教育的职责及国家支持，鼓励社会组织和个人开展有益于国防教育的活动，规定国家设立全民国防教育日。通过立法规定一个节日或者纪念日，以推动国家某项事业的发展，是国内外经常采取的做法，我国的《中华人民共和国国防教育法》在起草过程中，大家一致认为，设立全国性的国防教育日很有必要，这有利于增强全民居安思危的忧患意识和国防观念，推动国防教育建设事业的发展。在确定具体为哪一天的时候，提出了许多方案，有人提出应选《南京条约》签订日，有人提出选《辛丑条约》签订日，还有人提出"九一八"、"七月七日"等，经过反复研究，最后九届全国人大常委会第二十三次会议于2001年8月31日做出决定，确定每年九月第三周星期六为全国国防教育日。

第二章，学校国防教育。单设本章的主要考虑，一是青少年是祖国发展的未来，是国家持续发展的强大的后备力量；二是根据青少年身心发展的特点，这一阶段正是增长才干的阶段；三是青少年在学校接受的是系统、正规的教育。

因此，第13条提出"学校的国防教育是全民国防教育的基础，是实施素质教育的重要内容"。第15条规定"高等学校、高级中学和相当于高级中学的学校应当将课堂教学与军事训练相结合，对学生进行国防教育。高等学校应当设置适当的国防教育课程，并可以在学生中开展形式多样的国防教育活动"。对学校军事训练的组织实施，明确规定，由学校负责军事训练的机构或者军事教员按照国家有关规定组织实施，军事机关应当协助学校组织学生的军事训练。要求学校应将国防教育列入学校的工作和教学计划，采取有效措施，保证国防教育的质量和效果。

第三章，社会国防教育。明确了国防教育领导体制，对国家机关和地方各级人民政府、各部门、各企业事业单位、各社会团体、部队和民兵、预备役人员的国防教育工作的机构、职责，开展国防教育的内容、方法都做了规定。

第四章，国防教育的保障。对国防教育经费的筹集和使用，物资、场地及教育大纲、教材、国防教育教员的选拔等保障做了规定。

第五章，法律责任。第33条规定"国家机关、社会团体、企业事业组织以及其他社会组织违反本法规定，拒不开展国防教育活动的，由人民政府有关部门或者上级机关给予行政处分"。同时，对于其他违反国防教育法规定、破坏国防教育基地设施、寻衅滋事、扰乱国防教育工作和活动秩序的行为，以及负责国防教育的国家工作人员玩忽职守、滥用职权、徇私舞弊的，依法给予行政处分；构成犯罪的，依法追究刑事责任。

《中华人民共和国国防教育法》的公布实施，标志着我国国防教育事业迈入了法制化轨道。这对于保证全民国防教育的开展，推动新时期的国防建设，增强全民国防观念和民族凝聚力，提高全民素质，乃至促进社会主义精神文明建设，有着重大而深远的影响。

四、我国的国防领导体制

国防领导体制是党和国家领导国防建设和武装力量的组织体系，包括党和国家最高军事决策和领导机构、国家行政管理机构和武装力量指挥机构等。我国现行的国防领导体制是在中国共产党领导下，由国家最高权力机关、国家元首、国家最高行政机关和国家最高军事领导机关履行的，它对国防问题的法规、政策、指示、命令，社会所有组织及全体成员都必须服从，具有最高的权威性。

（一）我国国防领导的最高权力机构

《中华人民共和国宪法》规定："中华人民共和国全国人民代表大会是最高国家权力机关。"全国人民代表大会有权选举中央军事委员会主席，根据中央军事委员会主席的提名，决定中央军事委员会其他组成人员的人选；有权决定战争和和平的问题。

（二）我国国防领导的最高行政机构

《中华人民共和国宪法》规定："中华人民共和国国务院，即中央人民政府，是最高国家权力机关的执行机关，是最高国家行政机关。"国务院负责领导和管理国防建设事业。通常国务院对国防建设事业的领导和管理，是通过国防部实现的。国防部是中央人民政府的军事部门，负责掌管国防事务。

（三）我国国防领导的最高军事机构

《中华人民共和国宪法》规定："中华人民共和国中央军事委员会领导全国武装力量。"中央军事委员会是中国共产党和中华人民共和国的最高军事领导机构，简称中央军委。中央军委由主席、副主席、委员组成，实行主席负责制。在中央军委的组成上，党的中央军事委员会的组成人员和国家中央军事委员会的组成人员完全一致，即相同的人员，不同的两个机构、两块牌子。中央军委从党内来说，是党中央的一个部门，从国家政权角度看，是国家机构的一个组成部分。中央军委的办事机构是：联合参谋部、政治工作部、后勤保障部和装备发展部。

（四）我国的国防后备力量领导体制

我国国防后备力量在党中央、国务院、中央军委的统一领导下，实施地方党委、人民政府和军事系统的双重领导体制，这一双重领导制度是加强我国国防后备建设的根本保证。

1. 党和政府对民兵预备役工作的领导

民兵和预备役人员既是民，又是兵，其平时的组织管理、军政训练、战备执勤，战时动员、参战支前等，都要在地方党委、政府的统一领导下进行。加强地方党委、政府对民兵预备役工作的领导，是在坚持党和国家对武装力量统一领导、统一指挥的原则下，通过以下制度实现的：

（1）设立人民武装部。为了加强地方党委、政府对民兵预备役工作的领导，在县以上政府设立人民武装部（或军事部）。县（市、区）人民武装部为本地区的军事领导指挥机关，是同级地方党委的军事部，兼同级人民政府的兵役机关。乡（镇）人民武装部既是同级地方党委的军事部，又是乡（镇）政府的兵役机构。这样就从体制上保证了地方党委、政府对民兵预备役工作的领导。

（2）建立人民武装委员会和国防动员委员会。为了使人民武装担负起维护地方秩序及兵役动员的任务，加强党对人民武装建设的领导，并取得各级人民政府、人民团体对人民武装工作的有力协助，在各级党委建立人民武装委员会。各级地方人民武装委员会的主要任务是：根据中央军委对人民武装工作建设的方针、指示，结合当地情况，拟定实施计划，并组织协调和领导，督促有关部门认真履行职责，解决民兵预备役建设中的实际问题，促进民兵预备役工作的顺利开展，保证各个时期人民武装建设任务的完成。为了加强对国家国防动员工作的领导，党中央、国务院、中央军委设立了国家国防动员委员会，它是主管全国国防动员工作的议事协调机构。

（3）实行领导干部兼任制度。领导干部兼任制度是指地方党委书记兼任同级军事机构领导职务。省军区、军分区和各级人民武装部门主要领导参加地方党委的制度。

（4）建立"议军"制度。"议军"制度是地方各级党委和政府定期或不定期地研究本地区民兵预备役工作的制度，一般通过召开专门会议实施。在通常情况下，省、地、县（市、区）党委和政府，每年召开一两次，着重研究解决有关军事工作和民兵预备役建设中的重大问题，并做出决议。

2. 军事系统对民兵预备役工作的领导

军事系统对民兵预备役工作的领导，体现在领导体制和实际工作两个方面。为加强对民兵预备役工作的统一领导，在中央军委领导下，建立和完善了由人民解放军四部、战区、省军区、军分区、基层武装部所构成的垂直领导系统，形成了自上而下的军事领导体制。军事系统加强对民兵预备役工作的领导，主要履行以下三方面的职能：一是履行好同级地方党委军事部的职能；二是履行好同级人民武装委员会办事机构的职能；三是履行好地方军事指挥机关的职能。

3. 民兵、预备役部队自觉尊重和服从双重领导

双重领导制度是保证党对人民武装实施统一领导、统一指挥的根本措施，它对民兵、预备役部队接受地方党委、政府和军事系统领导，提出了严格的要求，使枪杆子切实掌握在党和人民手里。各级人民武装部门要自觉接受、坚决服从和维护双重领导制度，既要积极为地方党委、政府当好参谋，又要在服从经济建设大局的前提下，认真贯彻执行上级军事部门的指示，抓好军事工作的落实。

五、我国的国防政策

中国奉行防御性的国防政策。依照宪法和法律，中国武装力量肩负对外抵抗侵略、保卫祖国，对内维护社会大局稳定、保卫人民和平劳动的神圣职责。建设与国家安全和发展利益相适应的国防和强大军队，是中国现代化建设的战略任务，是中国各族人民的共同事业。

中国的发展道路、根本任务、对外政策和历史文化传统，决定中国必然实行防御性的国防政策。中国坚定不移地走和平发展道路，对内努力构建社会主义和谐社会，对外推动建设持久和平、共同繁荣的和谐世界。中国坚定不移地推进改革开放和社会主义现代化建设，既利用和平的国际环境发展自己，又通过自己的发展维护世界和平。中国坚定不移地奉行独立自主的和平外交政策，在坚持和平共处五项原则的基础上同所有国家发展友好合作。中国坚定不移地秉承中华民族优秀文化传统和以和为贵的和平理念，主张用非军事手段解决争端、慎重对待战争和战略上后发制人。不论是现在还是将来，不论发展到什么程度，中国都永远不称霸，永远不搞军事扩张。

两岸统一是中华民族走向伟大复兴的历史必然。海峡两岸中国人有责任共同终结两岸敌对的历史，竭力避免再出现骨肉同胞兵戎相见的局面。两岸应积极面向未来，努力创造条件，通过平等协商，逐步解决历史遗留问题和两岸关系发展进程中的新问题。两岸可以就在国家尚未统一的特殊情况下的政治关系展开务实探讨。可以适时就军事问题进行接触交流，探讨建立军事安全互信机制问题，以利于共同采取进一步稳定台海局势、减轻军事安全顾虑的措施。两岸应在一个中国原则的基础上协商正式结束敌对状态，达成和平协议。

六、新时期中国国防的目标和任务

（一）维护国家主权、安全、发展利益

防备和抵抗侵略，保卫领陆、内水、领海、领空的安全，维护国家海洋权益，维护国家在太空、电磁、网络空间的安全利益。反对和遏制"台独"，打击"东突""藏独"等分裂势力，捍卫国家主权和领土完整。服从服务于国家发展战略和安全战略，维护国家发展的重要战略机遇期。贯彻新时期积极防御的军事战略方针，坚持独立自主和全民自卫原则，加强武装力量建设和边防、海防、空防建设，加强国家战略能力建设。中国始终奉行不首先使用核武器的政策，坚持自卫防御的核战略，不与任何国家进行核军备竞赛。

（二）维护社会和谐稳定

中国武装力量忠实践行全心全意为人民服务的宗旨，积极参加和支援国家经济社会建设，依法维护国家安全和社会稳定。发挥人才、装备、技术、基础设施等方面的有利条件，为地方基础设施和重点工程建设、扶贫帮困和改善民生、生态环境建设贡献力量。科学组织非战争军事行动准备，针对面临的非传统安全威胁搞好战略预置，加强应急专业力量建设，提高遂行反恐维稳、应急救援、安全警戒任务的能力。坚决完成抢险救灾等急难险重任务，保护人民群众生命财产安全。把维护社会大局稳定作为重要任务，坚决打击敌对势力颠覆破坏活动，打击各种暴力恐怖活动。发扬拥政爱民光荣传统，严格遵守国家政策法规，巩固军政军民团结。

（三）推进国防和军队现代化

着眼 2020 年基本实现机械化并使信息化建设取得重大进展的目标，坚持以机械化为基础，以信息化为主导，广泛运用信息技术成果，推进机械化信息化复合发展和有机融合。拓展和深化军事斗争准备，牵引和带动现代化建设整体发展。深化信息化条件下联合作战理论研究，推进高新技术武器装备建设，发展新型作战力量，着力构建信息化条件下联合作战体系。深入推进机械化条件下军事训练向信息化条件下军事训练转变，加紧实施人才战略工程，加大全面建设现代后勤力度，提高以打赢信息化条件下局部战争能力为核心的完成多样化军事任务的能力，全面履行新世纪新阶段的军队历史使命。统筹经济建设和国防建设，实行军民融合式发展，建立完善军民结合、寓军于民的武器装备科研生产体系、军队人才培养体系和军队保障体系。积极稳妥地深化国防和军队改革，加强战略筹划和管理，努力推进国防和军队建设科学发展。

（四）维护世界和平稳定

坚持互信、互利、平等、协作的新安全观，主张用和平方式解决地区热点问题和国际争端，反对任意使用武力或以武力相威胁，反对侵略扩张，反对霸权主义和强权政治。按照和平共处五项原则开展对外军事交往，发展不结盟、不对抗、不针对第三方的军事合作关系，推动

建立公平有效的集体安全机制和军事互信机制。坚持开放、务实、合作的理念，深化国际安全合作，加强与主要国家和周边国家的战略协作和磋商，加强与发展中国家的军事交流与合作，参加联合国维和行动、海上护航、国际反恐合作和救灾行动。支持按照公正、合理、全面、均衡的原则，实现有效裁军和军备控制，维护全球战略稳定。

第四节　国际战略环境

战略环境是指国家或政治集团在一定时期内所面临的影响其安全和军事斗争全局的客观情况和条件，主要包括国际国内的政治、经济、科技、军事、地理等方面的基本状况，以及由此而形成的战略态势、战争与安全形势。

一、国际战略环境

国际战略环境，是一个时期内世界各主要国家（集团）在矛盾、斗争或合作、共处中的全局状况和总体趋势。它包括国际战略格局和国际战略形势两个方面。国际战略格局是国际战略环境的框架结构，国际战略形势是国际战略环境的动态表现。国际战略环境从本质上反映了世界各主要国家的政治集团建立在一定军事、经济实力基础上的政治关系的基本状况和总体趋势，其核心是世界范围内的战争与和平问题。国际战略环境是在一定的时代背景下形成的，时代的特征对它的基本面貌有决定性的影响。此外，影响国际战略环境的主要因素还有：国际间战略利益的矛盾及其发展；政治、军事、经济力量在世界范围内的分布与配置；主要国家之间的战略关系及其斗争、制约、合作的态势；战争的进程和结局，以及战争威胁的性质和程度等。国际战略环境关系到国家的生存与发展、安危与兴衰，影响一个国家（集团）军事斗争的对象、性质、目标及军事力量建设与运用的基本方向，因而是各个国家（集团）制定战略必须首先考察和关注的外部环境和条件。具体地讲，国际战略环境主要涉及以下几个方面：时代特征、国际战略格局、主要国家的战略动向、世界和周边地区的安全形势等。从这些方面入手研究国际战略环境，有助于洞察国际斗争特别是战争与和平的基本趋势，进而判明对本国战略利益的影响。

（一）时代特征

所谓时代，是指世界整体在发展进程中所处的大阶段，是人类社会较长的、特定的发展阶段。对时代问题的把握是最高层次的战略判断。不同阶段之间相互区分的标志，就是时代特征。时代和时代特征，可以有不同的区分方法和标志。如果以国际社会矛盾斗争的焦点和斗争主题作为区别的标志，那么，战争与和平、和平与发展等，就成为不同时期的时代特征。时代特征是世界性的、阶段性的。它反映的是世界的总貌，是整个世界在一定历史阶段的总的标志。正确认识时代特征，有助于战略指导者从宏观上把握当代世界的主要矛盾和总的发展趋势，从而对国际战略环境做出正确判断，避免在战略指导上出现重大失误。

（二）世界战略格局

世界战略格局，是世界各国政治、经济、军事力量在其消长、分化与组合过程中所形成的，是对世界战略全局具有重大影响的相对稳定的力量结构。第一次世界大战后，英、法、美、日、意等战胜国，为了重新瓜分世界和进一步削弱战败国，通过签订对德、对奥等一系列和约，建立了"凡尔赛体系"。第二次世界大战后，美、苏两个超级大国为争夺世界霸权，分别成立了"北约"、"华约"两大军事集团，形成了两极对抗体制。这些，都是 20 世纪出现过的对世界有重大影响的战略格局。世界战略格局反映了一定时期内国际间的力量对比、利益矛盾和需求，以及基本的战略关系。

世界战略格局是发展变化的。各国政治、经济、军事力量的消长，是世界战略格局形成、发展和变化的物质基础。历史表明，国家间的力量对比，特别是大国实力地位的变化是导致战略格局变动的重要因素。例如，第二次世界大战结束后，由于德、日、意法西斯战败，英、法等国受到严重削弱，美国成为资本主义世界头号金元帝国和超级军事、政治大国；苏联在取得反击德国、进军东欧和对日作战胜利的基础上，也逐渐发展成为实力地位仅次于美国、势力范围横跨欧亚大陆的另一个超级大国。因而从根本上改变了国际力量对比，打破了长期以来以欧洲列强为中心主宰世界的局面，逐渐形成了以美、苏两个超级大国为中心的两极对抗的世界战略格局。到了 20 世纪 90 年代，由于东欧剧变、苏联解体，国际力量对比发生急剧变化，两极战略格局遂告终结。

各国在战略利益上的矛盾和需求，是战略格局形成、发展和变化的政治基础。例如，冷战时期，美国和西欧国家是以对付苏联这一"共同威胁"作为联盟的政治基础，建立了北大西洋公约组织。苏联和东欧国家是以抗衡以美国为首的北约集团，维护共同的安全利益为战略目标，建立了华沙条约组织。战后广大第三世界国家掀起的不结盟运动和各种形式的"南南合作"，则是以反对大国强权政治和旧的国际经济秩序，谋求各国的自主发展为共同利益基础。各种战略力量都是围绕着一定的利益矛盾和战略需要，进行联合或分化改组，以对付共同的主要对手。

战略格局一经形成，又具有相对的稳定性。只要国际间各种力量对比不发生根本性的变化，国际战略关系不发生重大的分化与改组，战略格局的基本结构就不会改变。在世界处于相对和平时期时，战略格局实际上体现了世界各大力量之间相互作用、相互制衡的关系。对世界战略格局进行分析与研究，有助于从总体上了解世界各主要国家在世界全局中的地位及战略利益方面的矛盾和需求，有助于对国际形势及其发展趋势做出基本的估计。

（三）主要国家的战略动向

世界是由众多国家组成的系统。各国的战略动向，既互为条件、相互依存，又相互影响、相互制约。其中，一些实力较强的世界性或地区性大国，特别是超级大国所推行的战略，对地区乃至世界的安全与稳定具有重大的影响，对其他国家的战略也有不同程度的影响。了解这些主要国家的战略动向，有助于从世界各国特别是大国关系方面具体地研究国际战略环境，进而对国际形势做出正确判断。

（四）战争与和平的总体趋势

对于一个国家的主权和安全来说，来自外部的战争威胁是最严重的威胁。因此，当代世界战争与和平的趋势在国际战略环境中至关重要，是世界各国研究和制定军事战略时关注的中心。

战争与和平仍是当今世界的时代主题。和平与发展这两个问题一个也没有解决。当前和今后一个时期国际局势的总体特征就表明了这一点，这个总体特征是：总体和平与局部战争并存，总体缓和与局部紧张并存，总体稳定与局部动荡并存。其根源在于霸权主义和强权政治不仅依然存在，还有新的发展。另外，民族矛盾、部族纠纷、领土争端、宗教矛盾、资源争夺、恐怖主义等，也是引发冲突和局部战争的诱因。与此同时，南北差距在继续拉大。战争与和平的总体趋势，是一个国家制定军事战略的考量依据之一。

（五）周边安全形势

周边安全形势，是指周边国家（集团）直接、间接影响本国安全的条件和因素。从广义上说，这些影响国家安全的条件和因素，涉及政治、经济、科技、军事及思想文化等各个领域，其中既有有利的因素，也有不利的因素。但就国家生存与发展的全局而言，关键在于周边国家（集团）有无使用武力或以武力相威胁，侵犯或危害本国主权、领土完整和海洋权益等根本利益的实力、企图与动向。因此，周边安全形势中最值得注意的是周边国家与本国的利益矛盾、对本国的政策企图、军事力量及其部署等产生直接影响的情况和因素。

二、国际战略格局

国际战略格局，是一定时期内国际关系中起主导作用的力量之间的相对关系和结构形式。第二次世界大战结束后形成的以美苏为首的两极格局，支配世界国际关系长达近半个世纪。东欧剧变和苏联解体，使得两极格局被打破，国际社会的各种力量进行新的组合，开始步入向多极化发展的过渡时期。这个时期国际战略格局的现状和特点，表现为各种矛盾和关系都处于急剧变化和不断调整之中。

当今世界正处于战略格局转换的过渡时期，各国和各种力量集团之间的关系在重新组合中不断进行调整。以和平方式实现战略格局转换，各国和各力量集团都在进行相应的军事战略调整，增强以经济和科技为基础的综合国力，同时各国和各力量集团重新估量本国或本集团在冷战后的主要对手或潜在对手，并由此构成相互间的新关系；多数国家的战略趋于内向，力求抑制军事力量的发展，着眼于本国经济建设和综合国力的提高；在继续维持原军事同盟的同时，各国都在积极发展双边或多边军事合作，少数小国则要求寻找大国保护。各国和各力量集团注重质量建军，积极加强技术兵种建设。在缓和趋势继续发展的形势下，大规模扩充军备已成为过去。各国都更加注重军事高科技的投入与发展，积极加强技术兵种的建设，坚持走质量建军之路。军控和裁军谈判连获突破性进展，但军备斗争仍在提高质量和发展高技术兵器方面展开竞争。

大战危险更趋减小，战争趋势向着高技术局部战争方向转变。爆发大战不利于世界经济发展。世界大战的影响和破坏力很大，不利于包括超级大国在内的世界各国集中精力抓经济，尤其是苏联的解体从反面向各国敲了不抓经济就吃大亏的警钟，日本和德国从正面向各国展示了集中精力发展经济的好处。因此，当前世界各主要国家都在收缩战线，战略内向，集中精力抓经济，尽可能避免可能导致世界战争的武装冲突和局部战争。

大国无力打世界大战。当然美、俄仍是有资格打世界大战的军事强国，但它们一衰一伤，亦无力发动世界大战。海湾战争表明，当今唯一的超级大国美国，为了把海湾战争进行到底尚且求助于日本、德国、沙特、科威特等国资助，如果发动规模更大的世界战争，美国也难以支撑，更不要说其他国家了。为此，美国把应付核技术和弹道导弹扩散的挑战作为今后军队建设的重点，加快建立导弹防御系统的步伐，并优先发展战区导弹防御系统，同时抓紧国家导弹防御系统的建设。

国际社会的制约，使热点不会升级为世界大战。苏联解体，冷战结束，世界进一步趋向缓和，原来的热点大都降温，虽然欧洲南部及欧亚之间又出现了一系列新的热点，但在国际社会，特别是在联合国的干预下，交战各方的战争行为受到不同程度的遏制，这些热点将会逐渐平息下来。通过谈判和平解决国际争端是当前国际政治和军事斗争走向的大趋势，因此，新的热点不会升级为世界大战。

世界经济一体化制约着世界大战的爆发。在现代科技力量的推动下，世界经济一体化进程加快，各国间经济交往和联系越来越频繁，越来越密切。各国大都处于你中有我、我中有你的经济共同体中。同时，由于经济的发展，垄断资产阶级完全可以利用其经济和科技优势来达到以往只能通过战争才能达到的政治目的，而且经济手段的效果可能更好。所以霸权主义国家不会频频向发展中国家发动大规模侵略战争。

世界反战的和平力量更加有力地阻止世界大战的爆发。社会主义阵营虽已解体，但仍在坚持社会主义政治制度的中国和原社会主义国家的广大人民群众，依然是反对战争、遏制侵略的强大力量。再加上正在发展壮大的第三世界及资本主义国家内部的人民和各种反战和平力量，战争势力就更难把世界大战强加到世界爱好和平的人民头上。

局部战争此起彼伏，世界和平与稳定仍然受到威胁。导致当前乃至今后一段时间局部战争和武装冲突的原因很多，概括起来有如下 10 大类：一是格局转换，力量失衡，这是导致当前局部战争增多的根本原因。力量失衡是多方面的，首先是两极格局解体，美俄力量失衡；其次是世界两大体系——社会主义阵营和资本主义阵营力量失衡；再次是资本主义内部，由于德、日崛起和美国相对衰弱引起的力量失衡；最后是由于美、俄实行战略收缩在局部地区造成力量真空引起的力量失衡。二是超级大国霸权主义继续推行强权政治，由此引起反抗和斗争。三是地区霸权主义在超级大国力量薄弱的地区企图建立主导权引起的反抗和斗争。四是各国之间，特别是新独立国家之间的领土和边界纠纷引起的矛盾和斗争。五是民族矛盾和阶级压迫引起的国内战争。六是种族问题，特别是种族隔离、种族歧视和种族压迫引起的反抗和斗争。七是为了争夺资源而进行的斗争。海湾战争可以说是为争夺石油资源而进行的战争。由于地球资源日趋减少，人们甚至担心未来会由于水资源日益缺乏，可能引起抢水战争。八是宗教信仰的差异可能酿成冲突和战争。比如，当前基督教和伊斯兰教之间的斗争，不仅对所在国，而且对局部地区的和平与稳定都构成了威胁。九是国际贩毒日益成为引起一些国家和地区不安并可能酿成局部冲突和战争的因素。十是国际恐怖活动不仅造成了许多不幸，也可能引发局部冲突和战争。

综观世界全局和各种力量的相互制约关系，今后世界局部战争的发展趋势是：①目前正值格局转换初期，局部战争有上升趋势，但随着相对稳定的多极格局的形成，各种力量将逐渐趋于平衡，局部武装冲突和战争会逐渐减少。但由于引发局部战争的因素依然存在，因此，局部战争在相当长的时期内不会消失，只是呈此起彼落、此消彼长之势罢了。②由于国际社会的干预，特别是联合国组织正在采取措施遏制局部战争的蔓延和升级，因此目前仍在进行的局部战争不会升级为世界大战。③由于种种原因，世界目前是亚洲相对平静，欧洲战火不断。然而由于亚洲仍有许多不稳定因素，特别是印巴问题、朝鲜半岛问题、柬埔寨问题、南沙问题、美日摩擦、日俄领土问题等都未很好地解决，加上亚太地区军备竞赛有上升的趋势，因此，不排除在一定条件下亚太地区再次出现新的对抗热点的可能性。④现代战争中，由于交战双方都可能通过各种渠道寻求国际力量的支援，使交战各方的力量关系和背景非常复杂，任何一方想以绝对优势战胜另一方都是极其困难的。在战争难见胜负且又消耗巨大的情况下，最后大都会在国际社会的调解下，通过和平谈判的方式解决其矛盾和冲突。

三、国际战略格局的发展趋势

（一）联合国的作用与日俱增

近年来，特别是面对美俄全球争霸的战略态势已发生根本性改观，地区间问题逐渐突出的形势，联合国在许多国家的推动下，逐步改变长期以来为美国和苏联所控制的局面，不再是美俄在国际政治舞台上争霸的竞技场，越来越显示出协调和处理重要国际安全问题的权威性和有效性。可以预计，在新的国际军事格局中，联合国将会在处理危机、维持和平、监督停火、军备控制及力量平衡等方面发挥越来越大的作用，协调并维持各地区的和平与稳定。

（二）大国间相互制约的势头正在上升

随着德国、日本等国的崛起，美国在西方世界的实力地位相对衰落。在处理国际和地区危机中，美国更多的是发挥带头作用，而不是领导作用。从某种意义上讲，美国超级军事大国的地位虽依然存在，但正在被削弱，并受到了来自其盟国的越来越大的挑战。在未来的军事格局中，大国之间相互制约的多极化特点，将成为维护国际安全的重要因素之一。

（三）各种国际和地区安全机制逐步完善

当前，世界各主要国家在安全问题上逐步取得共识，正通过各种方式建立和完善国际和地区安全机制。其一，联合国机制发挥着越来越大的作用。其二，传统的军事集团机制也在进行调整和完善。其三，安全会议机制在不断加强。各种国际的、地区的、双边的、部长级和专家级的安全会议接连举行，在交流信息、增进了解、建立信任、协调立场、制定措施等方面发挥了重要作用。其四，合作组织机制也开始出现新的局面。一些经济或政治合作组织，如东盟等，越来越注重安全问题，甚至把安全问题作为这些组织今后发展的主要议题之一。其五，随着形势的变化，安全条约机制也注入了一些新的因素。其六，裁军和军控机制有了较大的发展。

四、我国周边安全环境

（一）我国地缘环境的基本情况

我国是个亚洲大国，与周边各国有着漫长的边界线。与我国有共同边界的国家有 14 个，共有陆地边界线约 22 000 千米。我国还隔黄海、东海、南海与韩国、日本、菲律宾、印度尼西亚、马来西亚、新加坡、文莱等国相望。我国有海疆线约 3.2 万千米，其中大陆海岸线长约 1.8 万千米，有海岛约 7 100 个，与我国相邻的 3 个边缘海的总面积为 468 万平方千米。此外，由于历史等方面的原因，有些国家虽然与我国无共同边界或海疆，但与我国的关系素来比较密切，如柬埔寨、孟加拉国、泰国等。

众多邻国对我国安全的影响是复杂的。在这些国家中，有的过去曾经侵略过我国，并且目前仍然是经济大国或军事大国，有着雄厚的综合国力和军事实力，具有对我国安全造成重大影响的能力；有的邻国之间积怨很深，严重对立，一旦它们之间爆发战争或武装冲突，必将影响我国边境安全；有的国家内部不稳定因素很多，一旦发生大的内乱，必将对我国边境造成很大压力；有的国家的居民与我边境地区的居民属于同一民族，一方面这有利于两国人民友好往来，改善国家之间的关系，另一方面，一旦这些邻国国内的狭隘民族主义泛起，可能会引起我国国内的民族纠纷；有的国家的居民与我某些地区的居民信奉同一宗教，一旦这些国家内的宗教派别斗争加剧或者某些极端教派掌权，就可能增加我国国内相关地区的不稳定因素；还有一些国家与我国之间存在着历史遗留下来的边界领土争议和海洋国土划界的争议，存在着可能引发边界事件甚至武装冲突的隐患。

在我国周边国家中，俄罗斯、日本、印度、印度尼西亚等国都是世界或地区大国，俄罗斯是一个拥有大量尖端科技、先进武器和核武器的世界大国，又与我国有着数千千米的共同边界。日本是当今世界的一个经济大国，其经济实力居于世界前列，与我国有着密切的历史、文化和经济关系，是一个曾经侵略过我国的国家。世界最强大的国家美国虽然不与我国相邻，但其军事力量却在我国周边一些国家长期部署，并与某些国家签订有军事协定。美国认为其在东亚有重大的战略利益，因此，对东亚地区事务一直不断进行干涉，与我国在台湾问题及其他一些重大问题上存在分歧。和其他与我国相邻的国家相比，美国是一个与我国更有直接关系的国家。

我国及其周边不仅是世界人口最密集、大国最集中的地区，也是世界热点和潜在热点最多的地区。朝鲜半岛、千岛群岛、台湾海峡、南沙群岛、克什米尔等热点都位于这一地区；世界公认的五大力量中心，除欧洲外，美、中、俄、日均交汇于此；世界核俱乐部的主要成员，事实上的有核国家在我国周边构成世界最密集的核分布圈。这些因素汇集在一起，必然会加大对我国安全环境的压力。

我国的周边国家也是政治制度差别很大的地区，既有社会主义国家，也有资本主义国家；既有发达国家，也有发展中国家；既有富国，也有穷国；既有老牌的经济强国，也有崛起的新兴国家。我国是亚太地区的大国，亚太地区是同我国安全关系最为密切的外部环境，特别是周边国家形势同我国安全直接相关。我国邻国众多，周边国家和地区所奉行的国家安全战略和外交政策各不相同。这种复杂的周边环境对我国的安全造成了一定的影响。另外，我国周边国家民族分布和构成不同，宗教信仰和文化传统各异，存在着区域内和区域间的巨大差异和复杂矛盾。这些差异和矛盾所导致的冲突将不可避免地给我国的安全带来消极影响，且由于下述因素而日益突出：一是我国是个多民族、多宗教国家，不少民族和宗教还有跨境联系；二是近年来在国际战略格局变化的大背景下，我国周边地区各种极端的民族、宗教势力日益蔓延，并向我国境内渗透，这不能不对我国边境地区的安全与稳定带来直接的影响；三是与国际反华势力相勾结、相呼应的宗教极端主义、民族分裂主义和国际恐怖主义三股势力的破坏活动是对我国社会稳定和民族团结的严重威胁。

（二）我国安全环境的主要问题

新中国成立以来，特别是进入 20 世纪 90 年代以来，我国坚持奉行独立自主的和平外交政策。对外关系，特别是与周边国家的睦邻友好关系得到全面发展，与亚洲国家建立了外交关系。目前国家安全环境是建国以来较好的时期。但是，我们也应该看到，随着世界战略格局和亚太地区战略格局的不断发展变化，我国安全环境也增加了许多新的不确定和不稳定因素。再加上我国与周边国家还存在着一些尚未解决的领土、边界、海域、岛屿划分及归属方面的争议，国际上一些敌对势力更是借机推波助澜，因此我国安全环境存在着诸多的不利因素。

（三）我国国家安全政策

当前，国际形势继续发生深刻而复杂的变化。和平与发展依然是当今时代的主题，国际形势发展的基本态势保持总体稳定，但不确定、不稳定、不安全因素有所增加。

努力创造经济持续发展、国家安定团结及外部良好生存环境的条件，保证国家战略目标的实现是新世纪国家安全战略的核心内容。具体来讲，我国新世纪的安全战略着重体现在以下几个方面。

1. 坚持独立自主外交原则，推动多极格局形成

独立自主原则是中国共产党人一贯坚持的原则立场。坚持独立自主原则，就是在国际事务中，从中国人民和世界人民的根本利益出发，对一切国际问题，都根据事情本身的是非曲直，独立自主地决定自己的态度和政策。中国不同任何大国结盟或建立战略关系，在国际事务中，中国不依附于任何一个大国，也不屈服于任何一个国家的压力，在任何情况下都坚持独立自主的原则。独立自主原则是新时期我国处理国际事务的基本立场之一，也是制定国家安全战略的指导原则之一。

2. 构建多边合作安全体系，营造安全的周边环境

中国安全观的核心是"互信、互利、平等、协作"。互信，是指超越意识形态和社会制度异同，摒弃冷战思维和强权政治心态，互不猜疑，互不敌视。各国应经常就各自安全防务政策及重大行动展开对话与相互通报；互利，是指顺应全球化时代社会发展的客观要求，互相尊重对方的安全利益，在实现自身安全利益的同时，为对方安全创造条件，实现共同安全；平等，是指国家无论大小强弱，都是国际社会的一员，应相互尊重，平等对待，不干涉别国内政，推动国际关系的民主化；协作，是指以和平谈判的方式解决争端，并就共同关心的安全问题进行广泛深入的合作，消除隐患，防止战争和冲突的发生。

中国的安全观是建立在和平共处五项原则及其他公认的国际关系准则基础之上的，是合作安全和共同安全，不针对第三国。

3. 奉行积极防御战略，加速军队现代化建设

军事力量是综合国力的重要组成部分，是维护国家利益、确保国家安全的最直接最有效的手段。中华人民共和国为抵御外敌侵略，保卫国家独立和安全，维护世界和平，始终奉行积极防御的战略。其核心和本质特征是坚持自卫立场，坚持后发制人，坚持人民战争。适应世界军事变革的趋势，实施科技强军战略，加强质量建设，实现我军现代化的跨越发展。

4. 参与改造国际体系，拓展中国安全利益

世界格局正朝着多极化方向发展，国际旧秩序已经无法适应这一发展趋势。建立国际新秩序成为中国和广大发展中国家外交政策和战略的重要目标。

20世纪80年代末和90年代初，世界格局发生了巨大变化，美国从它的全球战略出发，以海湾战争为契机，在西方世界首先提出了建立世界新秩序的构想，企图确立美国在世界范围内的主导地位，联合西方大国主宰国际事务，以美国和西方的社会制度及价值观念改造世界。日本、西欧各国与美国的基本立场上相同，分歧在于新秩序的主导权是由美国独享，还是与西方共管。与此同时，中国也提出了关于建立世界政治经济新秩序的主张。中国主张应以和平共处五项原则为基础建立国际新秩序。

5. 增强综合国力，有效维护国家安全

维护国家的安全要有强大的军事力量，但是单靠军事力量并不能保证国家长治久安。而且如果片面追求强大的军事力量，结果可能适得其反。第二次世界大战结束后，美苏两家展开了以加强军备为主要手段、以追求军事优势为主要目的的长达 40 多年的冷战，其结果是一个崩溃瓦解，另一个被严重削弱。冷战结束后，各国都吸取了美苏冷战的教训，把注意力转到以经济、科技为核心，以军事实力为后盾的综合国力竞争上来。不断增强综合国力，才是确保国家长治久安的万全之策。

经过几十年的快速发展，我国综合国力显著增强，但总的来看，我国综合国力与西方发达国家相比还有很大差距。我们必须抓住战略机遇期，全面提高我国的综合国力，为实现 21 世纪的崛起奠定雄厚基础。

第五节　军事高技术

科学技术的发展特别是军事高技术的发展正在军事领域引发一场深刻的变革。从 20 世纪 80 年代以来发生的屡次局部战争中，人们可以清楚地看到：现代战争已在很大程度上表现为高技术的较量。谁拥有军事高技术，谁就能够在战争中占据更大的主动权。现代战争已进入高技术时代。

一、军事高技术的概念与分类

军事高技术是建立在现代科学技术成就的基础上，处于当代科学技术前沿，以信息技术为核心，在军事领域发展和应用的，对国防科技和武器装备发展起巨大推动作用的那部分高技术的总称。

总体来说，军事高技术由 10 个方面构成，这 10 个方面同时也是现代军事高技术争夺的10 大热点。

（一）军用微电子技术

军用微电子技术是军事高技术的重要组成部分，是典型的国防高技术产业，也是发展高技术武器装备的重要支柱。从现有武器装备的改进到新概念武器的出现，几乎都依赖于微电子技术的发展。目前，微电子技术在制导武器系统、军事通信和军用计算机上都有广泛的应用。

（二）军用光电技术

军用光电技术是以光电子传感技术和激光技术为基础，由光学技术、电子技术、计算机技术和精密机械技术等密切结合而形成的一项高技术。由于光电子固有的优良特性，光电子技术具有探测精度高、传递信息速度快、信息量大、抗电磁干扰和保密能力强等优点，因而在军事上得到广泛的应用，成为武器装备发展的关键性技术之一。

（三）军用计算机技术

军用电子计算机技术是军事高技术中具有战略意义和竞争最激烈的关键技术之一。电子计算机广泛应用于军事各领域，对于提高军事系统的效率，提高武器命中精度，发挥武器系统威力，缩短产品的设计周期和降低成本具有明显效果。目前，计算机的研制和使用水平已成为高技术武器装备现代化的重要标志。

（四）军用信息技术

信息技术是实现获取、交换、处理、运用信息等功能的所有技术的总称。军用信息技术主要包括信息搜集、信息处理、信息传递、信息储存、信息检索和信息管理等。它的核心技术是计算机、通信和控制三大要素。随着现代军事信息量的急剧增加，发展军用信息技术已成为夺取现代战争胜利的基本保证。

（五）军用核技术

军用核技术的重点在于发展核武器。核武器是利用核装料的原子核反应瞬间释放的巨大能量对目标造成杀伤破坏作用的一类武器的总称。现代核武器正朝着小型化、实用化、多弹头、多用途的方向发展。

（六）军用航天技术

航天技术是当代新技术中综合程度最高，科技力量投入最多，耗资巨大，效益最高，竞争十分激烈的高技术领域。军用航天技术是航天技术中最重要的组成部分，是指为军事目的而研究、发展和应用的航天技术。目前，军用航天技术和航天器，已成为增强军事力量和国家安全的重要手段，是世界军事大国特别注重发展的一个技术领域。

（七）军用海洋开发技术

军用海洋开发技术主要包括海水淡化、海水提铀、海底采矿及海底工程建设技术。随着海洋开发技术的发展，海底将成为建造巨大军事基地的理想场所，水下基地将部署大量遥感设备和各种高效自动杀伤武器，并利用超低频通信技术和卫星上的 C^3I 系统联网，指挥作战。

（八）军用生物技术

生物技术是 20 世纪 70 年代兴起的新技术，其核心是遗传工程。它在军事上为生产新型的生物武器，进行生物技术战提供了可能。有的国家已在这方面取得惊人的进展，能够把一种病毒的部分核糖核酸分离出来，同另一种病毒的脱氧核糖核酸相结合，拼接成一种新的超级病毒。这种病毒不仅有很大的传染性和很高的致命率，还有很强的适应能力和生存能力。

（九）军用新材料技术

材料作为社会发展的基础，在新技术革命中已成为首要发展的关键技术。可以说，没有先进的材料，多数高技术都不能得到发展；反过来，先进材料的突破，对其他高技术的进步有时会产生关键性作用，在某种条件下甚至可使武器技术装备发生革命性变革或全面改观。因此，世界各国军事部门，都高度重视发展新材料，把新材料的研究与开发放在特殊的地位。军用新材料种类很多，但有发展潜力的主要有高技术陶瓷、高功能聚合物、高级复合材料、高超导材料等。

（十）军用定向能技术

定向能技术又称束能技术，它是利用强激光、高能粒子束、强微波的能量，产生高温、高压、电离、辐射等综合效应，以能束的形式定向发射，借以摧毁或损伤目标的技术，并以此制成定向能武器。

二、军事高技术的主要特征

高智力、高投资、高竞争、高风险、高效益、高渗透、高速度是高技术的主要特征，军事高技术除具有高技术的一般特征外，还具有其自身的特点。

（一）发展的超前性

军事上的需要是军事高技术发展的主要推动力。因此，军事高技术的研究、开发和应用通常总是超前于民用高技术。众所周知，军事上的需要或国家安全的特殊重要性决定了各国都试图将军事高技术置于优先发展的战略地位，这就导致了军事高技术的发展往往超前于民用技术的发展。即大多数高技术成果或者直接产生于军事领域，或者首先应用于军事领域，这已成为一种普遍规律。

（二）效果的突袭性

翻开人类战争史可以清晰地发现，当军事高技术的发展，特别是理论上和技术上取得重大创新性突破时，往往会在军事上给对手造成突袭性或突然性。而对手在战争中遭受重大损失之后仍不明白其原因何在，从而在军事上处于非常被动的地位。历史上，坦克、化学武器、原子弹、雷达、精确制导武器等新型武器装备的研制成功并在战争中得以使用，都曾带来过这种突袭性或突然性。目前，美国、俄罗斯等军事大国和强国都高度重视从基础研究入手来发展军事高技术。如特别重视发展高能激光武器等新概念武器，主要目的就是力图获得能对别国造成军事上的突然性或突袭性的技术手段，以此来获得和保持军事上的明显优势。

（三）应用的双重性

作为高技术主要组成部分的军事高技术，也可大量地用于民用，二者之间没有严格的分界线。在高技术领域，不管它们来源于军事领域还是民用领域，首先都尽可能地应用于军事目的，然后向民用领域转移。正是由于军事高技术的军民两用性，才为军事科研和军事工业转为民用提供了可能。冷战结束后，许多国家都把经济建设置于优先发展的战略地位，并将大量军事高技术成果转为民用，军转民便成为一种时代潮流。军民结合已经并将进一步成为各国军事高技术发展的主要途径和基本模式。

（四）高度的保密性

由于军事高技术在国家安全和军事上的特殊重要性，致使各国都不遗余力地获得最先进的军事高技术，同时千方百计刺探别国军事高技术的发展情况，以掌握别国的技术优势或防止在技术上落后于人。为此，世界各国都从国家战略利益出发，保持对军事高技术的严格控制，不会像民用高技术那样，为了获取利润而轻易转让这种技术。例如，美国将军事高技术划分为三类技术或技术流：渐进性技术、突破性技术、王牌技术。三类技术都严格保密，而且保密期限依据其作用不同而不同。像核武器技术之类的王牌技术在半个多世纪后的今天仍然高度保密，不向别国转让。可见，军事高技术的保密性远远超过民用高技术。

三、高技术武器装备对作战行动的影响

随着军事高技术的发展及在军事领域的广泛应用，已经对武器装备和作战行动产生了巨大而深远的影响。

（一）侦察立体化

所谓侦察立体化，通俗地讲，就是眼观六路，耳听八方。在传统战争中，由于受科技与装备发展水平的限制，眼观六路观不远，耳听八方听不全。随着以信息技术为核心的现代科学技术的飞速发展和广泛应用，情况发生了本质的变化。现在，从大洋深处到茫茫太空，布满了天

罗地网式的侦察监视系统：水下的声呐，能够偷偷地寻觅军舰和潜艇的踪迹；地面的传感器，能够警惕地注视人员与车辆的动静；空中的侦察卫星，时刻在追寻部队行踪。

（二）打击精巧化

衡量武器装备的优劣，打击力是首当其冲的要素。传统的武器装备，由于对能量的释放缺乏有效的控制，准确度不高，往往片面追求唯大、唯多和大规模杀伤破坏。基于高技术的信息化武器装备，强调在"精"字上做文章。所谓"精"，就是要能够攻其一点，不及其余，尽量不引起不必要的附带毁伤。根据推算，就杀伤破坏效果而论，定位精度每提高 1 倍，相当于增加了 3 颗弹，增加了 7 倍当量；定位精度每提高 2 倍，相当于增加了 8 颗弹，增加了 26 倍当量。提高武器控制精度所产生的效果，与此相仿。

正因为精确制导武器有如此的奇效，所以世界各国群起而攻之，竞相研制和发展。统计显示，越南战争中，所用精确制导弹药占总弹药数的比例为 0.02%，到海湾战争时这一比例已达到 8%，科索沃战争时达到 35%，阿富汗战争时达 60%，而到了伊拉克战争时这一比例已高达 68%。目前，一种全新的作战样式——精确战，正在登上战争舞台，它要求探测目标精确，攻击目标精确，摧毁目标精确，毁伤评估精确，一言以蔽之，仗越打越精了。

（三）反应高速化

虽然历来兵贵神速，但因为受技术条件的限制，传统武器装备常常欲速不达。现代武器装备由于充分利用了高新技术的成果，真正做到了机动快、反应快、打击快、转移快。1982 年的贝卡谷地之战，以色列在事先进行了周密的电子侦察之后，出动百余架飞机，用电子干扰飞机，干扰叙利亚军队导弹制导系统，使其发射出来的导弹不能命中目标。然后以迅雷不及掩耳之势，通过饱和式轰炸，只用 6 分钟就摧毁了叙军 19 个萨姆 - 6 防空导弹连，在 20 世纪打了一场时间最短的高技术战争。1986 年的锡德拉湾之战，美国飞机从英国基地起飞，往返 1 万多千米，空中加油 4 次，飞抵利比亚上空，同时向的黎波里市和班加西城的机场、兵营、港口、雷达阵地倾泻了大批精确制导弹药。这次空袭总共只有 17 分钟时间，却在世界上开创了外科手术式打击的先河。这样的战法，可谓史无前例。难怪美国前国防部长科恩宣称："以往的哲学是大吃小，今天的哲学是快吃慢。"联系上述两个战例，人们或许可以悟出一些道理。

（四）防护综合化

保存自己，消灭敌人，是一切战争的共同原则。由于现代侦察、监视和探测手段具有全方位、全频谱、全天候的特点，进攻一方如果不能有效地保护自己，就可能出现发难者先遭难的结局。现在，当一架战斗机在重要地区 300 米以上高度飞行时，可能受到 800 ~ 900 部雷达的照射，这对飞机、导弹等进攻性武器是一个严峻的挑战。在这种情况下，防护的地位显得特别重要。海湾战争中，F - 117A 飞机大出风头：出动 1 600 多架次，仅占战斗机攻击架次的 1.77%，却完成了对 40% 战略目标的攻击任务，而且无一损伤。其奥妙之处，便是借助于外形设计和表面涂料，有效地实现了隐身目标，其雷达反射面只有 0.1 平方米，和一顶钢盔差不多。美国的 B - 1A 轰炸机与 B - 52 轰炸机尺寸相近，但由于 B - 1A 的外形设计有所改进，其雷达截面积只有 B - 52 的 1/10；B - 2 隐形轰炸机原本是一个机身长 21 米、翼展 55 米、高 5.2 米的庞然大物，但由于采用了巧妙的外形设计，显示在雷达荧光屏上只有飞鸟那么大。

（五）控制智能化

现代技术特别是高技术的发展，使武器装备的射程、威力、精度都几乎达到了各自的极限。交战双方的差别，在很大程度上取决于各自对武器控制和部队指挥的水平上。而要想驾驭信息化战争，单靠人脑已经不够了，必须借助于计算机来帮忙。从一定程度上讲，没有电子计算机，便不可能打什么信息化战争。

除了指挥控制系统外，随着计算机技术、虚拟现实技术等的发展与应用，今后武器装备的研制试验甚至武器装备本身，也都出现了智能化的趋势。以往搞核武器试验，兴师动众，劳民伤财，现在不用核材料，不用真爆炸，借助仿真技术就能提高核武器的性能。过去人们常说，枪炮不长眼，靠高技术武装起来的枪炮，不但长眼睛而且长心眼，可以做到打了不用管。这种动向，值得密切关注。

附录一

中华人民共和国国防法

（1997 年 3 月 14 日第八届全国人民代表大会第五次会议通过）
中华人民共和国主席令第八十四号

目　　录

第一章　总　　则

第一条　为了建设和巩固国防，保障社会主义现代化建设的顺利进行，根据宪法，制定本法。

第二条　国家为防备和抵抗侵略，制止武装颠覆，保卫国家的主权、统一、领土完整和安全所进行的军事活动，以及与军事有关的政治、经济、外交、科技、教育等方面的活动，适用本法。

第三条　国防是国家生存与发展的安全保障。

国家加强武装力量建设和边防、海防、空防建设，发展国防科研生产，普及全民国防教育，完善动员体制，实现国防现代化。

第四条　国家独立自主、自力更生地建设和巩固国防，实行积极防御战略，坚持全民自卫原则。

国家在集中力量进行经济建设的同时，加强国防建设，促进国防建设与经济建设协调发展。

第五条　国家对国防活动实行统一的领导。

第六条 保卫祖国、抵抗侵略是中华人民共和国每一个公民的神圣职责。

中华人民共和国公民应当依法履行国防义务。

第七条 国家和社会尊重、优待军人，保护军人的合法权益，开展各种形式的拥军优属活动。

中国人民解放军和中国人民武装警察部队开展拥政爱民活动，加强军政、军民团结。

第八条 中华人民共和国在对外军事关系中，维护世界和平，反对侵略扩张行为。

第九条 国家和社会对在国防活动中作出贡献的组织和个人，采取各种形式给予表彰和奖励。

违反本法和有关法律，拒绝履行国防义务或者危害国防利益的，依法追究法律责任。

第二章　国家机构的国防职权

第十条 全国人民代表大会依照宪法规定，决定战争和和平的问题，并行使宪法规定的国防方面的其他职权。

全国人民代表大会常务委员会依照宪法规定，决定战争状态的宣布，决定全国总动员或者局部动员，并行使宪法规定的国防方面的其他职权。

第十一条 中华人民共和国主席根据全国人民代表大会的决定和全国人民代表大会常务委员会的决定，宣布战争状态，发布动员令，并行使宪法规定的国防方面的其他职权。

第十二条 国务院领导和管理国防建设事业，行使下列职权：

（一）编制国防建设发展规划和计划；

（二）制定国防建设方面的方针、政策和行政法规；

（三）领导和管理国防科研生产；

（四）管理国防经费和国防资产；

（五）领导和管理国民经济动员工作和人民武装动员、人民防空、国防交通等方面的有关工作；

（六）领导和管理拥军优属工作和退出现役的军人的安置工作；

（七）领导国防教育工作；

（八）与中央军事委员会共同领导中国人民武装警察部队、民兵的建设和征兵、预备役工作以及边防、海防、空防的管理工作；

（九）法律规定的与国防建设事业有关的其他职权。

第十三条 中央军事委员会领导全国武装力量，行使下列职权：

（一）统一指挥全国武装力量；

（二）决定军事战略和武装力量的作战方针；

（三）领导和管理中国人民解放军的建设，制订规划、计划并组织实施；

（四）向全国人民代表大会或者全国人民代表大会常务委员会提出议案；

（五）根据宪法和法律，制定军事法规，发布决定和命令；

（六）决定中国人民解放军的体制和编制，规定总部以及军区、军兵种和其他军区级单位的任务和职责；

（七）依照法律、军事法规的规定，任免、培训、考核和奖惩武装力量成员；

（八）批准武装力量的武器装备体制和武器装备发展规划、计划，协同国务院领导和管理国防科研生产；

（九）会同国务院管理国防经费和国防资产；

（十）法律规定的其他职权。

第十四条 国务院和中央军事委员会可以根据情况召开协调会议，解决国防事务的有关问题。会议议定的事项，由国务院和中央军事委员会在各自的职权范围内组织实施。

第十五条 地方各级人民代表大会和县级以上地方各级人民代表大会常务委员会在本行政区域内，保证有关国防事务的法律、法规的遵守和执行。

地方各级人民政府依照法律规定的权限，管理本行政区域内的征兵、民兵、预备役、国防教育、国民经济动员、人民防空、国防交通、国防设施保护、退出现役的军人的安置和拥军优属等工作。

第十六条 地方各级人民政府和驻地军事机关根据需要召开军地联席会议，协调解决本行政区域内有关国防事务的问题。

军地联席会议由地方人民政府的负责人和驻地军事机关的负责人共同召集。军地联席会议的参加人员由会议召集人确定。

军地联席会议议定的事项，由地方人民政府和驻地军事机关依照各自的权限办理，重大事项应当分别向上级报告。

第三章　武　装　力　量

第十七条 中华人民共和国的武装力量属于人民。它的任务是巩固国防，抵抗侵略，保卫祖国，保卫人民的和平劳动，参加国家建设事业，全心全意为人民服务。

第十八条 中华人民共和国的武装力量必须遵守宪法和法律，坚持依法治军。

第十九条 中华人民共和国的武装力量受中国共产党领导。武装力量中的中国共产党组织依照中国共产党章程进行活动。

第二十条 国家加强武装力量的革命化、现代化、正规化建设，增强国防力量。

第二十一条 中华人民共和国的武装力量应当适应现代战争的要求，加强军事训练，开展政治工作，提高保障水平，全面提高战斗力。

第二十二条 中华人民共和国的武装力量，由中国人民解放军现役部队和预备役部队、中国人民武装警察部队、民兵组成。

中国人民解放军现役部队是国家的常备军，主要担负防卫作战任务，必要时可以依照法律规定协助维护社会秩序；预备役部队平时按照规定进行训练，必要时可以依照法律规定协助维护社会秩序，战时根据国家发布的动员令转为现役部队。

中国人民武装警察部队在国务院、中央军事委员会的领导指挥下，担负国家赋予的安全保卫任务，维护社会秩序。

民兵在军事机关的指挥下，担负战备勤务、防卫作战任务，协助维护社会秩序。

第二十三条 中华人民共和国武装力量的规模应当与保卫国家安全和利益的需要相适应。

第二十四条 中华人民共和国的兵役分为现役和预备役。现役军人和预备役人员的服役制度由法律规定。

国家依照法律规定对现役军人和预备役人员实行衔级制度。

第二十五条 国家禁止任何组织或者个人非法建立武装组织，禁止非法武装活动，禁止冒充现役军人或者武装力量组织。

第四章 边防、海防和空防

第二十六条 中华人民共和国的领陆、内水、领海、领空神圣不可侵犯。国家加强边防、海防和空防建设，采取有效的防卫和管理措施，保卫领陆、内水、领海、领空的安全，维护国家海洋权益。

第二十七条 中央军事委员会统一领导边防、海防和空防的防卫工作。

地方各级人民政府、国务院有关部门和有关军事机关，按照国家规定的职权范围，分工负责边防、海防和空防的管理和防卫工作，共同维护国家的安全和利益。

第二十八条 国家根据边防、海防和空防的需要，建设作战、指挥、通信、防护、交通、保障等国防设施。各级人民政府和军事机关应当依照法律、法规的规定，保障国防设施的建设，保护国防设施的安全。

第五章 国防科研生产和军事订货

第二十九条 国家建立和完善国防科技工业体系，发展国防科研生产，为武装力量提供性能先进、质量可靠、配套完善、便于操作和维修的武器装备以及其他适用的军用物资，满足国防需要。

第三十条 国防科技工业实行军民结合、平战结合、军品优先、以民养军的方针。

国家统筹规划国防科技工业建设，保持规模适度、专业配套、布局合理的国防科研生产能力。

第三十一条 国家促进国防科学技术进步，加强高新技术研究，发挥高新技术在武器装备发展中的先导作用，增加技术储备，研制新型武器装备。

第三十二条 国家对国防科研生产实行统一领导和计划调控。

国家为承担国防科研生产任务的企业事业单位提供必要的保障条件和优惠政策。地方各级人民政府应当对承担国防科研生产任务的企业事业单位给予协助和支持。

承担国防科研生产任务的企业事业单位必须完成国防科研生产任务，保证武器装备的质量。

第三十三条 国家采取必要措施，培养和造就国防科学技术人才，创造有利的环境和条件，充分发挥他们的作用。

国防科学技术工作者应当受到全社会的尊重。国家逐步提高国防科学技术工作者的待遇，保护其合法权益。

第三十四条 国家根据国防建设的需要和社会主义市场经济的要求，实行国家军事订货制度，保障武器装备和其他军用物资的采购供应。

第六章 国防经费和国防资产

第三十五条 国家保障国防事业的必要经费。国防经费的增长应当与国防需求和国民经济发展水平相适应。

第三十六条 国家对国防经费实行财政拨款制度。

第三十七条 国家为武装力量建设、国防科研生产和其他国防建设直接投入的资金、划拨使用的土地等资源，以及由此形成的用于国防目的的武器装备和设备设施、物资器材、技术成果等属于国防资产。

国防资产归国家所有。

第三十八条 国家根据国防建设和经济建设的需要，确定国防资产的规模、结构和布局，调整和处分国防资产。

国防资产的管理机构和占有、使用单位，应当依法管理国防资产，充分发挥国防资产的效能。

第三十九条 国家保护国防资产不受侵害，保障国防资产的安全、完整和有效。

禁止任何组织或者个人破坏、损害和侵占国防资产。未经国务院、中央军事委员会或者国务院、中央军事委员会授权的机构批准，国防资产的占有、使用单位不得改变国防资产用于国防的目的。国防资产经批准不再用于国防目的的，依照有关法律、法规的规定管理。

第七章 国 防 教 育

第四十条 国家通过开展国防教育，使公民增强国防观念、掌握国防知识、发扬爱国主义精神，自觉履行国防义务。

普及和加强国防教育是全社会的共同责任。

第四十一条 国防教育贯彻全民参与、长期坚持、讲求实效的方针，实行经常教育与集中教育相结合、普及教育与重点教育相结合、理论教育与行为教育相结合的原则。

第四十二条 国务院、中央军事委员会和省、自治区、直辖市人民政府以及有关军事机关，应当采取措施，加强国防教育工作。

一切国家机关和武装力量、各政党和各社会团体、各企业事业单位都应当组织本地区、本部门、本单位开展国防教育。

学校的国防教育是全民国防教育的基础。各级各类学校应当设置适当的国防教育课程，或者在有关课程中增加国防教育的内容。军事机关应当协助学校开展国防教育。

教育、文化、新闻、出版、广播、电影、电视等部门和单位应当密切配合，采取多种形式开展国防教育。

第四十三条 各级人民政府应当将国防教育纳入国民经济和社会发展计划，保障国防教育所需的经费。

第八章 国防动员和战争状态

第四十四条 中华人民共和国的主权、统一、领土完整和安全遭受威胁时，国家依照宪法和法律规定，进行全国总动员或者局部动员。

第四十五条 国家在和平时期进行动员准备，将人民武装动员、国民经济动员、人民防空、国防交通等方面的动员准备纳入国家总体发展规划和计划，完善动员体制，增强动员潜力，提高动员能力。

第四十六条　国家建立战略物资储备制度。战略物资储备应当规模适度、储存安全、调用方便、定期更换，保障战时的需要。

第四十七条　国务院和中央军事委员会共同领导动员准备和动员实施工作。

一切国家机关和武装力量、各政党和各社会团体、各企业事业单位和公民，在和平时期必须依照法律规定完成动员准备工作；在国家发布动员令后，必须完成规定的动员任务。

第四十八条　国家根据动员需要，可以依法征用组织和个人的设备设施、交通工具和其他物资。

县级以上人民政府对被征用者因征用所造成的直接经济损失，按照国家有关规定给予适当补偿。

第四十九条　国家依照宪法规定宣布战争状态，采取各种措施集中人力、物力和财力，领导全体公民保卫祖国，抵抗侵略。

第九章　公民、组织的国防义务和权利

第五十条　依照法律服兵役和参加民兵组织是中华人民共和国公民的光荣义务。

各级兵役机关和基层人民武装机构应当依法办理兵役工作，按照国务院和中央军事委员会的命令完成征兵任务，保证兵员质量。其他有关国家机关、社会团体和企业事业单位应当依法完成民兵和预备役工作，协助兵役机关完成征兵任务。

第五十一条　企业事业单位应当按照国家的要求承担国防科研生产任务，接受国家军事订货，提供符合质量标准的武器装备或者军用物资。

企业事业单位应当按照国家规定，在交通建设中贯彻国防要求。车站、港口、机场、道路等交通设施的管理单位应当为现役军人和军用车辆、船舶的通行提供优先服务，按照规定给予优待。

第五十二条　公民应当接受国防教育。

公民和组织应当保护国防设施，不得破坏、危害国防设施。

公民和组织应当遵守保密规定，不得泄露国防方面的国家秘密，不得非法持有国防方面的秘密文件、资料和其他秘密物品。

第五十三条　公民和组织应当支持国防建设，为武装力量的军事训练、战备勤务、防卫作战等活动提供便利条件或者其他协助。

第五十四条　公民和组织有对国防建设提出建议的权利，有对危害国防的行为进行制止或者检举的权利。

第五十五条　公民和组织因国防建设和军事活动在经济上受到直接损失的，可以依照国家有关规定取得补偿。

第十章　军人的义务和权益

第五十六条　现役军人必须忠于祖国，履行职责，英勇战斗，不怕牺牲，捍卫祖国的安全、荣誉和利益。

第五十七条　现役军人必须模范地遵守宪法和法律，遵守军事法规，执行命令，严守纪律。

第五十八条　现役军人应当发扬人民军队的优良传统，热爱人民，保护人民，积极参加社会主义物质文明、精神文明建设，完成抢险救灾等任务。

第五十九条　军人应当受到全社会的尊重。

国家采取有效措施保护现役军人的荣誉、人格尊严，对现役军人的婚姻实行特别保护。

现役军人依法履行职责的行为受法律保护。

第六十条　国家和社会优待现役军人。

国家保障现役军人享有与其履行职责相适应的生活福利待遇，对在条件艰苦的边防、海防等地区或者岗位工作的现役军人在生活福利等方面给予优待。

国家实行军人保险制度。

第六十一条　国家妥善安置退出现役的军人，为转业军人提供必要的职业培训，保障离休退休军人的生活福利待遇。

县级以上人民政府负责安置转业军人，根据其在军队的职务等级、贡献和专长安排工作。

接收转业军人的单位应当按照国家有关规定，在生活福利待遇、教育、住房等方面给予优待。

第六十二条　国家和社会抚恤优待残疾军人，对残疾军人的生活和医疗依法给予特别保障。

因战、因公致残或者致病的残疾军人退出现役后，县级以上人民政府应当及时接收安置，并保障其生活不低于当地的平均生活水平。

第六十三条　国家和社会优待现役军人家属，抚恤优待烈士家属和因公牺牲、病故军人的家属，在就业、住房、义务教育等方面给予照顾。

第六十四条　民兵、预备役人员和其他人员依法参加军事训练，担负战备勤务、防卫作战任务时，应当履行自己的职责和义务；国家和社会保障其享有相应的待遇，按照有关规定对其实行抚恤优待。

第十一章　对外军事关系

第六十五条　中华人民共和国坚持互相尊重主权和领土完整、互不侵犯、互不干涉内政、平等互利、和平共处五项原则，独立自主地处理对外军事关系，开展军事交流与合作。

第六十六条　中华人民共和国支持国际社会采取的有利于维护世界和地区和平、安全、稳定的与军事有关的活动，支持国际社会为公正合理地解决国际争端、军备控制和裁军所做的努力。

第六十七条　中华人民共和国在对外军事关系中遵守同外国缔结或者加入、接受的有关条约和协定。

第十二章　附　　则

第六十八条　本法关于军人的规定，适用于中国人民武装警察部队。

第六十九条　中华人民共和国特别行政区的防务，由特别行政区基本法和有关法律规定。

第七十条　本法自公布之日起施行。

附录二

中华人民共和国兵役法

（1984 年 5 月 31 日第六届全国人民代表大会第二次会议通过　1984 年 5 月 31 日中华人民共和国主席令第十四号公布　根据 1998 年 12 月 29 日第九届全国人民代表大会常务委员会第六次会议《关于修改〈中华人民共和国兵役法〉的决定》第一次修正　根据 2009 年 8 月 27 日第十一届全国人民代表大会常务委员会第十次会议《关于修改部分法律的决定》第二次修正　根据 2011 年 10 月 29 日第十一届全国人民代表大会常务委员会第二十三次会议《关于修改〈中华人民共和国兵役法〉的决定》第三次修正）

目　　录

第一章　总　　则

第一条　根据中华人民共和国宪法第五十五条"保卫祖国、抵抗侵略是中华人民共和国每一个公民的神圣职责。依照法律服兵役和参加民兵组织是中华人民共和国公民的光荣义务"和其他有关条款的规定，制定本法。

第二条　中华人民共和国实行义务兵与志愿兵相结合、民兵与预备役相结合的兵役制度。

第三条　中华人民共和国公民，不分民族、种族、职业、家庭出身、宗教信仰和教育程度，都有义务依照本法的规定服兵役。

有严重生理缺陷或者严重残疾不适合服兵役的人，免服兵役。

依照法律被剥夺政治权利的人，不得服兵役。

第四条　中华人民共和国的武装力量，由中国人民解放军、中国人民武装警察部队和民兵组成。

第五条　兵役分为现役和预备役。在中国人民解放军服现役的称现役军人；经过登记，预编到现役部队、编入预备役部队、编入民兵组织服预备役的或者以其他形式服预备役的，称预备役人员。

第六条　现役军人和预备役人员，必须遵守宪法和法律，履行公民的义务，同时享有公民的权利；由于服兵役而产生的权利和义务，由本法和其他相关法律法规规定。

第七条　现役军人必须遵守军队的条令和条例，忠于职守，随时为保卫祖国而战斗。

预备役人员必须按照规定参加军事训练、执行军事勤务，随时准备参军参战，保卫祖国。

第八条　现役军人和预备役人员建立功勋的，得授予勋章、奖章或者荣誉称号。

第九条　中国人民解放军实行军衔制度。

第十条　全国的兵役工作，在国务院、中央军事委员会领导下，由国防部负责。

各军区按照国防部赋予的任务，负责办理本区域的兵役工作。

省军区（卫戍区、警备区）、军分区（警备区）和县、自治县、市、市辖区的人民武装部，兼各该级人民政府的兵役机关，在上级军事机关和同级人民政府领导下，负责办理本区域的兵役工作。

机关、团体、企业事业单位和乡、民族乡、镇的人民政府，依照本法的规定完成兵役工作任务。兵役工作业务，在设有人民武装部的单位，由人民武装部办理；不设人民武装部的单位，确定一个部门办理。

第二章　平　时　征　集

第十一条　全国每年征集服现役的人数、要求和时间，由国务院和中央军事委员会的命令规定。

县级以上地方各级人民政府组织兵役机关和有关部门组成征集工作机构，负责组织实施征集工作。

第十二条　每年十二月三十一日以前年满十八周岁的男性公民，应当被征集服现役。当年未被征集的，在二十二周岁以前仍可以被征集服现役，普通高等学校毕业生的征集年龄可以放宽至二十四周岁。

根据军队需要，可以按照前款规定征集女性公民服现役。

根据军队需要和本人自愿，可以征集当年十二月三十一日以前年满十七周岁未满十八周岁的公民服现役。

第十三条　国家实行兵役登记制度。每年十二月三十一日以前年满十八周岁的男性公民，都应当在当年六月三十日以前，按照县、自治县、市、市辖区的兵役机关的安排，进行兵役登记。经兵役登记并初步审查合格的，称应征公民。

第十四条　在征集期间，应征公民应当按照县、自治县、市、市辖区的兵役机关的通知，按时到指定的体格检查站进行体格检查。

应征公民符合服现役条件，并经县、自治县、市、市辖区的兵役机关批准的，被征集服现役。

第十五条　在征集期间，应征公民被征集服现役，同时被机关、团体、企业事业单位招收录用或者聘用的，应当优先履行服兵役义务；有关机关、团体、企业事业单位应当服从国防和军队建设的需要，支持兵员征集工作。

第十六条　应征公民是维持家庭生活唯一劳动力的，可以缓征。

第十七条　应征公民正在被依法侦查、起诉、审判的或者被判处徒刑、拘役、管制正在服刑的，不征集。

第三章　士兵的现役和预备役

第十八条　现役士兵包括义务兵役制士兵和志愿兵役制士兵，义务兵役制士兵称义务兵，志愿兵役制士兵称士官。

第十九条　义务兵服现役的期限为二年。

第二十条　义务兵服现役期满，根据军队需要和本人自愿，经团级以上单位批准，可以改为士官。根据军队需要，可以直接从非军事部门具有专业技能的公民中招收士官。

士官实行分级服现役制度。士官服现役的期限一般不超过三十年，年龄不超过五十五周岁。

士官分级服现役的办法和直接从非军事部门招收士官的办法，由国务院、中央军事委员会规定。

第二十一条　士兵服现役期满，应当退出现役。因军队编制员额缩减需要退出现役的，经军队医院诊断证明本人健康状况不适合继续服现役的，或者因其他特殊原因需要退出现役的，经师级以上机关批准，可以提前退出现役。

士兵退出现役的时间为部队宣布退出现役命令之日。

第二十二条　士兵退出现役时，符合预备役条件的，由部队确定服士兵预备役；经过考核，适合担任军官职务的，服军官预备役。

退出现役的士兵，由部队确定服预备役的，自退出现役之日起四十日内，到安置地的县、自治县、市、市辖区的兵役机关办理预备役登记。

第二十三条　依照本法第十三条规定经过兵役登记的应征公民，未被征集服现役的，办理士兵预备役登记。

第二十四条　士兵预备役的年龄，为十八周岁至三十五周岁，根据需要可以适当延长。具体办法由国务院、中央军事委员会规定。

第二十五条　士兵预备役分为第一类和第二类。

第一类士兵预备役包括下列人员：

（一）预编到现役部队的预备役士兵；

（二）编入预备役部队的预备役士兵；

（三）经过预备役登记编入基干民兵组织的人员。

第二类士兵预备役包括下列人员：

（一）经过预备役登记编入普通民兵组织的人员；

（二）其他经过预备役登记确定服士兵预备役的人员。

预备役士兵达到服预备役最高年龄的，退出预备役。

第四章　军官的现役和预备役

第二十六条　现役军官由下列人员补充：

（一）选拔优秀士兵和普通高中毕业生入军队院校学习毕业的学员；

（二）选拔普通高等学校毕业的国防生和其他应届优秀毕业生；

（三）直接提升具有普通高等学校本科以上学历表现优秀的士兵；

（四）改任现役军官的文职干部；

（五）招收军队以外的专业技术人员和其他人员。

战时根据需要，可以从士兵、征召的预备役军官和非军事部门的人员中直接任命军官。

第二十七条　预备役军官包括下列人员：

（一）退出现役转入预备役的军官；

（二）确定服军官预备役的退出现役的士兵；

（三）确定服军官预备役的普通高等学校毕业学生；

（四）确定服军官预备役的专职人民武装干部和民兵干部；

（五）确定服军官预备役的非军事部门的干部和专业技术人员。

第二十八条　军官服现役和服预备役的最高年龄由《中华人民共和国现役军官法》和《中华人民共和国预备役军官法》规定。

第二十九条　现役军官按照规定服役已满最高年龄的，退出现役；未满最高年龄因特殊情况需要退出现役的，经批准可以退出现役。

军官退出现役时，符合服预备役条件的，转入军官预备役。

第三十条　退出现役转入预备役的军官，退出现役确定服军官预备役的士兵，在到达安置地以后的三十日内，到当地县、自治县、市、市辖区的兵役机关办理预备役军官登记。

选拔担任预备役军官职务的专职人民武装干部、民兵干部、普通高等学校毕业生、非军事部门的人员，由工作单位或者户口所在地的县、自治县、市、市辖区的兵役机关报请上级军事机关批准并进行登记，服军官预备役。

预备役军官按照规定服预备役已满最高年龄的，退出预备役。

第五章　军队院校从青年学生中招收的学员

第三十一条　根据军队建设的需要，军队院校可以从青年学生中招收学员。招收学员的年龄，不受征集服现役年龄的限制。

第三十二条　学员完成学业考试合格的，由院校发给毕业证书，按照规定任命为现役军官、文职干部或者士官。

第三十三条　学员学完规定的科目，考试不合格的，由院校发给结业证书，回入学前户口所在地；就读期间其父母已办理户口迁移手续的，可以回父母现户口所在地，由县、自治县、市、市辖区的人民政府按照国家有关规定接收安置。

第三十四条　学员因患慢性病或者其他原因不宜在军队院校继续学习，经批准退学的，由院校发给肄业证书，回入学前户口所在地；就读期间其父母已办理户口迁移手续的，可以回父母现户口所在地，由县、自治县、市、市辖区的人民政府按照国家有关规定接收安置。

第三十五条　学员被开除学籍的，回入学前户口所在地；就读期间其父母已办理户口迁移手续的，可以回父母现户口所在地，由县、自治县、市、市辖区的人民政府按照国家有关规定办理。

第三十六条　军队根据国防建设的需要，可以依托普通高等学校招收、选拔培养国防生。国防生在校学习期间享受国防奖学金待遇，应当参加军事训练、政治教育，履行国防生培养协议规定的其他义务；毕业后应当履行培养协议到军队服现役，按照规定办理入伍手续，任命为现役军官或者文职干部。

国防生在校学习期间，按照有关规定不宜继续作为国防生培养，但符合所在学校普通生培养要求的，经军队有关部门批准，可以转为普通生；被开除学籍或者作退学处理的，由所在学校按照国家有关规定办理。

第三十七条　本法第三十二条、第三十三条、第三十四条、第三十五条的规定，也适用于从现役士兵中招收的学员。

第六章　民　　兵

第三十八条　民兵是不脱产的群众武装组织，是中国人民解放军的助手和后备力量。

民兵的任务是：

（一）参加社会主义现代化建设；

（二）执行战备勤务，参加防卫作战，抵抗侵略，保卫祖国；

（三）为现役部队补充兵员；

（四）协助维护社会秩序，参加抢险救灾。

第三十九条　乡、民族乡、镇、街道和企业事业单位建立民兵组织。凡十八周岁至三十五周岁符合服兵役条件的男性公民，经所在地人民政府兵役机关确定编入民兵组织的，应当参加民兵组织。

根据需要，可以吸收十八周岁以上的女性公民、三十五周岁以上的男性公民参加民兵组织。

国家发布动员令后，动员范围内的民兵，不得脱离民兵组织；未经所在地的县、自治县、市、市辖区人民政府兵役机关批准，不得离开民兵组织所在地。

第四十条　民兵组织分为基干民兵组织和普通民兵组织。基干民兵组织是民兵组织的骨干力量，主要由退出现役的士兵以及经过军事训练和选定参加军事训练或者具有专业技术特长的未服过现役的人员组成。基干民兵组织可以在一定区域内从若干单位抽选人员编组。普通民兵组织，由符合服兵役条件未参加基干民兵组织的公民按照地域或者单位编组。

第七章　预备役人员的军事训练

第四十一条　预备役士兵的军事训练，在现役部队、预备役部队、民兵组织中进行，或者采取其他组织形式进行。

未服过现役预编到现役部队、编入预备役部队和编入基干民兵组织的预备役士兵，在十八周岁至二十四周岁期间，应当参加三十日至四十日的军事训练；其中专业技术兵的训练时间，按照实际需要确定。服过现役和受过军事训练的预备役士兵的复习训练，以及其他预备役士兵的军事训练，按照中央军事委员会的规定进行。

第四十二条　预备役军官在服预备役期间，应当参加三个月至六个月的军事训练；预编到现役部队和在预备役部队任职的，参加军事训练的时间可以适当延长。

第四十三条　国务院和中央军事委员会在必要的时候，可以决定预备役人员参加应急训练。

第四十四条　预备役人员参加军事训练、执行军事勤务的伙食、交通等补助费用按照国家有关规定执行。预备役人员是机关、团体、企业事业单位工作人员或者职工的，参加军事训练、执行军事勤务期间，其所在单位应当保持其原有的工资、奖金和福利待遇；其他预备役人员参加军事训练、执行军事勤务的误工补贴按照国家有关规定执行。

第八章　普通高等学校和普通高中学生的军事训练

第四十五条　普通高等学校的学生在就学期间，必须接受基本军事训练。

根据国防建设的需要，对适合担任军官职务的学生，再进行短期集中训练，考核合格的，经军事机关批准，服军官预备役。

第四十六条　普通高等学校设军事训练机构，配备军事教员，组织实施学生的军事训练。

第四十五条第二款规定的培养预备役军官的短期集中训练，由军事部门派出现役军官与普通高等学校军事训练机构共同组织实施。

第四十七条　普通高中和中等职业学校，配备军事教员，对学生实施军事训练。

第四十八条　普通高等学校和普通高中学生的军事训练，由教育部、国防部负责。教育部门和军事部门设学生军事训练的工作机构或者配备专人，承办学生军事训练工作。

第九章　战时兵员动员

第四十九条　为了对付敌人的突然袭击，抵抗侵略，各级人民政府、各级军事机关，在平时必须做好战时兵员动员的准备工作。

第五十条　在国家发布动员令以后，各级人民政府、各级军事机关，必须迅速实施动员：

（一）现役军人停止退出现役，休假、探亲的军人必须立即归队；

（二）预备役人员、国防生随时准备应召服现役，在接到通知后，必须准时到指定的地点报到；

（三）机关、团体、企业事业单位和乡、民族乡、镇的人民政府负责人，必须组织本单位被征召的预备役人员，按照规定的时间、地点报到；

（四）交通运输部门应当优先运送应召的预备役人员、国防生和返回部队的现役军人。

第五十一条　战时根据需要，国务院和中央军事委员会可以决定征召三十六周岁至四十五周岁的男性公民服现役，可以决定延长公民服现役的期限。

第五十二条　战争结束后，需要复员的现役军人，根据国务院和中央军事委员会的复员命令，分期分批地退出现役，由各级人民政府妥善安置。

第十章　现役军人的待遇和退出现役的安置

第五十三条　国家保障现役军人享有与其履行职责相适应的待遇。现役军人的待遇应当与国民经济发展相协调，与社会进步相适应。

军官实行职务军衔等级工资制，士官实行军衔级别工资制，义务兵享受供给制生活待遇。现役军人享受规定的津贴、补贴和奖励工资。国家建立军人工资的正常增长机制。

现役军人享受规定的休假、疗养、医疗、住房等福利待遇。国家根据经济社会发展水平提高现役军人的福利待遇。

国家实行军人保险制度，与社会保险制度相衔接。军人服现役期间，享受规定的军人保险待遇。军人退出现役后，按照国家有关规定接续养老、医疗、失业等社会保险关系，享受相应的社会保险待遇。现役军人配偶随军未就业期间，按照国家有关规定享受相应的保障待遇。

第五十四条　国家建立健全以扶持就业为主，自主就业、安排工作、退休、供养以及继续完成学业等多种方式相结合的士兵退出现役安置制度。

第五十五条　现役军人入伍前已被普通高等学校录取或者是正在普通高等学校就学的学生，服役期间保留入学资格或者学籍，退出现役后两年内允许入学或者复学，并按照国家有关规定享受奖学金、助学金和减免学费等优待；入学或者复学后参加国防生选拔、参加国家组织的农村基层服务项目人选选拔，以及毕业后参加军官人选选拔的，优先录取。

义务兵和服现役不满十二年的士官入伍前是机关、团体、企业事业单位工作人员或者职工的，服役期间保留人事关系或者劳动关系；退出现役后可以选择复职复工。

义务兵和士官服现役期间，入伍前依法取得的农村土地承包经营权，应当保留。

第五十六条　现役军人，残疾军人，退出现役军人，烈士、因公牺牲、病故军人遗属，现役军人家属，应当受到社会的尊重，受到国家和社会的优待。军官、士官的家属随军、就业、工作调动以及子女教育，享受国家和社会的优待。

第五十七条　现役军人因战、因公、因病致残的，按照国家规定评定残疾等级，发给残疾军人证，享受国家规定的待遇和残疾抚恤金。因工作需要继续服现役的残疾军人，由所在部队按照规定发给残疾抚恤金。

现役军人因战、因公、因病致残的，按照国家规定的评定残疾等级采取安排工作、供养、退休等方式妥善安置。有劳动能力的退出现役的残疾军人，优先享受国家规定的残疾人就业优惠政策。

残疾军人、患慢性病的军人退出现役后，由安置地的县级以上地方人民政府按照国务院、中央军事委员会的有关规定负责接收安置；其中，患过慢性病旧病复发需要治疗的，由当地医疗机构负责给予治疗，所需医疗和生活费用，本人经济困难的，按照国家规定给予补助。

现役军人、残疾军人参观游览公园、博物馆、展览馆、名胜古迹享受优待；优先购票乘坐境内运行的火车、轮船、长途汽车以及民航班机；其中，残疾军人按照规定享受减收正常票价的优待，免费乘坐市内公共汽车、电车和轨道交通工具。义务兵从部队发出的平信，免费邮递。

第五十八条　义务兵服现役期间，其家庭由当地人民政府给予优待，优待标准不低于当地平均生活水平，具体办法由省、自治区、直辖市人民政府规定。

第五十九条　现役军人牺牲、病故，由国家发给其遗属一次性抚恤金；其遗属无固定收入，不能维持生活，或者符合国家规定的其他条件的，由国家另行发给定期抚恤金。

第六十条　义务兵退出现役，按照国家规定发给退役金，由安置地的县级以上地方人民政府接收，根据当地的实际情况，可以发给经济补助。

义务兵退出现役，安置地的县级以上地方人民政府应当组织其免费参加职业教育、技能培训，经考试考核合格的，发给相应的学历证书、职业资格证书并推荐就业。退出现役义务兵就业享受国家扶持优惠政策。

义务兵退出现役，可以免试进入中等职业学校学习；报考普通高等学校以及接受成人教育的，享受加分以及其他优惠政策；在国家规定的年限内考入普通高等学校或者进入中等职业学校学习的，享受国家发给的助学金。

义务兵退出现役，报考公务员、应聘事业单位职位的，在军队服现役经历视为基层工作经历，同等条件下应当优先录用或者聘用。

服现役期间平时荣获二等功以上奖励或者战时荣获三等功以上奖励以及属于烈士子女和因战致残被评定为五级至八级残疾等级的义务兵退出现役，由安置地的县级以上地方人民政府安排工作；待安排工作期间由当地人民政府按照国家有关规定发给生活补助费；本人自愿选择自主就业的，依照本条第一款至第四款规定办理。

国家根据经济社会发展水平，适时调整退役金的标准。退出现役士兵安置所需经费，由中央和地方各级人民政府共同负担。

第六十一条 士官退出现役，服现役不满十二年的，依照本法第六十条规定的办法安置。

士官退出现役，服现役满十二年的，由安置地的县级以上地方人民政府安排工作；待安排工作期间由当地人民政府按照国家有关规定发给生活补助费；本人自愿选择自主就业的，依照本法第六十条第一款至第四款的规定办理。

士官服现役满三十年或者年满五十五周岁的，作退休安置。

士官在服现役期间因战、因公、因病致残丧失工作能力的，按照国家有关规定安置。

第六十二条 士兵退出现役安置的具体办法由国务院、中央军事委员会规定。

第六十三条 军官退出现役，国家采取转业、复员、退休等办法予以妥善安置。作转业安置的，按照有关规定实行计划分配和自主择业相结合的方式安置；作复员安置的，按照有关规定由安置地人民政府接收安置，享受有关就业优惠政策；符合退休条件的，退出现役后按照有关规定作退休安置。

军官在服现役期间因战、因公、因病致残丧失工作能力的，按照国家有关规定安置。

第六十四条 机关、团体、企业事业单位有接收安置退出现役军人的义务，在招收录用工作人员或者聘用职工时，同等条件下应当优先招收录用退出现役军人；对依照本法第六十条、第六十一条、第六十三条规定安排工作的退出现役军人，应当按照国家安置任务和要求做好落实工作。

军人服现役年限计算为工龄，退出现役后与所在单位工作年限累计计算。

国家鼓励和支持机关、团体、企业事业单位接收安置退出现役军人。接收安置单位按照国家规定享受税收优惠等政策。

第六十五条 民兵、预备役人员因参战、参加军事训练、执行军事勤务牺牲、致残的，学生因参加军事训练牺牲、致残的，由当地人民政府依照军人抚恤优待条例的有关规定给予抚恤优待。

第十一章　法　律　责　任

第六十六条　有服兵役义务的公民有下列行为之一的，由县级人民政府责令限期改正；逾期不改的，由县级人民政府强制其履行兵役义务，并可以处以罚款：

（一）拒绝、逃避兵役登记和体格检查的；

（二）应征公民拒绝、逃避征集的；

（三）预备役人员拒绝、逃避参加军事训练、执行军事勤务和征召的。

有前款第二项行为，拒不改正的，不得录用为公务员或者参照公务员法管理的工作人员，两年内不得出国（境）或者升学。

国防生违反培养协议规定，不履行相应义务的，依法承担违约责任，根据情节，由所在学校作退学等处理；毕业后拒绝服现役的，依法承担违约责任，并依照本条第二款的规定处理。

战时有本条第一款第二项、第三项或者第三款行为，构成犯罪的，依法追究刑事责任。

第六十七条　现役军人以逃避服兵役为目的，拒绝履行职责或者逃离部队的，按照中央军事委员会的规定给予处分；构成犯罪的，依法追究刑事责任。

现役军人有前款行为被军队除名、开除军籍或者被依法追究刑事责任的，不得录用为公务员或者参照公务员法管理的工作人员，两年内不得出国（境）或者升学。

明知是逃离部队的军人而雇用的，由县级人民政府责令改正，并处以罚款；构成犯罪的，依法追究刑事责任。

第六十八条　机关、团体、企业事业单位拒绝完成本法规定的兵役工作任务的，阻挠公民履行兵役义务的，拒绝接收、安置退出现役军人的，或者有其他妨害兵役工作行为的，由县级以上地方人民政府责令改正，并可以处以罚款；对单位负有责任的领导人员、直接负责的主管人员和其他直接责任人员，依法予以处罚。

第六十九条　扰乱兵役工作秩序，或者阻碍兵役工作人员依法执行职务的，依照治安管理处罚法的规定给予处分；使用暴力、威胁方法，构成犯罪的，依法追究刑事责任。

第七十条　国家工作人员和军人在兵役工作中，有下列行为之一，构成犯罪的，依法追究刑事责任；尚不构成犯罪的，给予处分：

（一）收受贿赂的；

（二）滥用职权或者玩忽职守的；

（三）徇私舞弊，接送不合格兵员的。

第七十一条　县级以上地方人民政府对违反本法的单位和个人的处罚，由县级以上地方人民政府兵役机关会同行政监察、公安、民政、卫生、教育、人力资源和社会保障等部门具体办理。

第十二章　附　　则

第七十二条　本法适用于中国人民武装警察部队。

第七十三条　中国人民解放军根据需要配备文职干部。本法有关军官的规定适用于文职干部。

第七十四条　本法自 1984 年 10 月 1 日起施行。

附录三

中华人民共和国国防教育法

由中华人民共和国第九届全国人民代表大会常务委员会第二十一次会议于 2001 年 4 月 28 日通过，中华人民共和国主席令（第五十二号）予以公布，自公布之日起施行。共计六章三十八条。

目　　录

第一章　总　　则

第一条　为了普及和加强国防教育，发扬爱国主义精神，促进国防建设和社会主义精神文明建设，根据国防法和教育法，制定本法。

第二条　国防教育是建设和巩固国防的基础，是增强民族凝聚力、提高全民素质的重要途径。

第三条　国家通过开展国防教育，使公民增强国防观念，掌握基本的国防知识，学习必要的军事技能，激发爱国热情，自觉履行国防义务。

第四条　国防教育贯彻全民参与、长期坚持、讲求实效的方针，实行经常教育与集中教育相结合、普及教育与重点教育相结合、理论教育与行为教育相结合的原则，针对不同对象确定相应的教育内容分类组织实施。

第五条　中华人民共和国公民都有接受国防教育的权利和义务。普及和加强国防教育是全社会的共同责任。

一切国家机关和武装力量、各政党和各社会团体、各企业事业组织以及基层群众性自治组织，都应当根据各自的实际情况组织本地区、本部门、本单位开展国防教育。

第六条　国务院领导全国的国防教育工作。中央军事委员会协同国务院开展全民国防教育。

地方各级人民政府领导本行政区域内的国防教育工作。驻地军事机关协助和支持地方人民政府开展国防教育。

第七条　国家国防教育工作机构规划、组织、指导和协调全国的国防教育工作。

县级以上地方负责国防教育工作的机构组织、指导、协调和检查本行政区域内的国防教育工作。

第八条　教育、民政、文化宣传等部门，在各自职责范围内负责国防教育工作。

征兵、国防科研生产、国民经济动员、人民防空、国防交通、军事设施保护等工作的主管部门，依照本法和有关法律、法规的规定，负责国防教育工作。

工会、共产主义青年团、妇女联合会以及其他有关社会团体，协助人民政府开展国防教育。

第九条　中国人民解放军、中国人民武装警察部队按照中央军事委员会的有关规定开展国防教育。

第十条　国家支持、鼓励社会组织和个人开展有益于国防教育的活动。

第十一条　国家和社会对在国防教育工作中作出突出贡献的组织和个人，采取各种形式给予表彰和奖励。

第十二条　国家设立全民国防教育日。

第二章　学校国防教育

第十三条　学校的国防教育是全民国防教育的基础，是实施素质教育的重要内容。

教育行政部门应当将国防教育列入工作计划，加强对学校国防教育的组织、指导和监督，并对学校国防教育工作定期进行考核。

第十四条　小学和初级中学应当将国防教育的内容纳入有关课程，将课堂教学与课外活动相结合，对学生进行国防教育。

有条件的小学和初级中学可以组织学生开展以国防教育为主题的少年军校活动。教育行政部门、共产主义青年团组织和其他有关部门应当加强对少年军校活动的指导与管理。

小学和初级中学可以根据需要聘请校外辅导员，协助学校开展多种形式的国防教育活动。

第十五条　高等学校、高级中学和相当于高级中学的学校应当将课堂教学与军事训练相结合，对学生进行国防教育。

高等学校应当设置适当的国防教育课程，高级中学和相当于高级中学的学校应当在有关课程中安排专门的国防教育内容，并可以在学生中开展形式多样的国防教育活动。

高等学校、高级中学和相当于高级中学的学校学生的军事训练，由学校负责军事训练的机构或者军事教员按照国家有关规定组织实施。军事机关应当协助学校组织学生的军事训练。

第十六条　学校应当将国防教育列入学校的工作和教学计划，采取有效措施，保证国防教育的质量和效果。学校组织军事训练活动，应当采取措施，加强安全保障。

第十七条　负责培训国家工作人员的各类教育机构，应当将国防教育纳入培训计划，设置适当的国防教育课程。

国家根据需要选送地方和部门的负责人到有关军事院校接受培训，学习和掌握履行领导职责所必需的国防知识。

第三章　社会国防教育

第十八条　国家机关应当根据各自的工作性质和特点，采取多种形式对工作人员进行国防教育。

国家机关工作人员应当具备基本的国防知识。从事国防建设事业的国家机关工作人员，必须学习和掌握履行职责所必需的国防知识。

各地区、各部门的领导人员应当依法履行组织、领导本地区、本部门开展国防教育的职责。

第十九条　企业事业组织应当将国防教育列入职工教育计划，结合政治教育、业务培训、文化体育等活动，对职工进行国防教育。

承担国防科研生产、国防设施建设、国防交通保障等任务的企业事业组织，应当根据所担负的任务，制订相应的国防教育计划，有针对性地对职工进行国防教育。

社会团体应当根据各自的活动特点开展国防教育。

第二十条　军区、省军区（卫戍区、警备区）、军分区（警备区）和县、自治县、市、市辖区的人民武装部按照国家和军队的有关规定，结合政治教育和组织整顿、军事训练、执行勤务、征兵工作以及重大节日、纪念日活动，对民兵、预备役人员进行国防教育。

民兵、预备役人员的国防教育，应当以基干民兵、第一类预备役人员和担任领导职务的民兵、预备役人员为重点，建立和完善制度，保证受教育的人员、教育时间和教育内容的落实。

第二十一条　城市居民委员会、农村村民委员会应当将国防教育纳入社区、农村社会主义精神文明建设的内容，结合征兵工作、拥军优属以及重大节日、纪念日活动，对居民、村民进行国防教育。

城市居民委员会、农村村民委员会可以聘请退役军人协助开展国防教育。

第二十二条　文化、新闻、出版、广播、电影、电视等部门和单位应当根据形势和任务的要求，采取多种形式开展国防教育。

中央和省、自治区、直辖市以及设区的市的广播电台、电视台、报刊应当开设国防教育节目或者栏目，普及国防知识。

第二十三条　烈士陵园、革命遗址和其他具有国防教育功能的博物馆、纪念馆、科技馆、文化馆、青少年宫等场所，应当为公民接受国防教育提供便利，对有组织的国防教育活动实行优惠或者免费；依照本法第二十八条的规定被命名为国防教育基地的，应当对有组织的中小学生免费开放；在全民国防教育日向社会免费开放。

第四章　国防教育的保障

第二十四条　各级人民政府应当将国防教育纳入国民经济和社会发展计划，并根据开展国防教育的需要，在财政预算中保障国防教育所需的经费。

第二十五条　国家机关、事业单位、社会团体开展国防教育所需的经费，在本单位预算经费内列支；企业开展国防教育所需经费，在本单位职工教育经费中列支。

学校组织学生军事训练所需的经费，按照国家有关规定执行。

第二十六条　国家鼓励社会组织和个人捐赠财产，资助国防教育的开展。

社会组织和个人资助国防教育的财产，由依法成立的国防教育基金组织或者其他公益性社会组织依法管理。

国家鼓励社会组织和个人提供或者捐赠所收藏的具有国防教育意义的实物用于国防教育。

使用单位对提供使用的实物应当妥善保管，使用完毕，及时归还。

第二十七条　国防教育经费和社会组织、个人资助国防教育的财产，必须用于国防教育事业，任何单位或者个人不得挪用、克扣。

第二十八条　本法第二十三条规定的场所，具备下列条件的，经省、自治区、直辖市人民政府批准，可以命名为国防教育基地：（一）有明确的国防教育主题内容；（二）有健全的管理机构和规章制度；（三）有相应的国防教育设施；（四）有必要的经费保障；（五）有显著的社会教育效果。

国防教育基地应当加强建设，不断完善，充分发挥国防教育的功能。被命名的国防教育基地不再具备前款规定条件的，由原批准机关撤销命名。

第二十九条　各级人民政府应当加强对国防教育基地的规划、建设和管理，并为其发挥作用提供必要的保障。

各级人民政府应当加强对具有国防教育意义的文物的收集、整理、保护工作。

第三十条　全民国防教育使用统一的国防教育大纲。国防教育大纲由国家国防教育工作机构组织制定。

适用于不同地区、不同类别教育对象的国防教育教材，由有关部门或者地方依据国防教育大纲并结合本地区、本部门的特点组织编写。

第三十一条　各级国防教育工作机构应当组织、协调有关部门做好国防教育教员的选拔、培训和管理工作，加强国防教育师资队伍建设。

国防教育教员应当从热爱国防教育事业、具有基本的国防知识和必要的军事技能的人员中选拔。

第三十二条　中国人民解放军和中国人民武装警察部队应当根据需要和可能，为驻地有组织的国防教育活动选派军事教员，提供必要的军事训练场地、设施以及其他便利条件。

在国庆节、中国人民解放军建军节和全民国防教育日，经批准的军营可以向社会开放。军营开放的办法由中央军事委员会规定。

第五章　法律责任

第三十三条　国家机关、社会团体、企业事业组织以及其他社会组织违反本法规定，拒不开展国防教育活动的，由人民政府有关部门或者上级机关给予批评教育，并责令限期改正；拒不改正，造成恶劣影响的，对负有直接责任的主管人员依法给予行政处分。

第三十四条　违反本法规定，挪用、克扣国防教育经费的，由有关主管部门责令限期归还；对负有直接责任的主管人员和其他直接责任人员依法给予行政处分；构成犯罪的，依法追究刑事责任。

第三十五条　侵占、破坏国防教育基地设施、损毁展品的，由有关主管部门给予批评教育，并责令限期改正；有关责任人应当依法承担相应的民事责任。

有前款所列行为，违反治安管理规定的，由公安机关依法给予治安管理处罚；构成犯罪的，依法追究刑事责任。

第三十六条　寻衅滋事，扰乱国防教育工作和活动秩序的，或者盗用国防教育名义骗取钱财的，由有关主管部门给予批评教育，并予以制止；违反治安管理规定的，由公安机关依法给予治安管理处罚；构成犯罪的，依法追究刑事责任。

第三十七条 负责国防教育的国家工作人员玩忽职守、滥用职权、徇私舞弊的，依法给予行政处分；构成犯罪的，依法追究刑事责任。

第六章 附　　则

第三十八条 本法自公布之日起施行。

附录四

中华人民共和国国歌

1 = G 2/4

田 汉 词
聂 耳 曲

进行曲速度

（1·3 55 | 6 5 | 3·1 555 | 3 1 | 555 555 |

1） 05 | 1·1 | 1·1 567 | 1 1 | 03 123 |
　起 来！不 愿 做 奴 隶 的 人 们！ 把 我 们 的

5 5 | 3·3 1·3 | 5·3 2 | 2 — | 6 5 |
血 肉， 筑 成 我 们 新 的 长 城！ 中 华

2 3 | 5 3 05 | 323 1 | 3 0 | 5·6 11 |
民 族 到 了 最 危险的 时 候， 每 个 人被

3·3 55 | 222 6 | 2·5 | 1·1 | 3·3 | 5 — |
迫 着 发出 最 后 的 吼 声。起 来！ 起 来！ 起 来！

1·3 55 | 6 5 | 3·1 555 | 30 10 | 5· 1 |
我 们 万众 一 心 冒 着 敌人的 炮 火 前 进！

3·1 555 | 30 10 | 5· 1 | 5 1 | 5 1 | 1 0 ‖
冒 着 敌人的 炮 火 前 进！ 前 进！ 前 进！ 进！

附录五

中国人民解放军军歌

公 木 词
郑律成 曲

1 = C 2/4

向前向前 向前！我们的 队伍 向太阳，脚踏着

祖国的大 地，背负着 民族的 希 望，

我们是一支 不可战胜的 力 量。我们是 工农的

子 弟，我们是 人民的 武 装，从无畏惧，

绝不屈服，英勇战斗，直到把 反动派 消灭干 净，

毛泽东的 旗帜 高高飘 扬。听！风在呼啸 军号 响！

听！革命 歌声多 嘹 亮！同志们 整齐步伐 奔向解放的

战场，同志们 整齐步伐 奔赴祖国的 边疆，向前向前！

我 们的队伍 向太阳，向最后的 胜利， 向全国的 解 放！

附录六

中国人民解放军军旗、军徽、军衔肩章

一、中国人民解放军军旗

中国人民解放军军旗式样

陆军军旗式样

图案说明：陆军军旗上半部保持了中国人民解放军军旗的基本式样。下半部为草绿色，象征绿色大地。表示陆军是中国人民解放军的组成部分，为保卫社会主义祖国领土安全而英勇战斗，所向无敌。

海军军旗式样

图案说明：海军军旗上半部保持了中国人民解放军军旗的基本式样。下半部为蓝白条相间，象征大海与海浪。表示人民海军是中国人民解放军的组成部分，为保卫社会主义祖国的万里海疆而乘风破浪，勇往直前。

空军军旗式样

图案说明：空军军旗上半部保持了中国人民解放军军旗的基本式样。下半部为天蓝色，象征辽阔的蓝天。表示人民海军是中国人民解放军的组成部分，为保卫社会主义祖国领空神圣不可侵犯而展翅翱翔，搏击长空。

二、中国人民解放军军徽

中国人民解放军军徽式样

三、中国人民解放军军衔

中国人民解放军军衔由硬肩章、软肩章、套式肩章、军衔领章四类。下面以陆军硬肩章为例，说明军衔标志代表的含义。

列兵

上等兵

下士

中士

上士

四级军士长

三级军士长

二级军士长

一级军士长

专业技术四级以下文职干部和正局以下
非专业技术文职干部

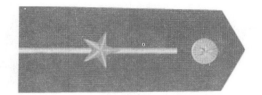

少尉

中尉

上尉

少校

中校

上校

大校

专业技术三级以上文职干部和享受副军职以上
待遇的非专业技术文职干部

少将

中将

上将

209

附录六　中国人民解放军军旗、军徽、军衔肩章

主要参考文献

1. 宋时轮，等. 中国军事百科全书[M]. 北京：军事科学出版社，1997.

2. 中华人民共和国国防教育法[Z]. 2001.

3. 中国军事百科全书编审委员会. 中国军事百科全书（增补）[M]. 北京. 军事科学出版社，2002.

4. 刘群. 军事力量对比[M]. 北京：国防大学出版社，2002.

5. 中国人民解放军总参谋部军训部. 军事高技术知识教材（上、下册）[M]. 北京：解放军出版社，1997.

6. 刘义昌. 信息化战争论[M]. 北京：军事科学出版社，1993.

7. 王普丰. 信息化战争[M]. 北京：国防大学出版社，1993.

8. 刘龙华. 高技术军事世界[M]. 北京；国防大学出版社，1993.

9. 张召忠. 打赢信息化战争[M]. 北京：世界知识出版社，2004.

10. 贾晓炜. 一体化作战知识读本[M]. 北京：长征出版社，2005.

11. 王凯. 数字化部队[M]. 北京：解放军出版社，1999.

12. 顾伟. 军事科技与新军事变革[M]. 上海：复旦大学出版社，2004.

13. 沈伟光. 论中国军事变革[M]. 北京：新华出版社，2003.

14. 李显尧. 信息化战争[M]. 北京：解放军出版社，1998.

15. 刘粤军. 信息化军事知识读本[M]. 北京：长征出版社，2003.

16. 张建昌. 走进信息化战争[M]. 北京：国防大学出版社，2003.

17. 吕登明. 信息化战争与信息化军队[M]. 北京：解放军出版社，2004.

18. 总参谋部军训部. 陆军步兵训练手册[M]. 北京：解放军出版社，2001.

19. 总参谋部军训部. 新兵训练手册[M]. 北京：解放军出版社，2001.

20. 付亿民. 轻武器射击[M]. 北京：解放军出版社，2003.

21. 高俊敏. 野外生存与防身自救[M]. 北京：军事谊文出版社，2001.

22. 李景龙，张万良. 野外生存指南[M]. 济南：黄河出版社，2003.

23. 庄久昌. 军事地形学[M]. 北京：解放军出版社，1998.

24. 沈伟烈，陈力. 中国周边国家军事地理[M]. 北京：解放军出版社，1986.

25. 中国自然地理编写组. 中国自然地理[M]. 北京：高等教育出版社，1989.